畝傍山・甘樫丘・飛鳥京・石舞台古墳・都塚古墳

中公新書 2353

倉本一宏著

蘇我氏——古代豪族の興亡

中央公論新社刊

はじめに

大化改新について、高校の授業などでは、中大兄皇子《なかのおおえのみこ》が中臣鎌足《なかとみのかまたり》の協力を得て蘇我《そが》氏を滅ぼし、天皇を中心とする中央集権国家の建設を目指した、と説明されているのではないだろうか。

そのため、元々「聖徳太子に始まる国制改革を邪魔した」悪役イメージが付きまとっていた蘇我氏は、「大化改新によって滅亡した」と思われがちである。また、一般的には「壬申《じんしん》の乱では、蘇我氏をはじめとする大豪族が中心となっていた近江《おうみ》朝廷を大海人皇子《おおしあまのみこ》が倒し、神とも称された天武《てんむ》天皇となって律令国家を建設した」ことで大団円を迎え、めでたく日本古代国家が完成するかのように考えられているものと思われる。

しかしながら、蘇我氏は大化改新（乙巳《いっし》の変《へん》）によって滅亡したわけではない。滅ぼされたのは蝦夷《えみし》・入鹿《いるか》といった蘇我氏本宗家《ほんそうけ》のみであって、その後も中央豪族である大夫（マヘツキミ）層を代表し、倭《わ》王権を統括する大臣（オホマヘツキミ）家としての蘇我氏の地位は揺らぐことはなかった。蘇我氏の氏上《うじのかみ》が蝦夷・入鹿系から倉麻呂《くらまろ》系に移動したに過ぎないのである。

同様に、蘇我氏出身の女性が大王《だいおう》家のキサキになることも、引き続き行なわれた。蘇我氏の血を引く王族は、奈良時代の半ばに至るまで、重要な位置を占めることになる。

そして蘇我氏は氏族としての在《あ》り方を変えながらも、古代を生き延び、中世を迎えている。これは他の古代氏族と何ら変わりのない歩みである。

また、蘇我氏は元来、けっして旧守的な氏族ではなかった。それどころか、蘇我氏は、倭国が古代国家への歩みを始めた六世紀から七世紀にかけての歴史に対して、もっとも大きな足跡を残した先進的な氏族であった。渡来人《とらいじん》を配下に置いての技術や統治の方式、またミヤケ（屯倉）の経営方式に見られる地方支配の推進を見ていると、蘇我氏主導であっても、つまり、たとえ乙巳の変や白村江《はくすきのえ》の戦や壬申の乱が起こらなくても、遅かれ早かれ、いずれは倭国は古代国家へと到達していったのではないかと思われる。

本書では、六世紀初頭に蘇我氏が成立してから、十二世紀の平安時代末期までを視野に入れ、古代氏族としての蘇我氏の興亡を描いていく。

まず第一章「蘇我氏の成立と稲目《いなめ》」では、天国排開広庭《あめくにおしはらきひろにわ》（欽明《きんめい》）王権の成立と関連した蘇我氏の成立を論じ、始祖《しそ》である稲目の権力の源泉を解明していく。次いで第二章「大王推《おおきみすい》

飛鳥宮と甘樫丘

古《こ》と厩戸王子《うまやとのみこ》と島大臣《しまのおほまへつきみ》馬子《うまこ》」では、隋《ずい》帝国の中国統一という東アジア情勢を承《う》けた豊御食炊屋姫《とよみけかしきやひめ》（推古）の代の権力集中と国制改革を論じ、二代目馬子の果たした役割を説明する。また、この時期に分立した蘇我氏同族について述べ、その意義を読み解く。

第三章「豊浦大臣《とゆらのおほまへつきみ》蝦夷《えみし》・林太郎入鹿《はやしたいろういるか》と乙巳の変」では、三代目蝦夷とそれに続く四代目入鹿が、どのように激動の東アジア国際情勢に対処しようとしていたのかを推測する。そしてその対応が乙巳の変を導く原因となったことを明らかにする。そして第四章「大化改新から壬申の乱へ」では、大化改新以後の蘇我氏の地位の変遷を、大臣（オホマヘツキミ）や大夫（マヘツキミ）をはじめとする官人としての地位と、大王《おおきみ》や王子《みこ》のキサキとしての存在感を軸としてたどっていく。さらには、壬申の乱における蘇我氏の立場とその結果を確認して、石川《いしかわ》氏としての新生を見る。
第五章「律令官人石川氏と皇位継承」では、奈良時代初期の皇位継承に関わる蘇我系皇族の占める位置とその意義を考え、また律令官人としての石川氏の地位の変遷をたどっていく。第六章「ソガ氏への復帰」では、平安時代初期にふたたび「ソガ」を名乗る改姓の意義を考えると共に、かつての蘇我氏同族のその後の変遷をたどる。最後に第七章「摂関《せっかん》期における生き残り」では、摂関期から院政《いんせい》期までの宗岳（ソガ）氏、および蘇我氏同族の諸氏が、どのように生き延びていったかを、主に古記録を読み解くことによって追跡する。

蘇我氏の興亡を究明することは、古代氏族そのもの、ひいては日本古代を究明することである。それではこれから、古代国家の成立と展開を、蘇我氏を軸として語っていくことにしよう。

なお、大王および天皇の諡号《しごう》は、原則として各節の初出は和風諡号を先に、奈良時代後半に定められた漢風諡号をカッコ内に入れて表記し、二回目からは漢風諡号のみで表記する。また、王族および皇族の称号は、天命開別《あめみことひらかすわけ》（天智《てんじ》）以前は王子《みこ》・王女《ひめみこ》、天渟中原瀛真人《あまのぬなはらおきのまひと》（天武）以降は皇子《みこ》・皇女《ひめみこ》、大宝律令制《たいほうりつりょうせい》以降は親王・内親王と表記する。

目次

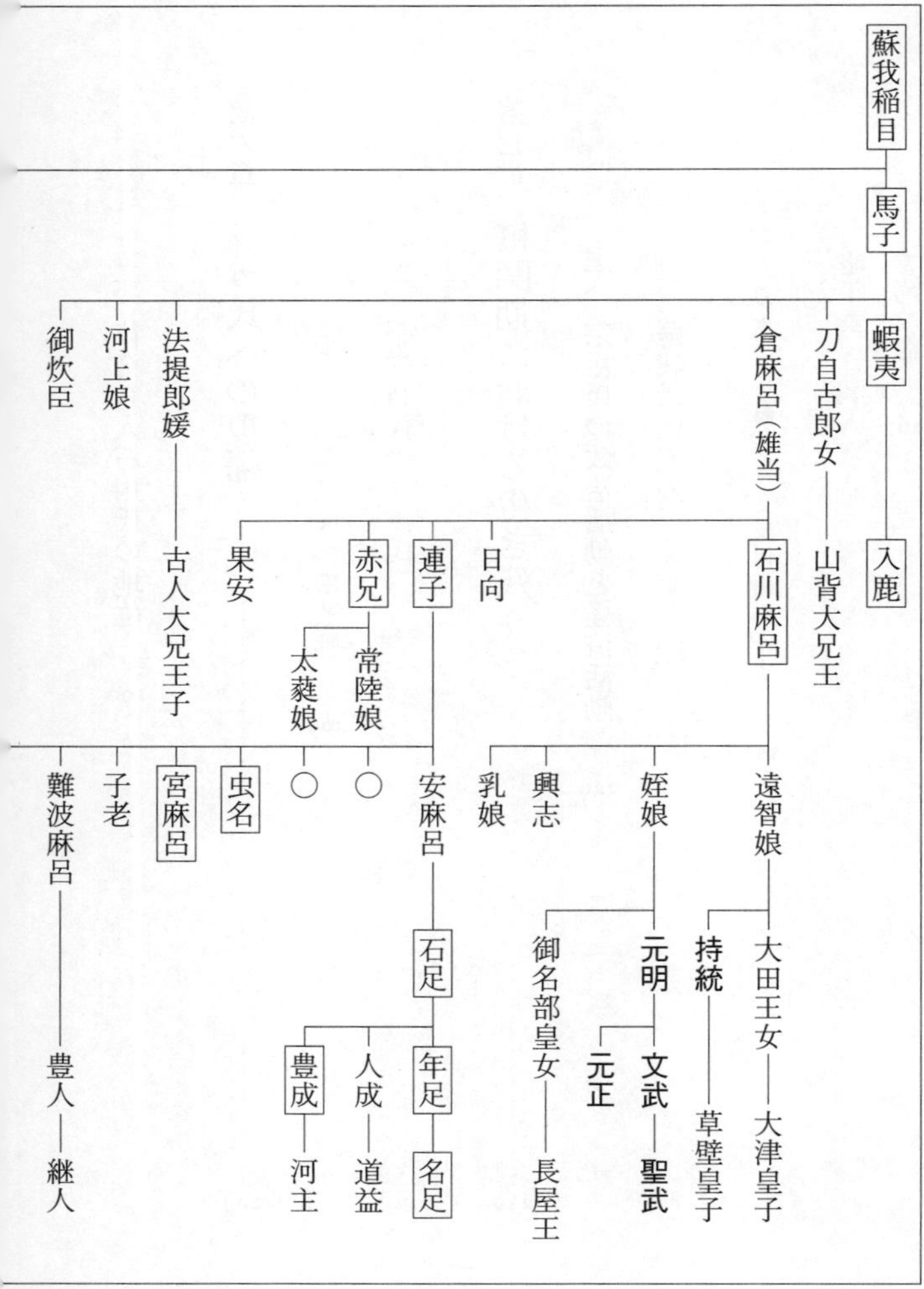

蘇我稲目
馬子
蝦夷
入鹿
刀自古郎女
山背大兄王
倉麻呂（雄当）
石川麻呂
日向
連子
赤兄
果安
常陸娘
太蕤娘
遠智娘
姪娘
興志
乳娘
安麻呂
大田王女
持統
大津皇子
草壁皇子
元明
御名部皇女
文武
元正
聖武
長屋王
石足
年足
人成
豊成
名足
道益
河主
法提郎媛
河上娘
御炊臣
古人大兄王子
虫名
宮麻呂
子老
難波麻呂
豊人
継人

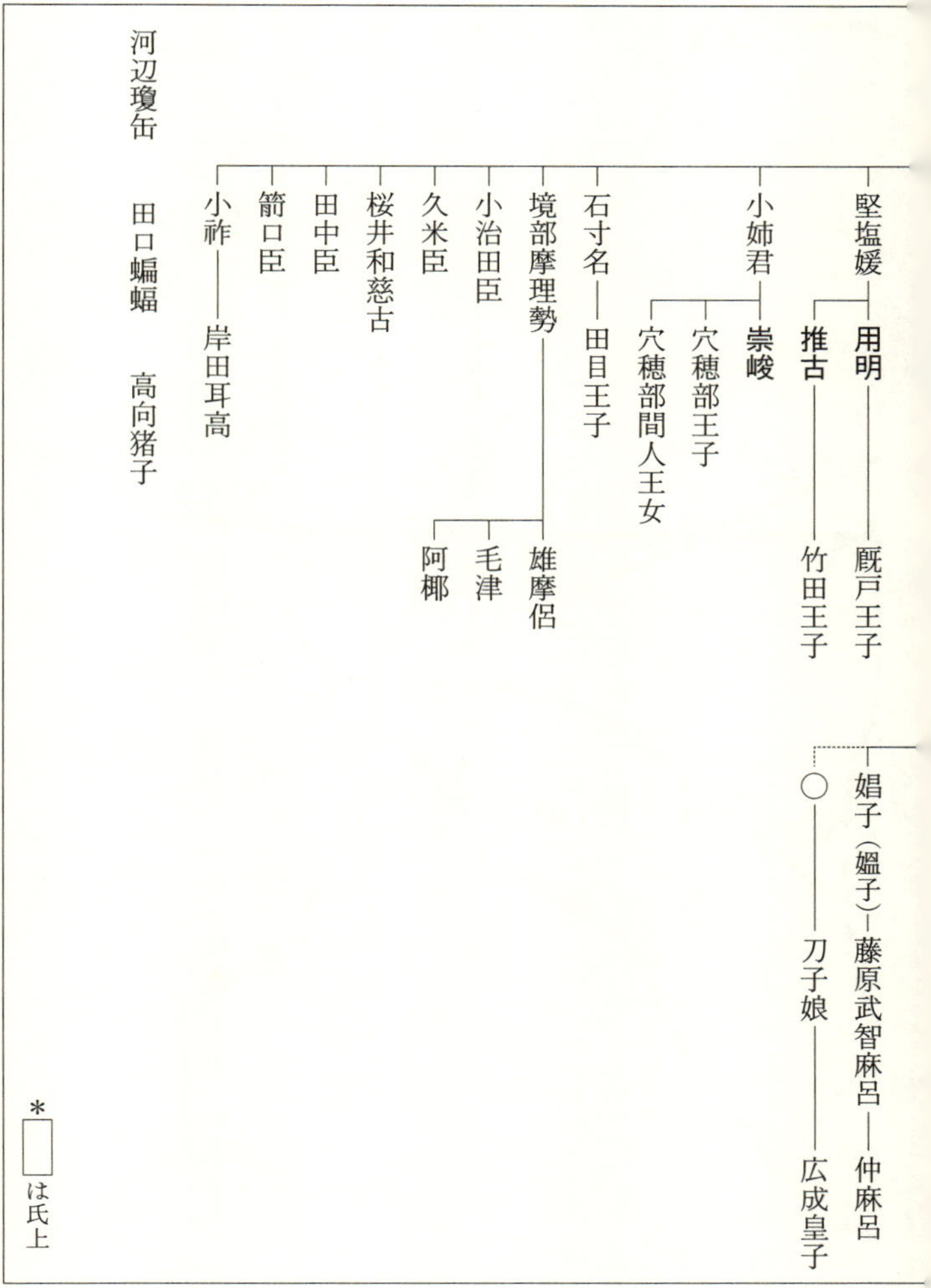
堅塩媛
用明
推古
厩戸王子
竹田王子
小姉君
崇峻
穴穂部王子
穴穂部間人王女
石寸名
田目王子
境部摩理勢
雄摩侶
毛津
阿椰
小治田臣
久米臣
桜井和慈古
田中臣
箭口臣
小祚
岸田耳高
河辺瓊缶
田口蝙蝠
高向猪子
娼子（媼子）
藤原武智麻呂
仲麻呂
○
刀子娘
広成皇子
*□は氏上

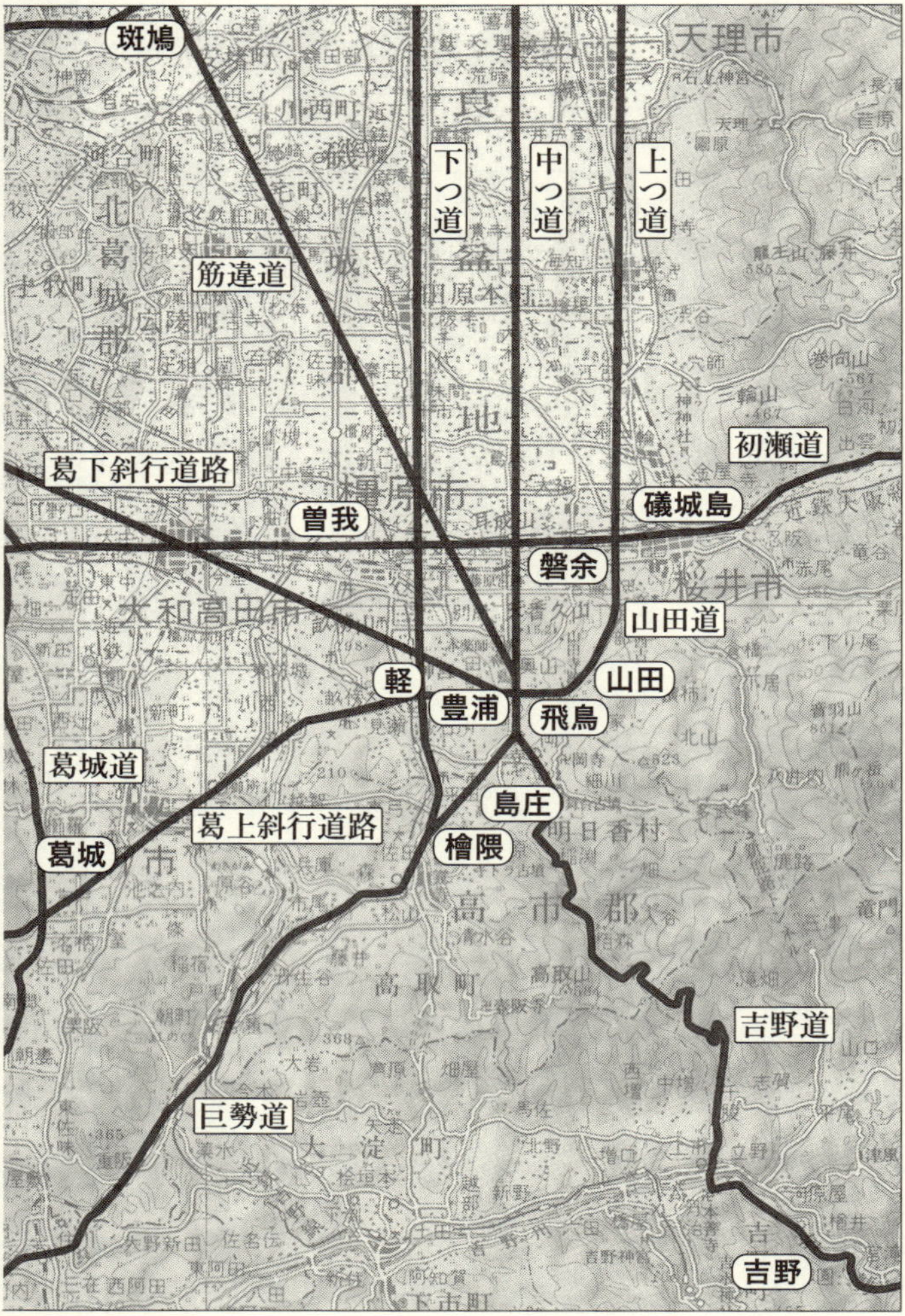
斑鳩
天理市
下つ道
中つ道
上つ道
筋違道
初瀬道
葛下斜行道路
礒城島
曽我
磐余
桜井市
山田道
大和高田市
軽
豊浦
山田
飛鳥
葛城道
島庄
葛上斜行道路
檜隈
葛城
明日香村
高市郡
高取町
吉野道
巨勢道
大淀町
吉野

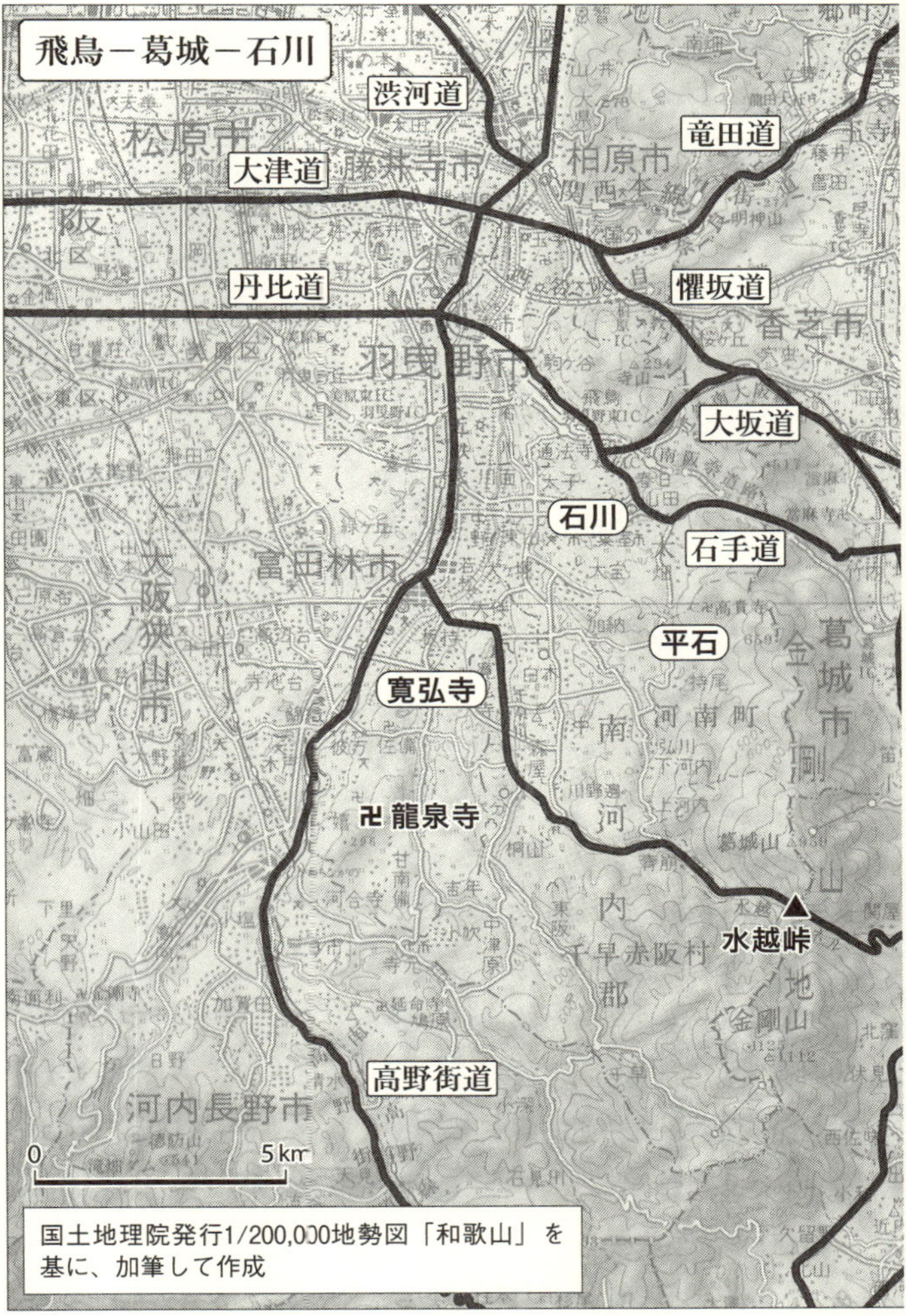

国土地理院発行1/200,000地勢図「和歌山」を
基に、加筆して作成

本書掲載の写真はすべて著者撮影によるものです。

本書掲載の地図は、国土地理院長の承認を得て、同院発行の20万分1地勢図、5万分1地形図及び2万5千分1地形図を複製したものである。(承認番号　平27情複、第789号)

図作成・DTP　市川真樹子

蘇我氏　古代豪族の興亡

第一章　蘇我氏の成立と稲目

蘇我《そが》氏は、倭《わ》国が古代国家への歩みを始めた六世紀から七世紀にかけての歴史に対して、もっとも大きな足跡を残した氏族である。

大王大泊瀬幼武《おおきみおおはつせのわかたけ》（雄略《ゆうりゃく》）が死去して以来の列島全体の動揺は、六世紀初頭に越前《えちぜん》から「男大迹王《おどのみこ》」を迎えて即位（継体《けいたい》）させてからも続いた。このような動揺は、六世紀前半に、蘇我氏の勢力を背景にした天国排開広庭王子《あめくにおしはらきひろにわのみこ》の即位（欽明《きんめい》）によって、ひとまず収束した。大王欽明と蘇我稲目《いなめ》の下に結集した倭王権の支配者層は、国内における王権の分裂、国外における対朝鮮関係の緊迫に際して結集し、それまでの原初的な政治体制を越える新たな段階の権力集中を果たしたのである（倉本一宏「氏族合議制の成立―「オホマヘツキミ―マヘツキミ」制」）。

まずは蘇我氏自体の成立を論じ、その始祖《しそ》である稲目の権力の源泉を解明していくことにしよう。

一、蘇我氏はどこから来たのか

蘇我氏の本拠地

蘇我氏の本拠地については、大倭国高市郡曽我《やまとたかいちそが》とする説、大倭国葛城《かつらぎ》郡とする説、河内《かわち》国石川《いしかわ》郡とする説が存在する。しかしこれらは、蘇我氏の時代による変遷や同族氏族を一緒くたにして考えた結果によるものである。その他、蘇我氏を百済《ひゃくさい》からの渡来人《とらいじん》と考える説もかつては存在したが、これについては後に述べよう。

大倭国高市郡曽我については、現在の奈良県橿原《かしはら》市曽我の地（近鉄大阪線真菅《ますが》駅のすぐ西）に宗我坐宗我都比古《そがにいますそがつひこ》神社が鎮座し、『紀氏家牒《きしかちょう》』に、

蘇我石河宿禰《いしかわすくね》の家、大倭国高市県蘇我里。故に名づけて蘇我石河宿禰と云《い》ふ。蘇我臣・川辺《かわべ》臣の祖なり。

という記述があることを、主な根拠とする（本居宣長《もとおりのりなが》『古事記伝《こじきでん》』など）。

この地から南東方向の軽《かる》（大倭国高市郡軽、現橿原市大軽《おおがる》町）、豊浦《とゆら》（大倭国高市郡豊浦、現奈良県高市郡明日香《あすか》村豊浦《とようら》）、小墾田《おはりだ》（大倭国高市郡小墾田、現高市郡明日香村 雷《いかづち》から奥山《おくやま》）、さらには飛鳥《あすか》にかけて蘇我本宗《ほんそう》家の居所が所在し、後に述べる蘇我氏同族氏族がこの周辺を本拠地とすることからも、曽我というのが蘇我氏にとって重要な地であったことがわかる。

宗我坐宗我都比古神社

大倭国葛城郡については、『日本書紀』の推古《すいこ》紀や皇極《こうぎょく》紀に見える蘇我氏と葛城地方（現奈良県北葛城郡広陵《こうりょう》町から葛城市、御所《ごせ》市にかけて）との関係に史実性を認め、五世紀の葛城《かずらき》氏（正確には、「葛城地方に本拠を置く複数の集団」）と蘇我氏との関連を想定した、あるいは葛城集団から蘇我氏が発生したという考えである（加藤謙吉『蘇我氏と大和王権』など）。

河内国石川郡については、後に述べる『日本三代実録《にほんさんだいじつろく》』の元慶《がんぎょう》元年（八七七）の記事に、

右京《うきょう》の人前長門守《さきのながとのかみ》従五位下石川朝臣《いしかわのあそん》木村《きむら》・散位《さんい》正六位上箭口《やくちの》朝臣岑業《みねなり》、石川・箭口を改め、並びに姓宗岳《そが》朝

臣を賜ふ。木村言《もう》す、「始祖《しそ》大臣武内宿禰《たけしうちのすくね》の男宗我石川《そがのいしかわ》、河内国石川別業《いしかわのべつぎょう》に生まる。故に石川を以《もっ》て名と為《な》す。宗我大家《そがのおおや》を賜はり居と為す。因《よ》りて姓宗我宿禰を賜はる。浄御《きよみが》原天皇《はらのすめらみこと》十三年、姓朝臣を賜はる。先祖の名を以て、子孫の姓と為すは、諱《いみな》を避けず」と。詔《みことのり》して之《これ》を許す。

と見え、蘇我氏が改姓した石川氏が、先祖（と主張していた）蘇賀石河宿禰《そがのいしかわすくね》（宗我石川）が河内国石川別業に生まれたとあることから、蘇我氏そのものの本拠地も河内国石川郡であったと考えるものである（黛弘道『物部・蘇我氏と古代王権』など）。このように考えると、蘇我氏は河内国から大倭国（「宗我大家」）へ進出したということになる。

しかしこれは、後に述べるように蘇我本宗家が滅んで、蘇我倉《そがのくら》氏が蘇我氏の氏上《うじのかみ》を継承し、これが石川氏へと改姓した後に主張された祖先伝承であろう。

蘇我氏渡来人説

これらとは別に、かつて、蘇我氏自体が渡来人であったという説が提唱された（門脇禎二『新版 飛鳥―その古代史と風土』）。『日本書紀』で応神《おうじん》二十五年（四一四年？）に渡来したという百済の高官・木満致《もくまち》（＝木刕満致《もくらまんち》）と、蘇我氏が先祖と主張している蘇我満智《まち》が同一人物であると考えるのである。

この蘇我氏渡来人説は、その後も何人かの有力な研究者に受け継がれ（山尾幸久『日本国家の形成』、鈴木靖民「蘇我氏は百済人か」など）、現在でも世間では蘇我氏が渡来人であると考えている人に出会うことがよくあって、本当に驚かされる。

ここで登場する蘇我満智というのは、平安時代初期の弘仁《こうにん》二年（八一一）に成立した『歴《れき》運記《うんき》』を基に十一世紀初頭に成立した『公卿補任《くぎょうぶにん》』宣化《せんか》天皇御世に語られている系譜、

満智宿禰――韓子――高麗――稲目宿禰

や、これら平安時代初期に成立した『紀氏家牒』に語られている系譜、

蘇賀石河宿禰――満智宿禰――韓子宿禰――馬背宿禰（亦《また》に曰《い》ふ高麗）――稲目宿禰

に、稲目《いなめ》の曽祖父として見える人物である。また、満智と稲目の間の人物が、韓子《からこ》や高麗《こま》といった「朝鮮風」の名前を持つことも、蘇我氏渡来人説の根拠とされてきた。

しかし、「木刕満致」の名が見える『三国史記《さんごくしき》』百済本紀・蓋鹵《がいろ》王二十一年（四七五）と、

応神二十五年とでは、随分と時代が異なる。だいたい、誉田《ほんた》（応神）自体の実在性にも疑問があるので、その年紀を安易に結び付けるのは問題であろう。

百済の国事を執《と》ったとされる木刕満致が「南行」したというのを、倭《わ》国に渡来（亡命）したという解釈にも無理がある。普通に考えれば、百済の初期の王城であった漢城《かんじょう》（現ソウルの漢江南岸）から「南行」するというのは、百済南部の熊津《ゆうしん》（現忠清南道公州《ちゅうせいなんどうこんじゅ》）あたりに逃避したことを指すものであろう。

また、蘇我氏自体の成立が六世紀に下るので（氏〔ウヂ〕の成立も同様である）、五世紀の人物とされる満智の実在性にも疑問が多い。先に挙げた諸説は、大同《だいどう》二年（八〇七）に成立した『古語拾遺《こごしゅうい》』雄略《ゆうりゃく》天皇段の、

此《これ》より後、諸国の貢調《みつきもの》、年年に盈《み》ち溢《あふ》れき。更に大蔵《おおくら》を立てて、蘇我麻智《まち》宿禰をして三《みつの》蔵《くら》〔斎蔵《いみくら》・内蔵《うちのくら》・大蔵〕を検校《しら》しめ、秦《はだ》氏をして其《そ》の物を出納《あげおろし》せしめ、東西《やまとかわち》の文《ふみ》氏をして、其の簿《しるしぶみ》を勘《かんが》へ録《しる》さしむ。是《これ》を以《もち》て、漢《あや》氏に姓を賜ひて、内蔵・大蔵と為す。今、秦・漢の二氏をして、内蔵・大蔵の主鎰《かぎつかさ》・蔵部《くらひとべ》と為す縁《ことのもと》なり。

という記事に史実性を認め、ここに見える「蘇我麻智宿禰」を満致と考えるのであるが、こ

の記事は秦氏や蘇我倉氏の家伝に基づいて造作されたものである可能性が高い。「蔵」関係の伝承を語るところから、六、七世紀における蘇我氏の朝廷のクラ管掌《かんしょう》という史実を遡《さかのぼ》らせて、蘇我氏の中でもクラを管掌した蘇我倉氏とその後裔《こうえい》である石川氏によって作られた伝承と考えるべきであろう。蘇我満智という人物自体、石川氏によって創出された人物である可能性が高い（加藤謙吉『蘇我氏と大和王権』）。

百済の高官が倭国に亡命して、そのまま倭国で臣《おみ》姓を賜わり、このように重要な職掌を担うというのも、きわめて不自然である。

さらに、蘇我氏が先祖と称する満智の子の韓子や、その子（稲目の父）の高麗という「朝鮮風」の名前も、これらの系譜自体に信が置けないのであるから、根拠とはならない。そのうえ、韓子というのは外国人との混血児の通称であり、外国や辺境・動物の名を付けるのは、その子の健康を祈ってのものであった（馬子《うまこ》や蝦夷《えみし》・入鹿《いるか》と同様である）。だいたい、百済から渡来したという蘇我氏が高麗（高句麗《こうくり》）という名前を付けるのもおかしなことである（遠山美都男『蘇我氏四代―臣、罪を知らず』）。

というわけで、蘇我氏渡来人説の根拠は存在せず、現在では完全に否定されている。この説が出された背景には、当時は「騎馬民族征服王朝説《きばみんぞくせいふくおうちょうせつ》」や「三王朝交替説《さんおうちょうこうたいせつ》」に象徴されるように、倭国の文化や政治の源流を何でも朝鮮諸国に求めるといった風潮があったものと推測されるが、これが世間に広く受け入れられた背景となると、さらに根深いものがある。蘇我氏を歴史の悪者と決めつけたうえで、当時の日本人の潜在意識の中には、悪いこと（特に天皇への不敬行為）をするのは外国人であるに違いないといった思い込みがあったのではないかと思われるのである。

記紀に見える蘇我氏系譜

さて、『古事記《こじき》』や『日本書紀』では、蘇我氏の氏族系譜や人物は、どのように語られているのであろうか。『日本書紀』には蘇我氏の系譜は見えず、応神三年紀に「石川宿禰」等が百済に遣わされて百済王の無礼を責めたこと、履中《りちゅう》二年紀に「蘇我麻智宿禰」等が共に国事を執ったこと、雄略九年紀に「蘇我韓子宿禰」が大将として新羅《しんら》に派遣され、紀大磐《きのおおいわ》に殺されたことが見えるだけである。この後、後に述べる宣化元年紀の稲目の「大臣」任命記事が現れるのである。

一方の『古事記』では、蘇我氏の人物は欽明《きんめい》段の「宗賀《そが》之稲目宿禰大臣」まで見えない。系譜としては欠史《けっし》八代の一人である孝元《こうげん》段に、「建内宿禰《たけしうちのすくね》」の子として、「蘇賀石河宿禰」が、「蘇我臣・川辺臣・田中《たなか》臣・高向《たかむこ》臣・小治田《おはりだ》臣・桜井《さくらい》臣・岸田《きしだ》臣等の祖」として見える。ここで語られている建内宿禰系譜を図示すると、左のようになる。臣姓氏族をまとめた壮大な擬制的同祖・同族系譜が作られていること、その祖として「建内宿禰（武内宿禰とも）」と七人の子が設定されているのである。五代の天皇に仕えたとする「理想の臣下」としての「建内宿禰」が、蘇我馬子や中臣鎌足《なかとみのかまたり》の投影されたものであることは、古くから指摘されている（直木孝次郎「巨勢氏祖先伝承の成立過程」、岸俊男「たまきはる内の朝臣」）。

ここに挙げられている二十七の氏族、そして「蘇賀石河宿禰」を祖とする七つの氏族が、

孝元天皇――比古布都押之信命――建内宿禰

- 波多八代宿禰（波多臣・林臣・波美臣・星川臣・淡海臣・長谷部臣の祖）
- 許勢小柄宿禰（許勢臣・雀部臣・軽部臣の祖）
- 蘇賀石河宿禰（蘇我臣・川辺臣・田中臣・高向臣・小治田臣・桜井臣・岸田臣等の祖）
- 平群都久宿禰（平群臣・佐和良臣・馬御織連等の祖）
- 木角宿禰（木臣・都奴臣・坂本臣の祖）
- 葛城長江曽都毘古（玉手臣・的臣・生江臣・阿芸那臣等の祖）
- 若子宿禰（江野財臣の祖）

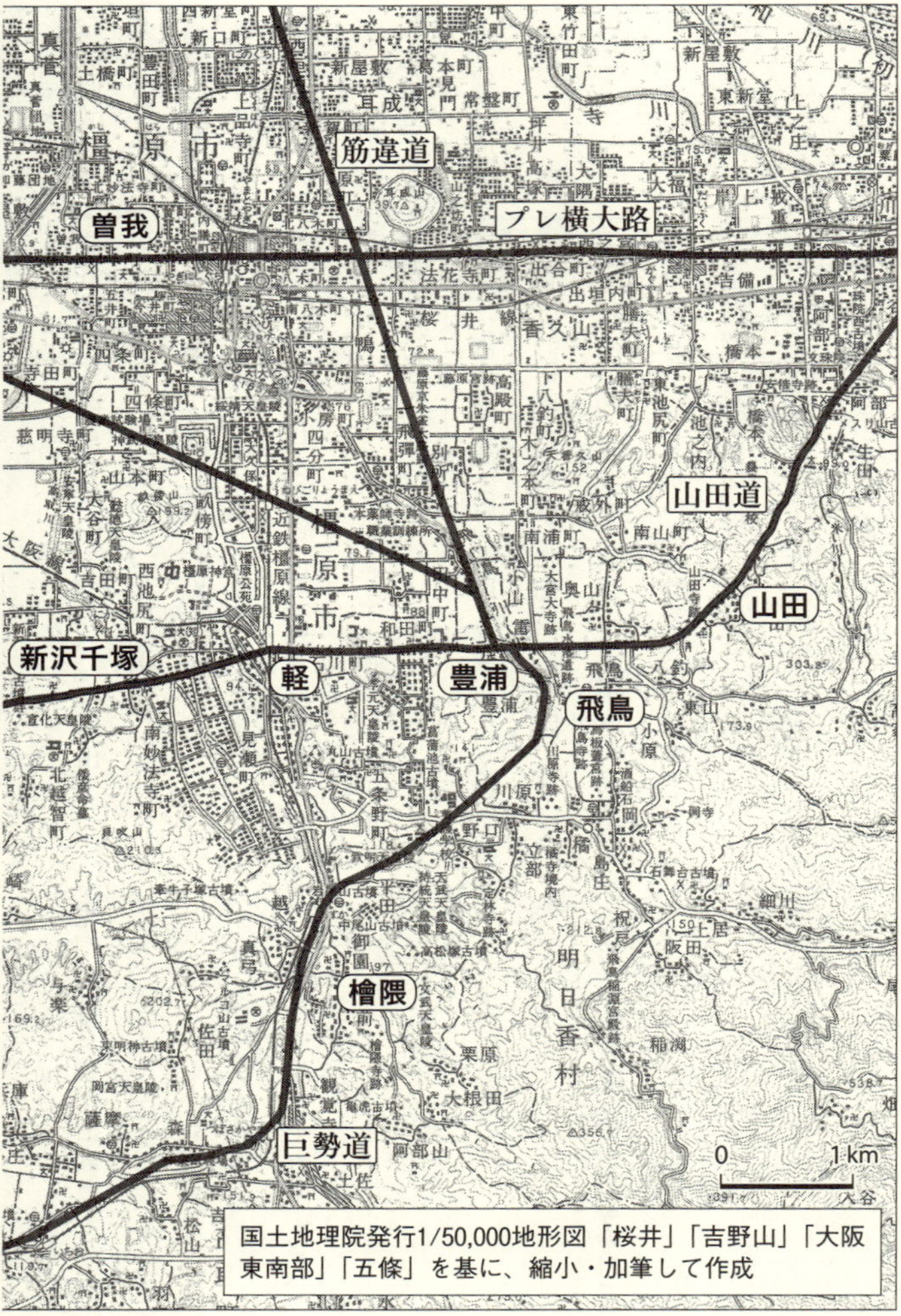

国土地理院発行1/50,000地形図「桜井」「吉野山」「大阪東南部」「五條」を基に、縮小・加筆して作成

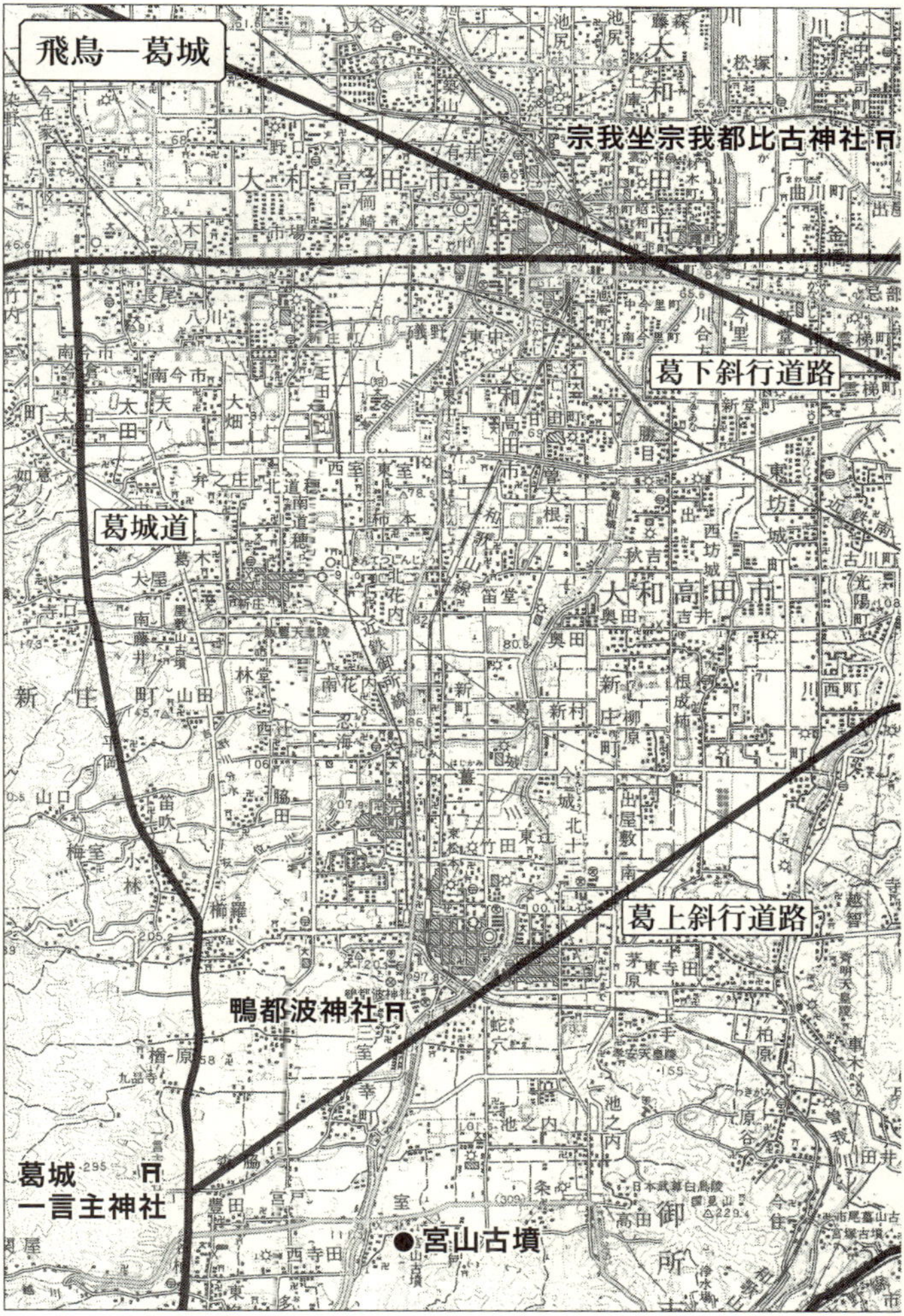
飛鳥—葛城
宗我坐宗我都比古神社
葛下斜行道路
葛城道
葛上斜行道路
鴨都波神社
葛城
一言主神社
宮山古墳

葛城一言主神社

六、七世紀の蘇我氏同族と深く関わるであろうことは、容易に推察できる。また、「葛城長江《ながえの》曽都毘古《そつびこ》（『日本書紀』では葛城襲津彦《そつひこ》）」が挙げられているにもかかわらず、蘇我氏と深い関わりを持つことが予測できる葛城氏の名がここに登場しないことについても、気になるところである。

元々は葛城長江曽都毘古を共通の始祖として蘇我系・巨《こ》勢《せ》系・波多《はた》（羽田）系という、紀ノ川《かわ》・紀路《きじ》を媒介として朝鮮半島と交流を行なった勢力を包摂した同族系譜が蘇我氏によって作られ、後に第二段階として紀系・平群《へぐり》系をも組み込んだ建内宿禰系譜が七世紀後半から末に作られたと考えるのが妥当であろう（加藤謙吉「古代史からみた葛城氏の実態」）。

「葛城氏」について

「蘇賀石河宿禰」はもちろん、「蘇我麻智宿禰」や「蘇我韓子宿禰」「蘇我高麗」が実在の人物でないとなると、蘇我氏の実質的な始祖は、蘇我稲目に求めなければならない。

稲目はどこから来たのか、そしてどのような経緯で、いきなり「大臣（オホマヘツキミ）」という重要な職位（ツカサ）に就くことができたのか。

この疑問を解く鍵は、葛城という集団である。記紀《きき》によれば、「葛城氏」は五世紀には仁《にん》徳《とく》天皇皇后磐之媛《いわのひめ》（履中・反正《はんぜい》・允恭《いんぎょう》天皇の母）・履中天皇妃黒媛《くろひめ》（市辺押磐皇子《いちのべのおしわのみこ》の母）・市辺押磐皇子妃荑媛《はえひめ》（顕宗《けんぞう》・仁賢《にんけん》天皇の母）・雄略天皇妃韓媛《からひめ》（清寧《せいねい》天皇の母）を出すなど、大王《だいおう》家の外戚《がいせき》となっていたと伝える。また、始祖として設定されている葛城襲津彦をはじめ、葛城玉田《たまだ》宿禰・葛城円大臣《つぶらのおおみ》など、高い地位に上った者を輩出し、対朝鮮半島関係（軍事行動と外交交渉）を担っていたという伝承を持っていた。

これらがすべて、史実を伝えたものとは考えられないが、葛城地方を地盤とした集団が五世紀代に大きな勢力を持っていたことは、葛城北部の馬見《うまみ》古墳群の築山《つきやま》古墳（四世紀後半、二一〇m）・島《しま》の山《やま》古墳（四世紀後半、二〇〇m）・巣山《すやま》古墳（四世紀後半、二二〇m）・新木山《にきやま》古墳（五世紀初頭、二〇〇m）・川合大塚山《かわいおおつかやま》古墳（五世紀後半、二一五m）や葛城南部の宮山《みややま》古墳（室大墓《むろのおおばか》古墳、五世紀初頭、二五〇m弱）などの巨大前方後円墳《ぜんぽうこうえんふん》、極楽寺《ごくらくじ》ヒビキ遺跡（五世紀前半）・南郷安田《なんごうやすだ》遺跡（五世紀前半）・多田桧木本《おいだひのきもと》遺跡（五世紀後半）・名柄《ながら》遺跡（五世紀後半）などの大規模豪族居館（高殿《たかどの》を伴うものもある）を伴う南郷《なんごう》遺跡群を造営していたことからも、容易に推測できるところである。

ただし、氏（ウヂ）という政治集団は、この段階では成立していないので、あくまでも葛城地方を地盤とした、必ずしも血縁に基づかない複数の集団（古墳群の分布から見ると五つか）の連合体である。

しかし、記紀からは、六世紀以降の「葛城氏」の顕著な動きは確認できない。欽明十七年（『日本書紀』の年紀で五五六）に備前《びぜん》国児島屯倉《こじまのみやけ》の田令《たつかい》となった葛城山田直瑞子《かずらきのやまだのあたいみつこ》、欽明二十二年（五六一）に新羅使の掌客《しょうきゃく》を務めた葛城直《あたい》（難波《なにわ》か）、欽明三十一年（五七〇）に高麗使人を迎接した葛城直難波、橘豊日《たちばなのとよひ》（用明《ようめい》）の妃となった葛城直磐村《いわむら》の女《むすめ》の広子《ひろこ》、用明二年（五八七）に物部守屋《もののべのもりや》討滅軍の一員となった葛城臣烏那羅《おなら》、崇峻《すしゅん》四年（五九一）に征新羅大将軍の一人となった葛城烏奈良《おなら》臣（『聖徳太子伝略《しょうとくたいしでんりゃく》』にも同じ記事が見える）、「法興《ほうこう》六年」（五九六）に法王大王《ほうおうだいおう》（厩戸王子《うまやとのみこ》）と共に伊予《いよ》の村を逍遥《しょうよう》したという葛城臣（『釈日本《しゃくにほん》紀《ぎ》』所引『伊予国風土記《いよのくにふどき》』、『上宮聖徳法王帝説《じょうぐうしょうとくほうおうていせつ》』で「聖徳太子」から葛木寺《かずらきでら》を賜わったとする葛木《かずらき》臣、大化《たいか》二年（六四六）に東国国司《とうごくこくし》となった葛城福草《さきくさ》が見えるくらいである。

これらの内、五世紀の雄族の後裔であるはずの葛城臣としては葛城臣烏那羅（烏奈良）がいるくらいで、葛城直のほうは葛城国造《くにのみやつこ》の系譜を引く豪族である。天武《てんむ》十四年（六八五）の八色《やくさ》の姓《かばね》でも、葛城連《むらじ》（葛城直が直前に改姓されたもの）が忌寸《いみき》姓を賜わっているものの、葛城臣のほうは賜姓を受けていない。

葛城一言主神社から見た葛城

葛城から見た飛鳥

奈良時代になっても、葛城直の末裔《まつえい》の葛城忌寸豊人《とよひと》が一人だけ『続日本紀《しょくにほんぎ》』に出てくるが、あとはほとんど姿を消してしまう。なお、『新撰姓氏録《しんせんしょうじろく》』に見える「葛城朝臣」は朝野《あさの》宿禰のことであるし、斉衡《さいこう》三年（八五六）「筑後国符《ちくごのくにふ》」に「葛城朝臣」が署名しているが、この文書は偽文書《ぎもんじょ》であるとされている（佐伯有清『新撰姓氏録の研究 考證篇 第二』）。

要するに、「葛城氏」という集団は、六世紀に氏（ウヂ）という政治集団が成立した当初から、ほとんど姿を見せなくなってしまっているのである。はたして葛城集団は、記紀に語られるように玉田宿禰が雄朝《おあさ》津間稚子宿禰《づまわくごのすくね》（允恭）に、円大臣が大泊瀬幼武《おおはつせのわかたけ》（雄略）に滅ぼされて以来、滅亡してしまったのであろうか。
考古学的見地からも、五世紀後半の新庄《しんじょう》屋敷山《やしきやま》古墳（一四五m）を最後として葛城地域に大型前方後円墳の築造は見られなくなり、葛城首長連合は解体されたと見られているし（白石太一郎「古墳からみた葛城地域の政治勢力の動向」）、南郷遺跡群もこの時期には縮小してしまっている（坂靖・青柳泰介『葛城の王都─南郷遺跡群』）。

しかし、あれほどの古墳群を造営できる勢力を持ち、何より記紀にあれほどの伝承を残すことが認められた政治勢力が、まったく消えてしまったはずはない。持統《じとう》五年（六九一）に十八の氏に「其《そ》の祖等《おやども》の墓記《おくつきのふみ》」を上進することが命じられ、それらが『日本書紀』の有力な原史料《げんしりょう》になったのであるが、「葛城氏」はこの十八氏には含まれていない。何らかの葛城集団の後裔が存在して、「葛城氏」の氏族伝承や王統譜《おうとうふ》を作り上げ、それを『日本書紀』に定着させることに成功したとしか考えられないのである。

その集団こそが、蘇我氏である。つまり、蘇我氏はいきなり登場したのではなく、葛城集団の勢力の主要部分が独立したものであり、記紀に見える「葛城氏」とは、すなわち蘇我氏が作り上げた祖先伝承だったのである。

蘇我氏の成立

蘇我氏とは、大和《やまと》盆地南西部の葛城地方に基盤を持った葛城集団から、稲目の代に独立した集団である。ただし、これを葛城氏の支族《しぞく》にあたる集団で滅亡を免れた残党勢力が、本宗家の没落後に現地で次第に勢力を拡張して、やがて第二の拠点ともいうべき高市郡曽我の地に居を定め、新たに蘇我のウヂを名乗るようになったというように（加藤謙吉『蘇我氏と大和王権』）、蘇我氏を葛城氏の複数の支族の内の一つと考える必要もあるまい。

氏（ウヂ）という政治集団自体の成立が、記紀から葛城氏の活躍が見えなくなる六世紀に下るのであるから、元々葛城氏なる政治組織が五世紀に存在していたと考える必要はない。六世紀初頭にはじめて氏（ウヂ）という政治組織が成立した際に、葛城地方を地盤とした複数の集団の中から有力な集団が編成され、蘇我氏として独立したと考えればいいだけのことである。

残った者たちの中には、後に述べるように蘇我氏同族として独立するものも現れたし、それからも残った者がわずかに葛城臣を称したので、それらは顕著な活動を残すことができず、あたかも葛城氏が没落したかのように見えるのであろう。

蘇我氏は葛城地方の中東部にあたる曽我の地に進出した。葛城地方の中心である葛城一言主《かずらきのひとことぬし》神社や宮山古墳からは直線距離で約九キロの地である。進出したというよりは、元来が曽我川流域の曽我地域周辺を地盤としていた集団なのかもしれない。

この地は、近鉄の橿原線と大阪線の交差する大和八木駅《やまとやぎ》を想起していただければわかるように（真菅駅は大和八木駅の一つ大阪寄り）、西に行けば難波《なにわ》に抜ける葛下斜行道路《かどのしもしゃこう》や大坂道《おおざか》、東に行けば伊勢《いせ》に達する初瀬道《はつせ》（プレ横大路《よこおおじ》）、そして北に行けば大和盆地北部に向かう筋違道《すじかい》（後の太子道《たいし》）、南に行けば吉野《よしの》や紀伊《きい》を目指す葛城《かずらき》道や巨勢《こせ》道の交差する、まさに陸上交通の要衝《ようしょう》だったのである。難波や紀伊からは瀬戸内海を通じて朝鮮や中国に達することができるし、伊勢から海路を取れば東国に向かうことができる。

蘇我氏はこの曽我の地を地盤とすることによって氏（ウヂ）として成立し、葛城集団の勢力の大多数を傘下に収めた。そして葛城集団が持っていた政治力と経済力、対朝鮮外交の掌握や渡来人との関係、また大王家との姻戚関係という伝統をも、掌中にしたものと思われる。蘇我氏というのは、突然に出現した集団ではなく、その成立時から、突出した政治力や経済力、そして尊貴性を倭王権から認められた存在だったのである。

蘇我氏の河内・飛鳥進出

さらに蘇我氏は、渡来人が多く居住していた大倭の飛鳥地方と河内の石川地方に進出した（水谷千秋「河内飛鳥と大王と蘇我氏」）。乙巳《いっし》の変の後に蘇我氏の氏上を継承した蘇我倉氏（後の石川氏）が、河内国石川郡を地盤とし、蘇我氏全体の氏族系譜を作り上げたため、あたか

檜隈寺

も蘇我氏が河内の石川から興ったかのような印象を持ってしまいがちなのである。

なお、石川地方の中心である現大阪府南河内郡太子《たいし》町山田《やまだ》までは、曽我からは直線距離で約一二キロ、蘇我倉氏の墳墓の可能性が高い大阪府南河内郡河南《かなん》町の平石《ひらいし》古墳群までも、曽我からは直線距離で約一二キロである。ただし、葛城地方の中心からは、平石古墳群までは約七キロほどに過ぎない。この地は金剛《こんごう》山脈の西麓にあたり、「日本最古の道」とも称される石手《いわて》道（後の竹内《たけのうち》街道）よりも古いとされる葛城山南麓の水越峠《みずこし》（葛城山と金剛山の間）を越えれば案外に近いというのが、現地を歩いた実感である。

平石古墳群の北の丘陵上にある一須賀《いちすか》古墳群（近つ飛鳥風土記の丘のある地）が百済から渡来した史（フミヒト）集団（後に西文《かわちのふみ》氏と称される）を葬った群集墳《ぐんしゅうふん》であるとすると、蘇我氏はまさにそのただ中に進出したことになる。

同様、飛鳥は曽我からは直線距離で約六キロの地である。こちらは実際に歩かれた方も多いであろう。両地の間は葛下斜行道路で結ばれていた。また、飛鳥の中心から南西方向に約三キロ弱の地に、渡来人が集住していた檜隈《ひのくま》がある。当時は後の高市郡（元の今来《いまき》郡）一帯に、後に東漢《やまとのあや》氏と称されることになる朝鮮半島南部（安羅《あら》を中心とする加耶《かや》諸国か）から渡来した集団が分布していたはずであるから、飛鳥地方というのは、まさにそのただ中に存在したのである。この地方の渡来人の群集墳とされる新沢千塚《にいざわせんづか》や越智岡《おちおか》古墳群までは、飛鳥の中心から約四キロほどである。また、これも現地を歩いての実感であるが、島宮《しまのみや》や石舞台《いしぶたい》古墳のある島庄《しましょう》から檜隈までは、祝戸《いわいど》の裏山を越えれば、約二キロほどの距離なのである。なお、葛城の中心地と飛鳥とは、葛上斜行《かどのかみしゃこう》道路で結ばれていた。

　蘇我氏は、「文字」を読み書きする技術、鉄の生産技術、大規模灌漑《かんがい》水路工事の技術、乾《かん》田《でん》、須恵器《すえき》、錦、馬の飼育の技術など大陸の新しい文化と技術を伝えた渡来人の集団を支配下に置いて組織し、倭王権の実務を管掌することによって、政治を主導することになった。稲目以前から蘇我氏が半島政策・渡来人・蔵の管理といった王権の政治組織のいくつかの部門を担当していたという意見もあるが（熊谷公男「蘇我氏の登場」）、むしろ葛城地方の豪族の中でそのような職掌を担っていた葛城集団の中枢的な集団が中心となって、蘇我氏として独立したと考えたほうがよかろう。

　そういえば、「葛城氏」の祖として設定された襲津彦《そつひこ》が初期の渡来人集団を掌握していたという伝承があり、葛城地方にも渡来系の技術者が居住したという伝承が『日本書紀』で語られているし、南郷遺跡群などの集落遺跡でも渡来系の手工業生産の痕跡が確認されている。

二、欽明王権の成立と稲目

蘇我稲目と欽明王権

蘇我稲目《いなめ》は磯城島金刺宮《しきしまのかなさしのみや》（現奈良県桜井市金屋《かなや》）で大王位に即《つ》いた天国排開広庭《あめくにおしはらきひろにわ》（欽《きん》明《めい》）王権を支えることによって権力を掌中に収めたと考えられるのであるが、『日本書紀』では稲目が「大臣（オホマヘツキミ）」としてはじめて見えるのは、宣化《せんか》元年二月壬申朔条である。しかし、武小広国押盾《たけおひろくにおしたて》（宣化）自体の即位も史実かどうか不明であることから、稲目の登場は欽明の代と考えるべきである（倉本一宏「氏族合議制の成立」）。

一見すると、広国押武金日《ひろくにおしたけかなひ》（安閑《あんかん》）の諱《いみな》が勾大兄王子《まがりのおおえのみこ》で、即位後の宮が勾金橋宮《まがりのかなはしのみや》（現橿原市曲川《まがりかわ》町）であり、宣化の諱が檜隈高田王子《ひのくまのたかたのみこ》で、即位後の宮が檜隈廬入野宮《ひのくまのいおりののみや》であることから、安閑や宣化も蘇我氏と関係の深いかのように考える論考も見られる（門脇禎二『新版 飛鳥』）。勾《まがり》の地が蘇我氏の本拠地である曽我《そが》と近く、檜隈《ひのくま》が蘇我氏の配下にいた東漢《やまとのあや》氏の本拠であるというのが、その根拠である。しかし、安閑や宣化の宮の所在地の伝えが史実を示しているかは、かなり問題である。

周知のように、この時期には天国排開広庭王子（後の欽明）を支持する勢力と、勾大兄王子（記紀《きき》のいう安閑）や檜隈高田王子（記紀のいう宣化）を支持する勢力との間に政治的対立が存在したと推定する説が、今でも有力である（大橋信弥「継体・欽明朝の「内乱」」）。

宣化の代から稲目が「大臣」に任じられたとする『日本書紀』の記述は、分裂していた安閑・宣化王権と欽明王権とを不自然な形で連続させた結果として起こった年紀《ねんき》上の架上《かじょう》と見なすべきであろう。稲目が「大臣」に任じられたと『日本書紀』が記している宣化元年は、『日本書紀』の年紀によると西暦五三六年となるが、たとえば欽明が辛亥《しんがい》年（五三一）の「辛亥の変」の後に即位したとするならば、それは欽明五年に相当する。

『上宮聖徳法王帝説《じょうぐうしょうとくほうおうていせつ》』が冒頭に斯貴島宮治天下《しきしまのみやにあめのしたしらしめしし》阿米久尓於志波留支広庭《あめくにおしはるきひろにわ》天皇（欽明）から少治田宮治天下《おはりたのみやにあめのしたしらしめしし》止余美気加志支夜比売《とよみけかしきやひめ》天皇（推古）に至る五人の大王《おおきみ》と宗我《そが》（蘇我）稲目以来の姻戚関係を挙げ、「右ノ五《いつはしら》ノ天皇は、他人《あたしひと》を雑《まじ》ふるコト無く、天下治《しらしめ》しき」と述べ、『天寿国繡帳《てんじゅこくしゅうちょう》』銘の系譜部分が、「斯帰斯麻宮治天下《しきしまのみやにあめのしたしらしめしし》天皇、名阿米久《あめく》爾意斯波留支比里爾波乃弥己等《におしはるきひろにわのみこと》」（欽明）に始まる王統と、「巷奇《そが》大臣、名伊奈米足尼《いなめのすくね》」（稲目）に始まる蘇我氏への厩戸王子《うまやとのみこ》の両属《りょうぞく》性を強調していることからも、欽明と稲目が大化前代の一つの画期であると認識されていたことがわかる。

稲目は分裂していた王権の収拾にあたり、欽明王権を支持することによって権力を拡大し、東漢氏などの渡来系氏族を配下に置くことによって、王権の実務や財政を管掌《かんしょう》した。

その一方、葛城《かずらき》集団の地位を継承して、その女《むすめ》二人を大王欽明のキサキとし、橘 豊日《たちばなのとよひの》大兄王子《おおえのみこ》（後の用明《ようめい》）・泊瀬部王子《はつせべのみこ》（後の崇峻《すしゅん》）・額田部王女《ぬかたべのひめみこ》（後の推古）をはじめとする多くの王子女の外戚《がいせき》となった。また、稲目は大臣（オホマヘツキミ）という職位（ツカサ）にはじめて就き、畿内《きない》有力豪族の代表である大夫（マヘツキミ）層との合議のもと、内外の政治を統括した。

大臣（オホマヘツキミ）という職位

大臣（オホマヘツキミ）という職位は、蘇我氏のみが就いた職位と考えられる。稲目以前に「大臣（オホオミ）」に任じられたと『日本書紀』が伝える武内宿禰《たけしうちのすくね》・葛城円《かずらきのつぶら》・平群真鳥《へぐりのまとり》・許勢男人《こせのおひと》は、すべて史実性に乏しく、それぞれの氏族伝承の中でカバネ「臣（オミ）」に美称「大」を付された敬称であろう。それらとは異なり、大臣（オホマヘツキミ）というのは、稲目から馬子《うまこ》・蝦夷《えみし》という蘇我氏本宗《ほんそう》家の三名（実質的には入鹿《いるか》も含めた四名）に受け継がれていった職位（ツカサ）である。マヘツキミの代表であると共に、マヘツキミによる合議体を主宰し、倭《わ》王権を代表して外交の責任者となった。

同様に、大連（オホムラジ）という職位が『日本書紀』に見えるが、この地位が職位として実在していたとは考えがたい。「大連」とは、連《むらじ》姓氏族内部において自己の祖先を顕彰するために、七世紀後半以降、「連（ムラジ）」というカバネに美称「大」を付すことによって造作された敬称であろう。

一言付け加えておくと、六世紀を通じて、倭国《わ》は中国との直接の交渉を持たなかった。「オホマヘツキミ（大臣）―マヘツキミ（臣・卿・大夫）」というこの政治体制は、朝鮮三国、特に百済《ひゃくさい》との五経博士《ごきょうはかせ》を介した交渉を通して、すでに高句麗《こうくり》・新羅《しんら》で成立しており、百済においてはまさに成立途上にあった、三国に共通する政治体制（大対盧《だいたいろ》―対盧《たいろ》、上大等《じょうだいとう》―大等《だいとう》、三佐平《さんさへい》―佐平《さへい》）に関する知識を完成された形で入手し、それに影響を受けて成立したものと考えられる（以上、倉本一宏「氏族合議制の成立」）。

蘇我氏と大王位継承

次に大王位継承の問題を、蘇我氏と絡めて考えてみよう。蘇我氏の始祖《しそ》である稲目の女《むすめ》の堅塩媛《きたしひめ》と小姉君《おあねのきみ》は欽明のキサキとなった。堅塩媛は橘豊日大兄王子（後の用明）をはじめとする七人の王子と額田部王女（後の推古）を含む六人の王女、小姉君は泊瀬部王子（後の崇峻）を含む四人の王子と一人の王女を、それぞれ産んでいる。

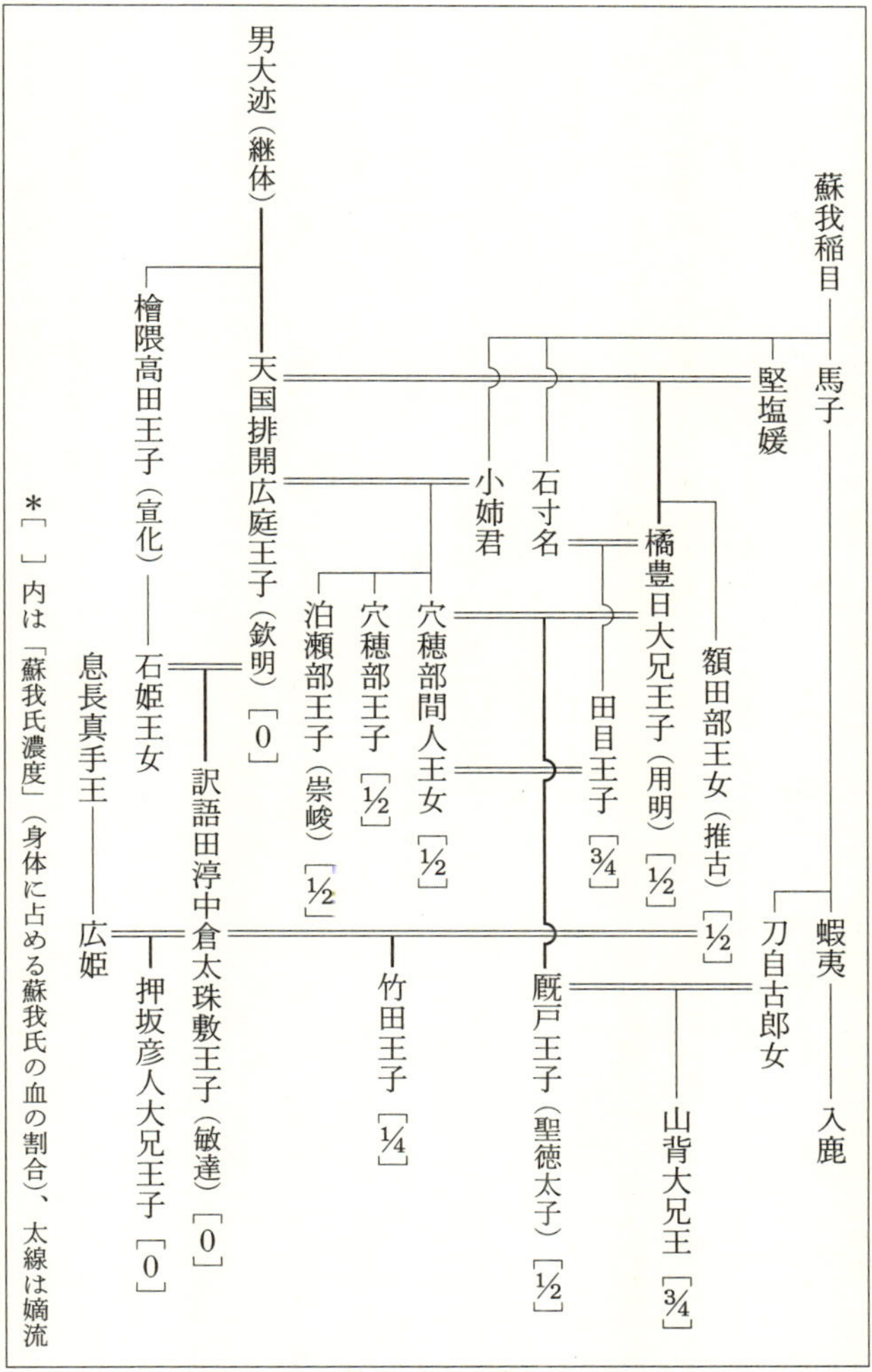

＊［　］内は「蘇我氏濃度」（身体に占める蘇我氏の血の割合）、太線は嫡流

欽明は、蘇我氏出身のキサキと、石姫王女《いしひめのひめみこ》（宣化の女《むすめ》）という大王家《だいおう》出身のキサキの両方から後継者を儲《もう》け、蘇我系嫡流《ちゃくりゅう》（しかも堅塩媛系・小姉君系という二系統の蘇我系）と非蘇我系嫡流を創出した。この後の倭国における大王位継承をめぐる動きは、これらの蘇我系、非蘇我系の王子女を軸として、繰り広げられることになるのである（倉本一宏『持統女帝と皇位継承』）。

なお、王権継承に血縁原理が導入されたのは五世紀代のことであり、六世紀の男大迹《おおど》（継体《けいたい》）・欽明期に至って大王を生み出し得る特殊で神聖とされる血縁集団（大王家）が形成され、血縁原理が王権継承の基盤に据えられた（大平聡「世襲王権の成立」）。この血縁原理による大王位継承も、欽明と稲目によって確立したのである。

稲目とミヤケ（屯倉）の経営

国家体制形成における蘇我氏の開明性についても述べよう。律令体制国家の基本的性格を、公地公民《こうちこうみん》を基礎とした個別人身支配と規定するならば、その先駆的な支配方式が、蘇我氏の主導で設置されたミヤケ（屯倉）の経営方式に見られるのである。

『日本書紀』の欽明紀・敏達紀《びだつ》からは、吉備《きび》の白猪屯倉《しらいのみやけ》・児島屯倉《こじまのみやけ》の経営を窺《うかが》うことができる（両者は元々一つの地であった可能性も指摘されているが）。それによると、欽明十六年（『日本書紀』の紀年によると五五五年）と十七年に大臣稲目が吉備に派遣されて、白猪屯倉と児島屯倉が設置されたが、児島屯倉においては葛城山田直瑞子《やまだのあたいみつこ》を田令《たつかい》に拝して監督させた。そして、周辺の農民を田部《たべ》として徴発し、その徭役《ようえき》労働によって経営を行なった。欽明三十年（五六九）には、蘇我氏と関係の深い船《ふね》氏の祖王辰爾《おうしんに》の甥《おい》である膽津《いつ》を白猪屯倉に派遣して白猪田部の丁《よほろ》の籍《ふみた》を定めている。敏達三年（五七四）にも大臣馬子が吉備に派遣され、白猪屯倉と田部を増益した。

この時に稲目が作成した田部の名籍は、現実に存在した単位集団をそのまま「戸」として、田部の丁の名を書き連ねたものと見られる。律令制的人身支配、および領域支配への指向は、すでにここに現れていたのである。なお、白猪屯倉は美作《みまさか》一帯で鉄山の多い地方に置かれたが、これは豊かな鉄資源を倭王権が掌握したものと言われる。また、児島屯倉は瀬戸内海の有力な水軍を直属させて、新羅との対決に備えたものとされている。

なお、同じ欽明十七年には、稲目は大倭国《やまと》高市郡《たかいち》に派遣され、韓人大身狭屯倉《からひとのおおむさのみやけ》と高麗人《こまびと》小身狭屯倉《のおむさのみやけ》を設置している。身狭とは見瀬《みせ》（現橿原市見瀬町）のことである。こちらは韓人（百済人）や高麗人を田部としている。

このような方式の地方支配を推進していけば、たとえ乙巳《いっし》の変や白村江《はくすきのえ》の戦や壬申《じんしん》の乱が起こらなくても、遅かれ早かれ、いずれは倭国は古代国家へと進んでいったのではないかと思われる。いやむしろ、中大兄王子《なかのおおえのみこ》がたどった迂遠《うえん》な道程を考えるならば、どちらが効率的で効果的な方式であったかは、一概には論じられない問題であろう。

蘇我氏をすべて悪と決めつけ、「聖徳太子」や中大兄王子による「天皇中心の中央集権国家」の建設を善と認識する歴史観では、この蘇我氏の開明性は説明できない。そもそも、人民をすべて戸籍《こせき》に登録し、確実に税と兵を徴集する古代国家というもの自体を、はたしてどのように評価すればいいのか、一概には論じきれない問題なのである。「動乱の東アジア情勢」に対処するための軍国体制だから仕方がないなどという論法には、もはや従えない。

対朝鮮関係

国内における王権の分裂はおおよその見通しが付いたところで、残るは朝鮮半島との関係である。朝鮮半島においては、高句麗の侵攻を受けた百済は、五一三年から倭国との関係が深い半島南部の加耶《かや》諸国へと勢力を拡《ひろ》げていくと共に、倭国に接近した。

一方、五世紀までは高句麗に従属していた新羅も、六世紀に入ると急速に国家体制を固めた。百済との抗争の中、大加耶《だいかや》(大加羅《だいから》、現慶尚北道高霊《けいしょうほくどうこりょん》)と同盟を結んだ新羅は、五二四年以降、任那加羅《みまなから》(金官《きんかん》、現慶尚南道金海《けいしょうなんどうきめ》)に侵攻した。

任那加羅は、倭国と結んで新羅の侵攻に対抗しようとした。倭国は継体二十一年(五二七）、近江毛野《おうみのけぬ》の率いる対新羅軍を派遣しようとしたが、新羅と結んでいた筑紫磐井《つくしのいわい》が軍の渡海を遮るという行動に出た。毛野は磐井が倒された後の継体二十三年に安羅《あら》（現慶尚南道咸安《はまん》）に入ったが何もできず、結局、五三二年、任那加羅は新羅によって滅ぼされた。

百済の聖《せい》王（聖明《せいめい》王）は、五四一年と五四四年の二回、残った加耶諸国の代表や倭国から派遣された吉備臣などを泗沘《しひ》（現忠清南道《ちゅうせいなんどう》扶余《ぷよ》）に招集し、結束を確認した（田中俊明『大加耶連盟の興亡と「任那」』）。『日本書紀』のいう「任那《みまな》復興会議」である（なお、この倭国の使節が、『日本書紀』に見える「任那日本府」の実態である）。

加耶諸国では、大加耶を中心とする連盟結成の動きもあったが、大加耶は、同盟と抗争を繰り返す新羅と百済の間で苦境に立たざるを得なくなった。五五二年に漢城《かんじょう》（現ソウルの漢江南岸）を占領して半島西海岸にまで進出した新羅（これで中国との直接的な交渉を行なえることとなる）は、五五四年には百済の聖王を殺すに至った。

五六二年には、新羅による進撃が行なわれ、大加耶とその連盟国は、新羅によって滅ぼされた。こうして、朝鮮半島南部における倭国の拠点は、完全に失われたのである。加耶諸国は百済と新羅によって分割され、半島は高句麗を含む三国時代を迎えた。

大加耶の滅亡以後、加耶との特別な関係を復活させる「任那復興」策が、倭国にとって最重要の政治課題となった（西本昌弘「倭王権と任那の調」）。

これら一連の対朝鮮半島問題への対応を主導していたのが、大臣稲目であった。ただし、稲目が対朝鮮関係に関与したことが『日本書紀』に見られるのは、欽明十三年（五五二）にかけて述べられている仏教公伝以降のことであり、直接に外交に関わったと記されているのは百済の聖王が新羅との戦いで戦死した翌年の欽明十六年から後のことである。仏教の受容をめぐる紛糾を契機として、稲目が朝鮮半島との関係に乗り出し、特に聖王が死んだ後の新羅との関係をめぐって、積極的に関与するようになったと考えるべきであろうか。

仏教の伝来と稲目

稲目や蘇我氏と強く関わるのは、仏教受容の問題である。欽明の代以前から、渡来氏族の間では、故国の信仰として仏教も信仰されていたであろうが、百済から正式に伝えられたのは、六世紀半ば頃のことであった。『上宮聖徳法王帝説』『元興寺《がんごうじ》伽藍《がらん》縁起《えんぎ》幷《ならびに》流記《るき》資財《しざい》帳《ちょう》』では戊午《ぼご》年（五三八）、『日本書紀』では欽明十三年（五五二）のこととしているが、これらの年次にこだわることはない。

いずれにしても、倭国の軍事協力を必要とした百済の聖王が、緊迫する朝鮮半島情勢の中、倭国に仏像・幡蓋《はたきぬがさ》・灌仏器《かんぶつき》・経論《きょうろん》などを送ってきたのである。

なお、『隋書《ずいしょ》』東夷伝《とういでん》倭国条には、次のような記事もある。

文字無く、唯木《ただき》を刻み縄を結ふ。仏法を敬ひ、百済に仏経を求め得、始めて文字有り。

これによると、倭国側から百済に対して、最新の梁《りょう》仏教を求めたことになるが（上川通夫「ヤマト国家時代の仏教」）、この記事は倭国の文字について問題にしたものであり、これを直接的に仏教公伝を表したものと解釈する必要もなかろう。

さて、『日本書紀』によれば、欽明は、仏教の法理や仏像の相貌に歓喜踊躍《かんきようやく》しながらも、その受容について専決できず、マヘツキミ会議に諮《はか》らざるを得なかった。仏教が中国からではなく、百済から伝わったことも影響しているのであろう。稲目は、

西蕃《にしのとなり》の諸国、一《もはら》に皆礼《いやま》ふ。豊秋日本《とよあきづやまと》、豈《あに》独り背かむや。

と、諸外国がこぞって信仰している仏教に対して倭国だけが背くわけにはいかないとして、その受容を主張した。それに対し、物部尾輿《もののべのおこし》・中臣鎌子《なかとみのかまこ》らは、

我が国家《みかど》の、天下に王とましますは、恒《つね》に天地社稷《あまつやしろくにつやしろ》の百八十神《ももあまりやそかみ》を以て、春夏秋冬、祭《ま》

拝《つ》りたまふことを事とす。方に今改めて蕃神《あたしくにのかみ》を拝みたまはば、恐るらくは国神《くにつかみ》の怒を致したまはむ。

として受容の拒否を主張した。これは固有の神祇《じんぎ》を祀《まつ》るべき大王が「蕃神（アタシクニノカミ＝外国の神）」を礼拝《らいはい》しようとしたことへのマヘツキミ層の抵抗と考えられる（速水侑『日本仏教史 古代』）。これ以降、『日本書紀』では蘇我氏と物部氏による崇仏《すうぶつ》・廃仏《はいぶつ》の抗争が行なわれたこととなっている。

しかし実際には、物部氏の本拠地に渋川廃寺《しぶかわはいじ》（現大阪府八尾《やお》市渋川町）や石上廃寺《いそのかみはいじ》（現奈良県天理《てんり》市石上町）が造営されるなど、物部氏や中臣氏も排仏一辺倒ではなかったのである（安井良三「物部氏と仏教」）。蘇我氏が崇仏派の先頭に立ったとされるのは、『日本書紀』が何らかの「飛鳥寺系縁起《あすかでらけいえんぎ》」を原史料としたためであろうと思われる（梁の『高僧伝《こうそうでん》』や唐《とう》の義浄《ぎじょう》新訳の『金光明最勝王経《こんこうみょうさいしょうおうきょう》』による文飾も施している）。それ以外にも、配下に渡来系氏族を多く擁しており、大臣として倭国の外交を主導していたという立場にもよるのであろう。東アジア情勢の中での国際的な顧慮がはたらいたことになる。

百済をはじめとする「先進国」と国際関係の中で伍《ご》していくためには、ひとり倭国のみが土俗的な国神を信仰し続けるわけにはいかなくなっていたのである。仏教が対中国交渉と密接に関わる政治課題として受け止められてきたという朝鮮三国の国際状況を判断して、倭国も中国（特に梁）を中心とする世界秩序に参入するために不可欠の要素として、仏教を百済から公的に導入したという指摘（河上麻由子「遣隋使と仏教」）は重要であろう。

ただし、当時の支配者層は、仏教を国家支配の思想的基盤にしようとする意図もなければ、それだけの理解も持っていなかったと推定される。仏教も百済からの贈り物の一つと認識していたという理解（本郷真紹「仏教伝来」）が、当時の情勢から考えると正しいのであろう。

渋川廃寺塔心礎

欽明は百済からもたらされた仏像を稲目に授け、試みに礼拝させた。稲目はこれを「小墾田《おはりだ》の家」に安置し、また「向原《むくはら》の家」を浄《きよ》めて寺としたと『日本書紀』に記されている。いわゆる捨宅《しゃたく》寺院というものである。小墾田というのは現在の奈良県高市郡明日香村の雷《いかつち》から奥山にかけての雷丘《いかずちのおか》北東で、後に豊御食炊屋姫《とよみけかしきやひめ》（推古）の小墾田宮《おはりだのみや》が造営される地である。向原のほうは『元興寺伽藍縁起幷流記資財帳』に向原に桜井道場《さくらいどうじょう》を作ったと見え、『上宮聖

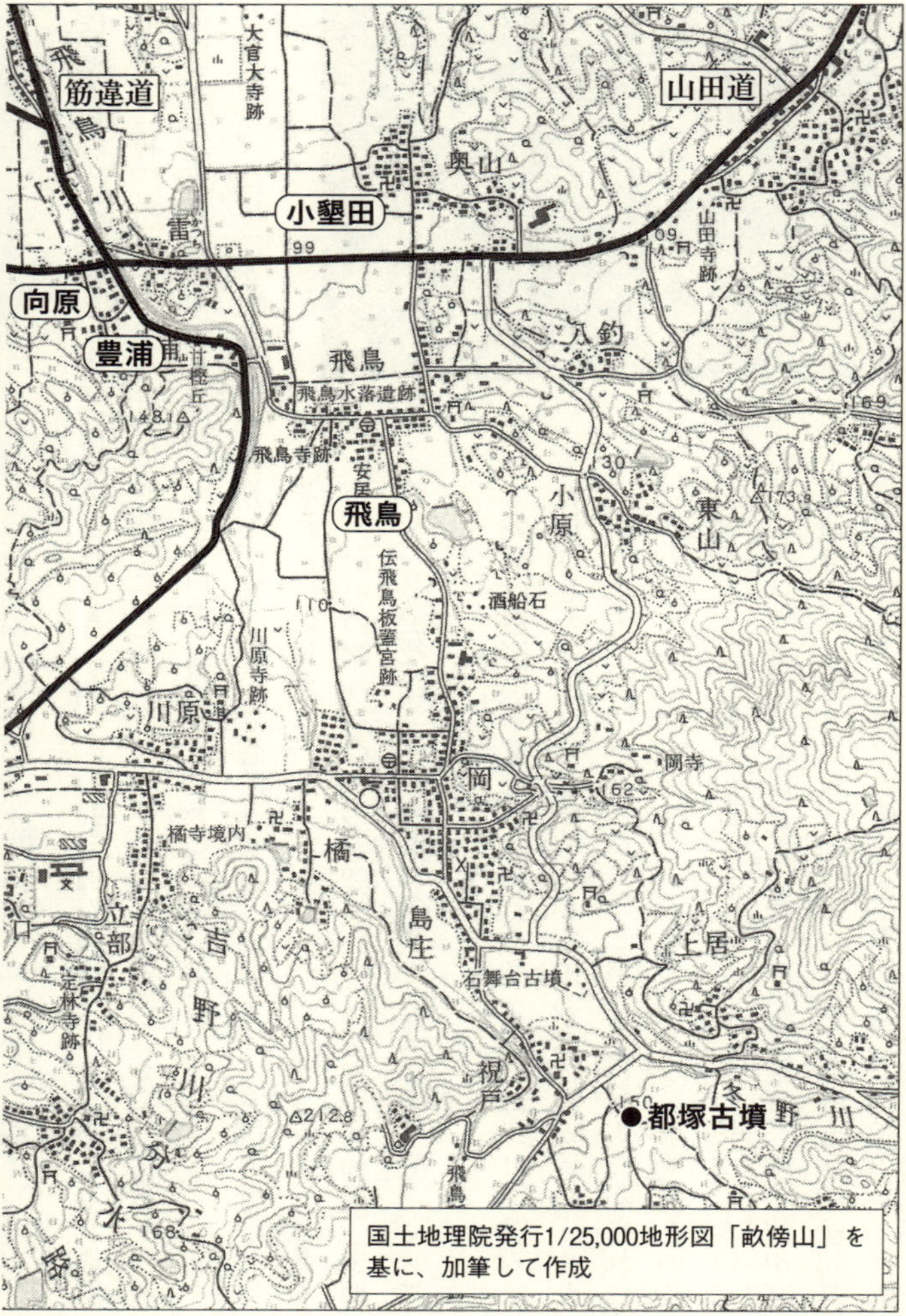

国土地理院発行1/25,000地形図「畝傍山」を基に、加筆して作成

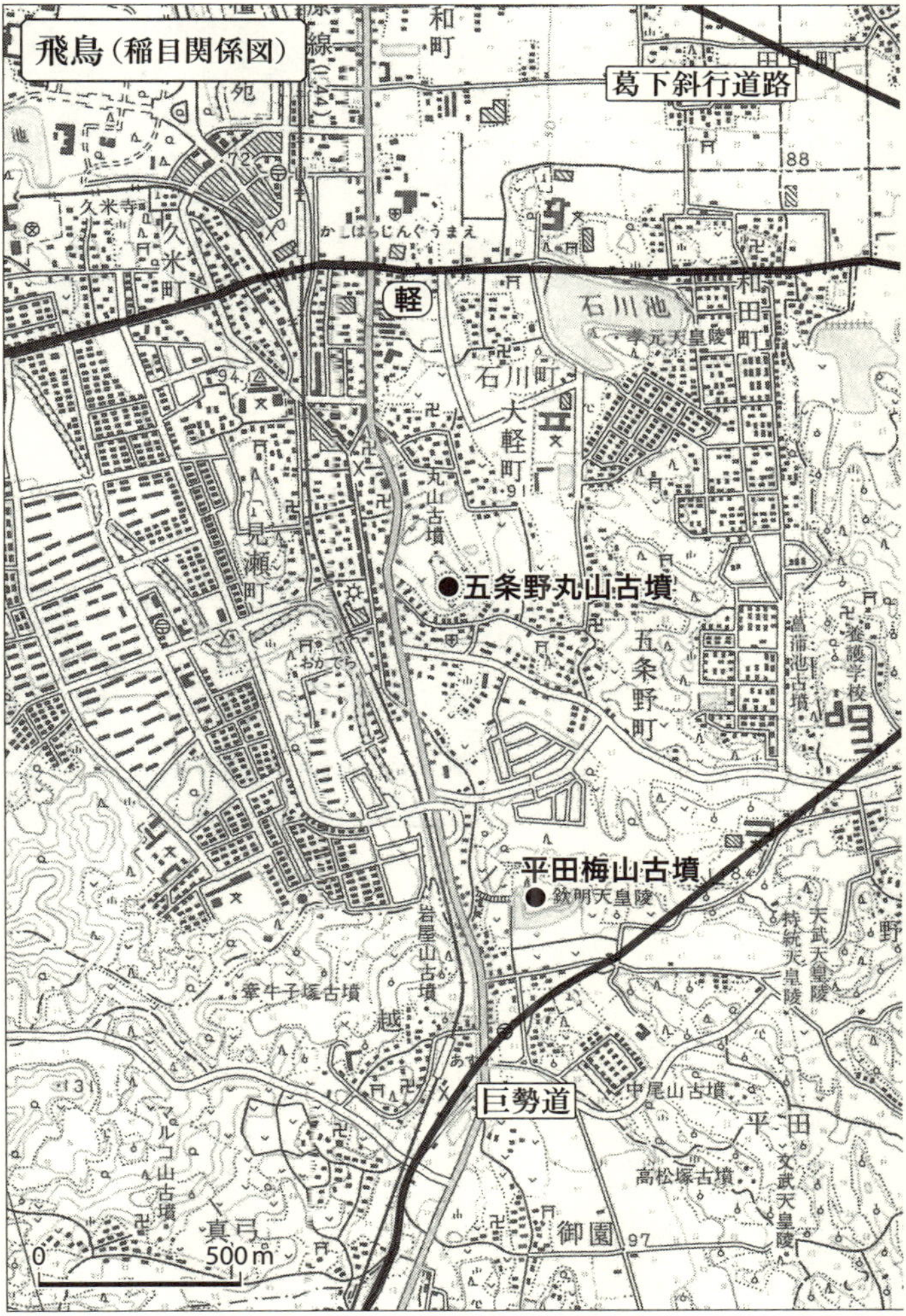
飛鳥（稲目関係図）
葛下斜行道路
軽
五条野丸山古墳
平田梅山古墳
欽明天皇陵
巨勢道
久米寺
久米町
石川池
石川町
大軽町
和田町
見瀬町
五条野町
丸山古墳
岩屋山古墳
牽牛子塚古墳
中尾山古墳
高松塚古墳
天武天皇陵
持統天皇陵
文武天皇陵
マルコ山古墳
真弓
御園
平田
越
0
500m

豊浦寺

「難波の堀江」（阿弥陀池）

徳法王帝説』裏書《うらがき》に桜井《さくらい》寺《でら》が今の豊浦寺《とゆらでら》であると見えるところから、現在の明日香村豊浦の雷丘南西の、後にこれも推古の豊浦宮《とゆらのみや》が造営される地である。

『日本書紀』によれば、その後、疫病《えきびょう》が流行したので、物部尾輿・中臣鎌子の奏言《そうげん》によってその仏像は「難波《なにわ》の堀江《ほりえ》」に流し棄《す》てられたとあるが、その史実性は不明である。異国から来たものを異国からの玄関口である難波に棄てるというのは、それなりに理屈は通るのであるが、いかにも話ができ過ぎている。

なお、普通は「難波の堀江」は仁徳《にんとく》天皇が難波宮《なにわのみや》の北に開削させたという伝承を持つ上町《うえまち》台地の北側を指すのであるが、随分と南西に離れた現在の大阪市西区北堀江にある和光寺《わこうじ》も、

「難波の堀江」の故地を主張している。やれやれと思いながら訪れてみたら、何と関西落語「阿弥陀池」の舞台であった。ちなみに、棄てられたこの仏像も、本田善光《ほんだぜんこう》なる者（秦巨勢《はたのこせ》大夫や若麻続東人《わかおみのあずまひと》という「説」もある）に拾われて信濃《しなの》の善光寺《ぜんこうじ》に安置された「絶対秘仏」の「善光寺式阿弥陀三尊《あみださんぞん》」という伝えの他、豊浦寺跡の向原寺《こうげんじ》にも、寺の隣の「難波池」から発見されたとされる観音菩薩《かんのんぼさつ》立像《りゅうぞう》が安置されていた。これは一九七四年に忽然《こつぜん》と姿を消したものの、二〇一〇年にインターネットオークションで「発見」され、無事に寺に戻ってきたというから、ありがたい話である。

稲目の本拠地

史実性に問題の残る崇仏紛争の記事よりも貴重なのは、稲目の本拠地が、これらの記事から窺える点である。稲目の「小墾田の家」と「向原の家」は、飛鳥《あすか》の北側の入口の、山田道《やまだみち》に沿った地に営まれていたことがわかる。なお、欽明二十三年（五六二）には、高句麗を討った大伴狭手彦《おおとものさでひこ》が、稲目に甲《よろい》や飾刀《かざりたち》、それに媛《ひめ》という名の美女と従女の吾田子《あたこ》を献上したという記事があるが、稲目はその二人の女性を妻とし、「軽の曲殿《かるのまがりどの》」に住まわせたとある。軽というのも現在の奈良県橿原市石川町から大軽町一帯で、後の下《しも》つ道と山田道が交差するあたりである。曽我から飛鳥に向かうルートに沿って、稲目は拠点を置いていたのである。

稲目の死と墳墓

欽明三十一年（五七〇）三月一日、稲目は死を迎えた。欽明の治世の初期から「大臣」に拝されていたとすれば、すでにかなりの高齢に達していたことであろう。

稲目はどこに葬られたのであろうか。六世紀の前方後円墳としては隔絶した規模を有する五条野《ごじょうの》丸山《まるやま》古墳（墳丘長三一〇m、石室全長二八・四m、玄室長八・四m）を稲目の墓と考える説もあるが（小澤毅「飛鳥の都と古墳の終末」）、これは欽明の真陵の可能性が高いであろう（森浩一『古墳の発掘』）。いまだ万全の権力を手に入れているとは言いがたい稲目が、大王陵をしのぐ規模の墳墓を造営できたとは、とても考えられないのである。

近辺に造営された平田《ひらた》梅山《うめやま》古墳（現欽明陵）が稲目の墓であるという説も出されているが（白石太一郎『古墳とヤマト政権』）、こちらは訳語田渟中倉太珠敷《おさたのぬなくらのふとたましき》（敏達）の未完成陵であろうか。その他、河内飛鳥の平石《ひらいし》古墳群の中で最初に造営されたシショツカ古墳（東西六〇m、南北五三mの階段状の方形墳）を稲目の墓に想定する説（西川寿勝「近つ飛鳥の古墳と寺院」）も出ているが、稲目が蘇我倉《そがのくら》氏（後の石川氏）の地盤である河内国石川郡に墳墓を営む必然性もあまり感じられない。

そうなると、現在、稲目の墓としてもっとも有力なのは、石舞台《いしぶたい》古墳の南南西の現明日香

五条野丸山古墳

村阪田《さかだ》、蘇我氏の墓域であった冬野川《ふゆのがわ》流域にある都塚《みやこづか》古墳であろう。従来は一辺二八mの方墳とされていたが、二〇一四年の発掘調査で、東西四一m、南北四二m、高さ四・五m以上（西側の見かけの高さは七m以上）の大型方墳であることが確認された。しかも、六段以上の段築を施したピラミッド状の古墳であることが判明した。檜隈《ひのくま》の地に抜ける道にも近いこの地こそ、稲目が葬られた場所に相応《ふさわ》しいものと思われる。

ただし、都塚古墳の墳丘と石室自体は七世紀初頭に造営されたものであり、六世紀後半に作られた家形石棺が都塚古墳に移されたという考えもある（白石太一郎「明日香村都塚古墳の造営年代」）。そうすると、他の場所に埋葬された稲目の棺を、馬子の世代に、新たに造営された都

都塚古墳

都塚古墳石室

塚古墳に改葬したということになる。

なお、五条野丸山古墳を最後として、六世紀中葉から六世紀後半に後の畿内では前方後円墳の築造が終焉《しゅうえん》し、六世紀末から七世紀初頭には地方でも前方後円墳の築造は終焉を迎える。倭国の支配者は、氏寺《うじでら》という、古墳に変わる新たな結集の場を発見したのである。

そして後にそれを主導するのも、また蘇我氏であった。

翌欽明三十二年（五七一）四月、欽明も死去した。欽明王権も蘇我氏も、共に第二世代を迎えることになったのである。

第二章　大王推古と厩戸王子と島大臣馬子

一、欽明以降の大王位継承

欽明以降の大王位継承

稲目《いなめ》の嫡子《ちゃくし》である蘇我馬子《そがのうまこ》が大臣（オホマヘツキミ）の座に就いたのが、父である稲目の死去直後の欽明《きんめい》三十一年（五七〇）であったか、それとも『日本書紀』が伝えるように訳語田渟中倉太珠敷《おさたのぬなくらのふとたましき》（敏達《びだつ》）の即位（五七二）後であったかは、今となってはわからない。

常識的には、稲目が死去してから後の天国排開広庭《あめくにおしはらきひろにわ》（欽明）の代の一年間を、倭《わ》王権が執政者なしで乗り切ったと考えるよりも、稲目の嫡男である馬子がその地位を継いだと考えたほうが自然ではある。ただし、欽明がすでに重い病に冒されており、新大臣選定どころではなかったとすれば、話は別である。

『扶桑略記《ふそうりゃくき》』の記述を信じれば、馬子が推古《すいこ》三十四年（六二六）に死去した際には七十六歳とあるから、欽明三十一年にはいまだ二十歳ということになる。これほどの若者がすんなりと父から大臣の座を継承できるものであろうかと考えてしまうのであるが、ともあれ五十年以上も大臣の座にあったのであるから、就任時にかなりの若年であったことは確かなのであろう。

欽明の死去後、石姫王女《いしひめのひめみこ》（武小広国押盾《たけおひろくにおしたて》〔宣化《せんか》〕の女《むすめ》）所生の訳語田渟中倉太珠敷王子が百済大井宮《くだらのおおいのみや》（現奈良県橿原市の天香具山《あめのかぐやま》西麓）で大王位に即《つ》いた（敏達）。第一子（大兄《おおえ》）の箭《や》田珠勝大兄王子《たのたまかつのおおえのみこ》が欽明十三年（五五二）に死去した後には、第二子の訳語田渟中倉太珠敷王子が、大王《だいおう》家嫡流《ちゃくりゅう》の立場にあったはずである。まだ蘇我氏所生の王子が大王家の嫡流になる状況ではなかったのである。

蘇我氏と大王家とのミウチ関係の強化につなげる措置であろうか、欽明十五年（五五四）に欽明と蘇我堅塩媛《きたしひめ》との間の第四子として生まれた額田部王女《ぬかたべのひめみこ》が、欽明三十二年（五七一）、十八歳でその訳語田渟中倉太珠敷王子のキサキとなっていた。同族内の異母兄妹間婚姻であるが、非蘇我系であった訳語田渟中倉太珠敷王子にとっても、蘇我系の王女との婚姻は、蘇我氏との融和を軸とする権力確立の一環であったと言えよう。

敏達の大后《おおきさき》は、当初は「息長真手王《おきながのまてのみこ》」の女《むすめ》の広姫《ひろひめ》であったとされるが、その史実性には疑問が残る。実際には近江《おうみ》の地方豪族に過ぎない「息長真手王」の女がこのような地位に立つとは考えられないからである。敏達四年（五七五）十一月に広姫が死去した後の敏達五年（五七六）三月に豊御食炊屋姫《とよみけかしきやひめ》（元の額田部王女、後の推古）が有司《つかさ》の推戴《すいたい》によって「皇后」の地位に立ったと『日本書紀』は伝えるが、この時点こそ、大后という地位の創設であったものと考えるべきであろう。

「大臣」が蘇我氏がはじめて就いた政治的職位であったことと同様、「大后」も蘇我系王族のキサキがはじめて立てられた政治的身位《しんい》であったということになる。息長広姫は非蘇我系嫡流としての押坂彦人大兄王子《おしさかのひこひとのおおえのみこ》、豊御食炊屋姫は蘇我系嫡流としての竹田王子《たけだのみこ》を産んでいる。

「崇仏論争」のその後

この間、『日本書紀』では世代を越えて「崇仏論争《すうぶつ》」が続いたことになっている。もちろん、仏法の興隆における蘇我氏の役割と、「仏敵《ぶってき》」としての物部《もののべ》氏の存在を強調しようとした「飛鳥寺系縁起《あすかでらけいえんぎ》」を原史料《げんしりょう》としたためにこのような記事群となったものであって、実際には蘇我氏と物部氏との政治抗争が繰り広げられたのであろう。

敏達十三年（五八四）に、馬子は仏像二体（一体は百済《ひゃくさい》からもたらされた弥勒石像《みろくせきぞう》）を手に

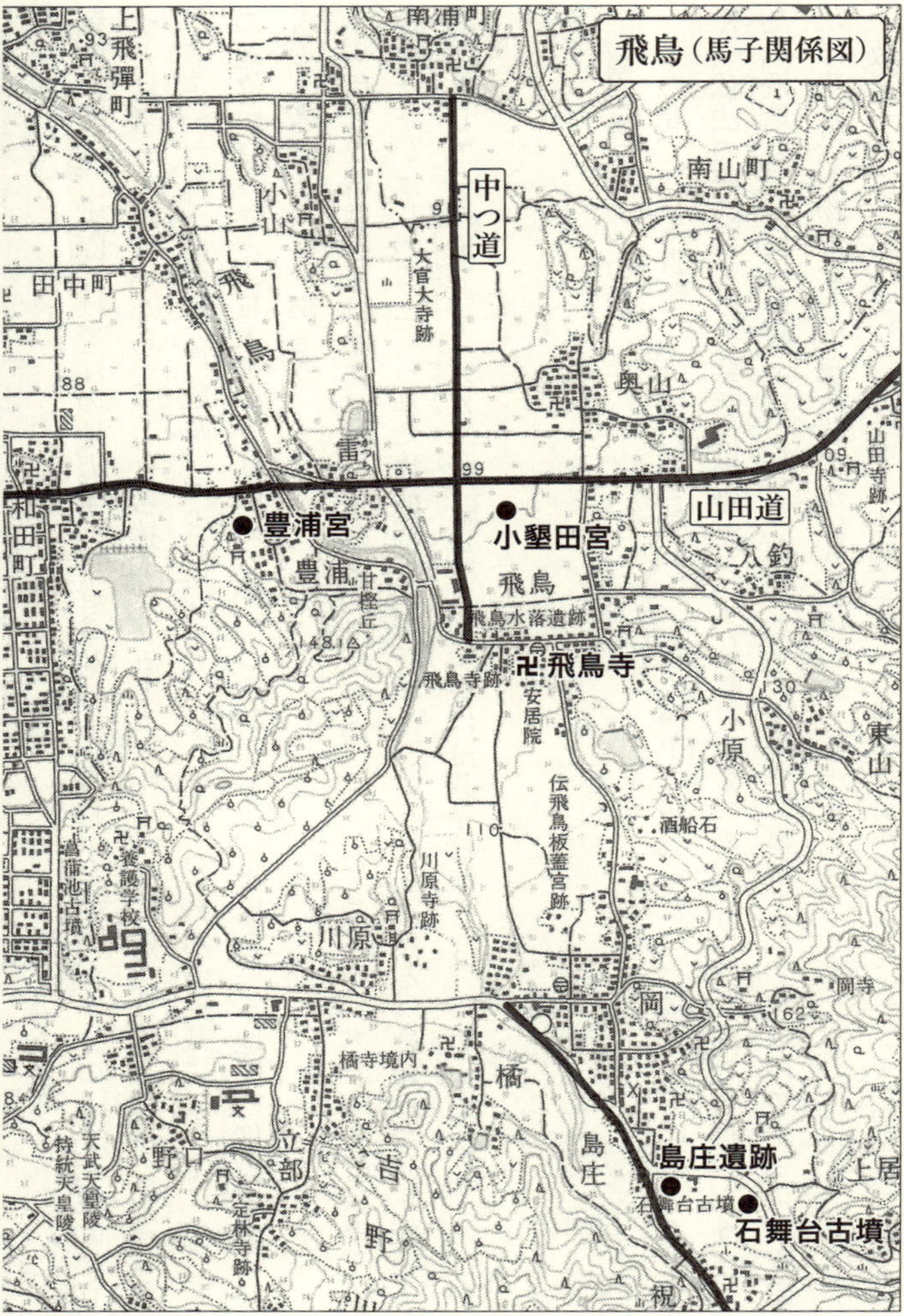
飛鳥（馬子関係図）
中つ道
山田道
豊浦宮
小墾田宮
飛鳥寺
島庄遺跡
石舞台古墳
南浦町
南山町
上飛騨町
田中町
和田町
小山
飛鳥川
雷
豊浦
甘樫丘
大官大寺跡
奥山
山田寺跡
八釣
飛鳥水落遺跡
飛鳥寺跡
安居院
小原
東山
伝飛鳥板蓋宮跡
酒船石
川原寺跡
川原
岡
岡寺
橘寺境内
橘
島庄
上居
養護学校
天武持統天皇陵
野口
立部
吉野
定林寺跡
祝

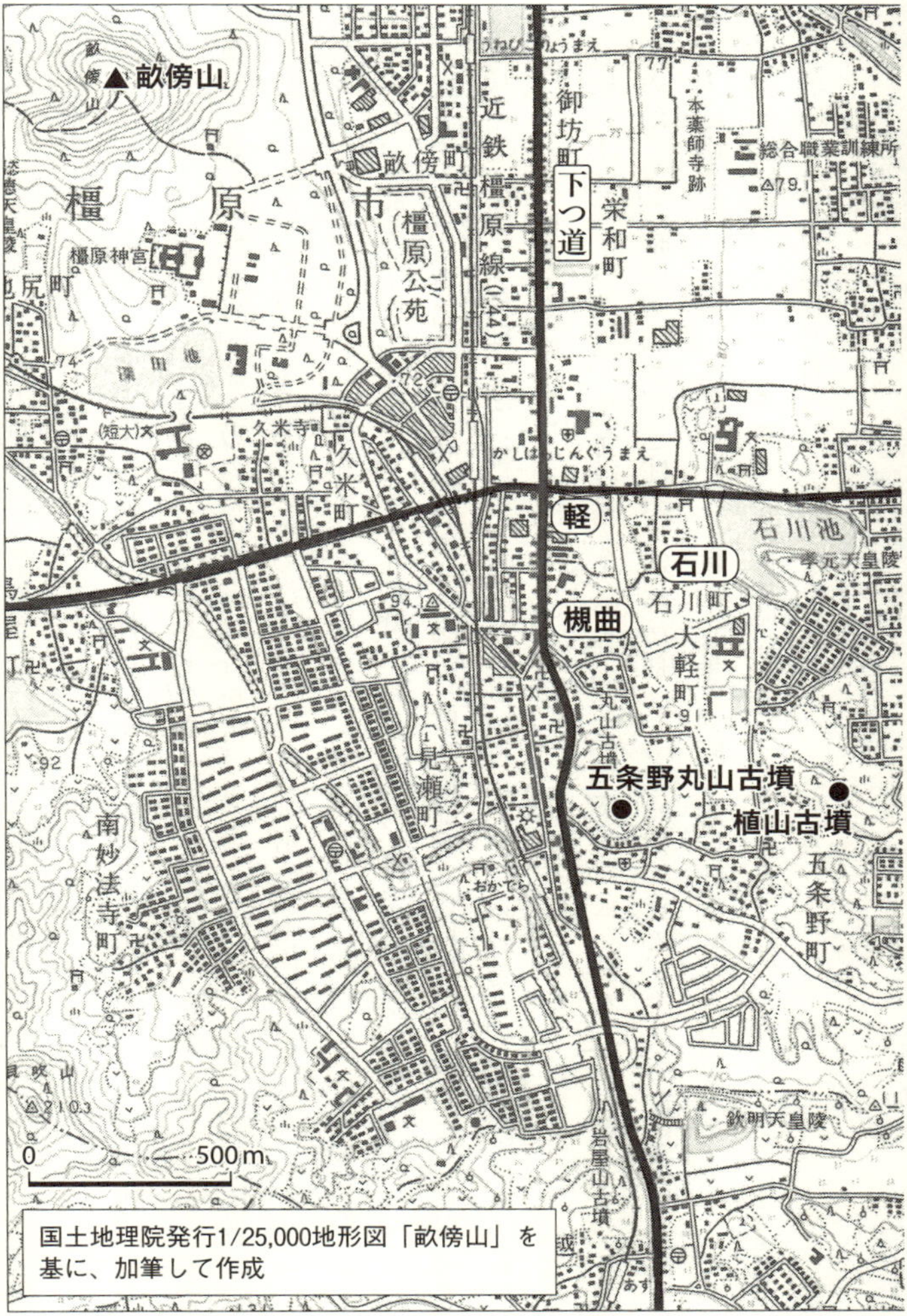

国土地理院発行1/25,000地形図「畝傍山」を基に、加筆して作成

入れたが、これを高句麗《こうくり》の恵便《えべん》という還俗僧《げんぞくそう》と、新たに出家した司馬達等《しばたっと》の女である島《しま》（法《ほう》名善信尼《みょうぜんしんに》）、およびその弟子である二人の尼に祀《まつ》らせた。

馬子はまた、仏殿《ぶつでん》を自宅の東に造営し、弥勒石像を安置して法会《ほうえ》を営んだ。この時に仏舎《ぶっしゃ》利《り》も出現したとある。『日本書紀』が、「仏法の初め、茲《これ》より作《おこ》れり」と謳《うた》ったように、これは草堂《そうどう》仏教の時代から伽藍《がらん》仏教の時代への移行を告げるものであり、『日本書紀』編者はここに日本仏教の真の意味での開幕を認めたのである（速水侑『日本仏教史 古代』）。

なお、この弥勒石像は、『聖徳太子伝暦《しょうとくたいしでんりゃく》』によれば後に平城京《へいじょうきょう》の元興寺東金堂《がんごうじとうこんどう》に、『七《しち》大寺巡礼私記《だいじじゅんれいしき》』によれば後に「古京元興寺」（飛鳥寺《あすかでら》）の東堂（東金堂）に安置されたとある。馬子の宅は、有名な「飛鳥河《あすかがわ》の傍《ほとり》」（現奈良県高市郡明日香村島庄）の他に、石川《いしかわ》の宅（現橿原市石川町）や槻曲《つきくま》の家（橿原市大軽町から見瀬町か）が知られるが、石川は後に「石川《いしかわ》精舎《しょうじゃ》」として見えるから、ここは槻曲のことであろうか。

翌敏達十四年（五八五）、馬子は塔を大野丘《おおののおか》の北に起《た》てて法会を催し、仏舎利を塔の柱頭に納めた。この時代、仏舎利を柱頭に納めた刹柱塔《せっちゅうとう》を最初に立て、次いで近傍に仏舎利を地下の心礎《しんそ》に納めた層塔《そうとう》を建て、その後に金堂や回廊を備えた伽藍が造営されるというのが、寺院造営の順序であったとされる（松浦正昭「年輪に秘められた法隆寺創建」）。大野丘の塔は、後の飛鳥寺造営の起点であったことになる。

その地は、『元興寺伽藍縁起《がんごうじがらんえんぎ》 幷《ならびに》 流記資財帳《るきしざいちょう》』に、「止由良佐岐《とゆらさき》（豊浦《とゆら》の前）に刹《さつ》の柱を立てて大会《だいえ》を作《おこ》す」と見えることから、稲目の「向原《むくはら》の家」の近辺であろうか。もしくは、『古事記』では推古陵（五条野丸山古墳と甘樫丘《あまかしのおか》の間の植山《うえやま》古墳）が「大野岡上《おおののおかのうえ》」にあったと記されていることから、その北のあたりかもしれない（遠山美都男『蘇我氏四代』）。

ところがこの後、馬子は折しも流行していた疫病《えきびょう》に罹《かか》ってしまった。卜占《ぼくせん》したところ、「父（稲目）の時に祭った仏神の祟《たた》り」と出た。馬子がこれを敏達に奏上《そうじょう》すると、敏達は、「父（稲目）の神を祭い《いわ》祠れ《まつ》」との詔《みことのり》を下した。

一方、物部守屋《もりや》と中臣勝海《なかとみのかつみ》が、疫病の流行は蘇我氏が仏法を信仰しているためであると敏達に奏上すると、敏達は仏法を止《や》めるよう命じた。守屋は寺に赴いて塔を切り倒し、仏像と仏殿を焼き、残りを難波《なにわ》の堀江《ほりえ》に棄《す》てた。そして尼たちを海石榴市《つばきち》で鞭《むち》打ちに処した。馬子が仏法の信仰を奏上すると、敏達は馬子だけの崇仏を許可して尼を返し、他の人の信仰を禁止した。

その直後に敏達が敏達十四年（五八五）に死去すると、広瀬《ひろせ》（現奈良県北葛城郡河合町川合《かわい》）で営まれた殯宮《もがりのみや》で奉上された誄《しのびごと》儀礼において、馬子と守屋の怨恨《えんこん》が頂点に達した。馬子の誄に対して守屋が、「猟箭中へる雀鳥《すずめ》の如し」と笑い、守屋の誄に際して馬子が、「鈴を懸くべし」と笑ったのである。

二人がこのような子供じみた理由で対立したとは思えないし、仏教の受容をめぐる争いも、先に述べたように『日本書紀』の寺院系原史料に基づくものであったとすると、両者の対立は、倭王権の主導権争い以外の何物でもない。なお、馬子の妻は守屋の妹であったと、崇《す》峻《しゅん》紀や皇極《こうぎょく》紀に見える。

敏達の後、橘豊日大兄王子《たちばなのとよひのおおえのみこ》が磐余《いわれ》の池辺双槻宮《いけのへのなみつきのみや》（現橿原市から桜井市にかけての天香具山東麓）で大王位に即いた（用明《ようめい》）。欽明の王子の世代における蘇我系（堅塩媛《きたしひめ》系）の嫡流である。身体の中に占める蘇我氏の血の割合（以後、「蘇我氏濃度」と称する）は二分の一である。ここに至って、蘇我氏ははじめて大王家の外戚《がいせき》の地位を手に入れたのである。このように蘇我氏の権力が確立しかかっている時期なればこそ、守屋はそれに対抗しようとしたのであろう。

なお、用明は用明二年（五八七）に病悩し、仏教に帰依《きえ》しようとした。群臣（マヘツキミタチ）に議定《ぎじょう》させたところ、守屋と勝海は反対したが、馬子は用明の詔に随《したが》うべきであると主張した。用明の異母弟である穴穂部王子《あなほべのみこ》（「蘇我氏濃度」二分の一）は豊国《とよくに》法師を連れて宮に入ったとある。大王家でも徐々に仏教信仰が興ってきているとの文脈なのであろう。

物部守屋討滅

用明病悩という事態の中、守屋と意を通じた勝海は、敏達長子（非蘇我系）の押坂彦人大兄王子（「蘇我氏濃度」0）と豊御食炊屋姫所生長子（蘇我系）の竹田王子（「蘇我氏濃度」四分の一）を呪詛《じゅそ》した。欽明王子の生き残りである穴穂部王子と、欽明直系であった敏達の王子である押坂彦人大兄王子や竹田王子との世代間抗争は、マヘツキミ層を巻き込んで熾烈《しれつ》なものとなっていったのである。

用明がその月の内に死去すると、守屋が蘇我系でも小姉君《おあねのきみ》系に属する穴穂部王子を擁立しようとしたことを知った馬子は、敏達の大后であった豊御食炊屋姫の「詔《みことのり》」を奉じて穴穂部王子を誅殺《ちゅうさつ》し、諸王子とマヘツキミ層を糾合して守屋を討滅した。いわゆる「丁未《ていび》の乱（物部戦争）」である。穴穂部王子は斑鳩《いかるが》の藤《ふじ》ノ木《き》古墳に葬られた可能性がある。

この時に馬子の麾下《きか》に参加した王子は、『日本書紀』によれば、泊瀬部王子《はつせべのみこ》（後の崇峻《すしゅん》、「蘇我氏濃度」二分の一）・竹田王子・厩戸王子《うまやとのみこ》（「蘇我氏濃度」二分の一）・難波王子《なにわのみこ》（「蘇我氏濃度」0）・春日王子《かすがのみこ》（「蘇我氏濃度」0）であった。泊瀬部王子のみが欽明の王子、他は一世代下の、用明の蘇我系キサキである穴穂部間人王女《あなほべのはしひとのひめみこ》（「蘇我氏濃度」二分の一）が産んだ厩戸王子と、敏達王子の竹田王子・難波王子・春日王子である。これ以降、厩戸王子は蘇我系王族の後継者としての歩みを始めることになる。なお、押坂彦人大兄王子の名が見えないのは、すでに死去あるいは病悩していた可能性が考えられる。

この戦乱の後に定められた次の大王《おおきみ》は、ただ一人の欽明の蘇我系王子（小姉君系）の生き残りである泊瀬部王子であった（崇峻）。旧世代が存在する中で世代交代を行なうと、どの王統に降ろすかをめぐって、紛争が起こりやすい。とりあえずの応急措置として旧世代を即位させる「世代内継承」というのは、きわめて穏当な選択であった。

なお、この戦いの最中に、厩戸王子と馬子は仏法に祈願し、勝利の暁には寺塔を建立することを誓っている。それぞれ、四天王寺《してんのうじ》系と飛鳥寺系の原史料による記事であろう。

崇峻殺害事件

ところが、豊御食炊屋姫と馬子を含む「群臣」（マヘツキミタチ）の推戴を承《う》けて即位した崇峻であったが、早くも支配者層の間の対立が明らかとなった。元々が崇峻は、欽明や敏達・用明のように磯城島《しきしま》や磐余といった倭《わ》王権成立以来の伝統的な地ではなく、倉梯《くらはし》（現桜井市倉橋）といった山間部に宮を造営し、蘇我氏やマヘツキミ層と距離を置いたのであったが、いくつかの問題で支配者層内部の分裂を招いてしまったのである。

最初の齟齬《そご》は、崇峻のキサキをめぐって起こった。即位の直後に、崇峻は大伴糠手《おおとものあらて》の女《むすめ》の小手子《こてこ》を「妃」とし、小手子は蜂子王子《はちのこのみこ》と錦代王女《にしきてのひめみこ》を産んだとある。後の崇峻殺害記事の後日譚《ごじったん》として「蘇我嬪《みめ》」河上娘《かわかみのいらつめ》も見えるが、これが后妃《こうひ》記事に見えないのは、崇峻の

飛鳥寺（甘樫丘から）

王子女を産んでいないからか、はたまた正式のキサキではなかったためか、それとも実在の人物ではなかったためなのかはわからない。いずれにせよ、崇峻の主要なキサキが大伴小手子であったことは確かであろう。

連《むらじ》姓の氏族は、本来はキサキを出すことはなかった。大王家とのミウチ的結合を第一の権力の基盤としている蘇我氏にとっては、これはかなり危機的な事態であったに相違ない。大伴氏所生の蜂子王子が次代に即位でもしたら、蘇我氏は完全に「ヨソ人」になってしまい、崇峻系が大王家嫡流の座を覗《うかが》うことになる。

次いで崇峻元年（五八八）、馬子が発願《ほつがん》した飛鳥寺（法興《ほうこう》寺《じ》）の建立が、飛鳥真神原《まかみのはら》の地で始まった。この年には百済から仏舎利がもたらされ、寺工《てらたくみ》・鑪盤博士《ろばんのはかせ》・瓦博士《かわらのはかせ》・画工《えかき》など、ペルシャ系・西域系も含めた技術者が渡来している。これに先立って、敏達六年（五七七）に百済から造仏工と造寺工が渡来しているが、この間、倭国において造寺造仏の技能伝習が行なわれていたという指摘もある（大橋一章『飛鳥の文明開化』）。飛鳥寺の建立が支配者層内部の意見の対立を招いたかどうかは明らかではないが、いまだ仏教が全面的に受容されているとは言いがたいこの時期の本格的な大伽藍寺院の建立には、これに賛同しない勢力も、当然ながら存在したはずである。もしもそれが大王崇峻であったとしたら、大臣馬子や前大后豊御食炊屋姫との間に抜き差しならない対立が生じたことであろう。『日本書紀』の崇峻紀には、崇峻と仏教との関わりを示す記事はない。

次に崇峻の治世で特筆すべきは、崇峻二年（五八九）に東山道《とうさんどう》・東海道《とうかいどう》・北陸道《ほくりくどう》に使者を派遣して、蝦夷《えみし》国境・海浜国境・越《こし》国境を観《み》させたという政策である。これが国造国《こくぞうこく》の境界の画定を伴うものであることから、国造《くにのみやつこ》制の誕生を東国にもたらした直接の契機であるとするならば（原島礼二『古代の王者と国造』）、地方支配の一つの画期であったと考えられる。倭王権による地方支配が進展すれば、当然のこと、それを快く思わない勢力も存在したことであろう。

最後に崇峻四年（五九一）の「任那《みまな》」復興軍の派遣である。『日本書紀』によれば、崇峻みずからが発議し、マヘツキミ層がそれに同意して「二万余」の兵が筑紫《つくし》に出陣し、新羅《しんら》を問責する使者が発遣された。崇峻としてみれば、欽明以来の悲願を自分の代に一気に解決しようとしたのであろうが、隋《ずい》の中国統一という国際情勢の中では、いかにも性急に過ぎよう。これに反対する勢力も、広範に存在したはずである。

『日本書紀』によれば、崇峻五年（五九二）、崇峻は献上された山猪《いのしし》を指して、「何《いずれ》の時にか此《こ》の猪の頸《くび》を断《き》るが如く、朕《わ》が嫌《ねた》しとおもふ所の人を断らむ」と言い、それを聞いた馬子が、自分が嫌われていることを恐れて崇峻を謀殺させたことになっている。しかし、この事件はそれほど単純なものではなかった。

大王を殺害し、かつ実行犯の東漢駒《やまとのあやのこま》を殺したということで、かつては崇峻殺害事件が、逆臣にして非道な蘇我氏を象徴する事例として認識されていたものと思われる。しかし、蘇我氏に筆誅《ひっちゅう》を加えているはずの『日本書紀』の文脈からも、馬子を非難しているようにも読み取れないし、マヘツキミ層がこの事件で動揺したという記述もない。

支配者層全体の利害を体現できず、大臣や前大后との対立が顕在化した時、権力基盤の弱い大王が、支配者層の同意の下で殺害されるというのは、いまだ大王の絶対的な権力が確立していないこの時代では、十分に起こり得る事態であった。しかも大王と支配者層との対立要因は、后妃問題・宗教政策・地方支配・対外戦争も含めた外交問題のいずれか、もしかしたらすべてかもしれないのであり、王権の存立の根幹に関わる問題であった可能性が高い。

いずれにせよ、馬子はおそらくはマヘツキミ層の同意の下、崇峻を殺害し、即日、倉梯《くらはしの》岡陵《おかのみささぎ》（奈良県桜井市倉橋の赤坂天王山古墳《あかさかてんのうざん》、一辺五〇mの方墳）に葬ってしまった。これで欽明の子の世代の王子は底を突き、次期大王の選定は、その次の世代を軸として行なわれることなったのである。

女帝の擁立

この時、欽明の孫（二世王）の世代には、即位した大王の王子だけでも、敏達と「息長真手王《おきながのまてのみこ》」の女《むすめ》広姫との間に生まれた押坂彦人大兄王子（すでに死去していた可能性も高いが）、敏達と豊御食炊屋姫との間に生まれた竹田王子・尾張王子《おわりのみこ》（共に「蘇我氏濃度」四分の一）、用明と穴穂部間人王女との間に生まれた厩戸王子・来目王子《くめのみこ》（共に「蘇我氏濃度」二分の一）など、多数の王子が存在していた。

馬子もマヘツキミ層も、その内のどれを選べばいいかがわからない状態だったのであろう。また、各氏族が別々の王子を支持して政治抗争を始めるというのは、隋の中国統一を承けた当時の国際情勢から考えると、どうしても回避したい事態だったはずである。

紛争を避けるための緊急避難的な措置として、それまで前大后として政治紛争の解決や調整に実力を見せてきた欽明の王女である三十九歳の豊御食炊屋姫を即位させる（推古）というのは、ぎりぎりの選択だったことであろう。こうして、最後の欽明の王子女の「世代内継承」が行なわれ、はじめての女帝《じょてい》が出現したのである（荒木敏夫「女帝と王位継承」）。

二、推古朝の国制改革

推古朝の権力中枢

中国では北朝から興った隋《ずい》が、五八九年、南朝の陳《ちん》を滅ぼして、実質四百年ぶりに統一王朝を現出させ、周辺諸国への圧迫を強めた。

倭《わ》国は、崇峻《すしゅん》四年（五九一）に編成された新羅《しんら》遠征軍を、四年後の推古《すいこ》三年（五九五）まで筑紫《つくし》に駐留させているなど、新羅との対抗関係を強めていった。

このような激動の東アジア国際情勢の中、大王豊御食炊屋姫《おおきみとよみけかしきやひめ》（推古）・厩戸王子《うまやとのみこ》・大臣（オホマヘツキミ）蘇我馬子《うまこ》という三者の共治による権力集中が図られた。彼らは蘇我氏を核として血縁で結ばれた王権の周囲に諸豪族を結集させることによって権力を集中し、隋との国交を軸として、朝鮮諸国に対する国際的な優位性を確立しようとした。

かつては「聖徳太子」対蘇我馬子といった対立図式が想定され、「聖徳太子」の国制改革（「天皇中心の中央集権国家の建設」云々）を妨害した馬子とか、権力闘争に敗れて斑鳩宮《いかるがのみや》（法隆寺東院地下遺構）に逼塞《ひっそく》し、仏教信仰に専念した「聖徳太子」とかいった考えが流布していた時代があったが、そんなことはけっしてない。

後に推古が馬子に、

今朕《われ》は蘇何《そが》（蘇我）より出《い》でたり。大臣は亦朕《またわ》が舅《おじ》たり。故、大臣の言《こと》をば、夜《よい》に言《もう》さば夜《よ》も明《あか》さず、日《あした》に言さば日《ひ》も晩《くら》さず、何《いずれ》の辞《こと》をか用ゐざらむ。……

と語っているように、推古（「蘇我氏濃度」二分の一）が蘇我氏に強いミウチ意識を抱いていたことは明らかである。また、厩戸王子は蘇我堅塩媛《きたしひめ》所生の橘豊日《たちばなのとよひ》（用明《ようめい》）を父に、蘇我小姉君《おあねのきみ》所生の穴穂部間人王女《あなほべのはしひとのひめみこ》を母に持つといった、父方からも母方からも完全な蘇我系である（「蘇我氏濃度」二分の一）。

『上宮聖徳法王帝説《じょうぐうしょうとくほうおうていせつ》』が、「少治田宮御宇天皇《おはりたのみやにあめのしたしらしめしし》（推古）ノ世に、上宮厩戸豊聡耳命《かみつみやのうまやとのとよとみみのみこと》、島《しま》大臣（馬子）ト共に天下《あめのした》ノ政《まつりごと》を輔《たす》ケて、三宝《さんほう》を興し隆《さかり》にす」と説くように、推古・厩戸王子・馬子三者の共治が行なわれていたと考えるべきである。

なお、厩戸王子が就いたとされる「皇太子《こうたいし》」という地位、および「摂政《せっしょう》」という職位（ツカサ）は、当時はまだ成立していなかった。厩戸王子は押坂彦人大兄王子《おしさかのひこひとのおおえのみこ》、および竹田王子《たけだのみこ》が死亡した後に、有力な大王位継承資格者として政治に参画したに過ぎないのである。

天国排開広庭《あめくにおしはらきひろにわ》（欽明《きんめい》）二世王世代の代表として、この頃までに厩戸王子が次期大王位継承候補者として浮上していたことは、十分に考えられるところである。馬子が女《むすめ》の刀自古郎女《とじこのいらつめ》を厩戸王子に配していることも考慮に入れるならば、馬子にとって、厩戸王子が次の代の王統の祖に坐《すわ》ることは、既定の方針であったと考えるべきであろう。

一方、推古所生の王女では、第一女である菟道貝鮹王女《うじのかいだこのひめみこ》が厩戸王子と、第二女の小墾田王女《おはりだのひめみこ》と第五女の桜井弓張王女《さくらいのゆみはりのひめみこ》が押坂彦人大兄王子（「蘇我氏濃度」0）と、第四女の田眼王女《ためのひめみこ》が田村王《たむらのみこ》（後の息長足日広額《おきながたらしひひろぬか》〔舒明《じょめい》〕、「蘇我氏濃度」0）と、それぞれ婚姻関係を結んでいる。推古は竹田王子亡き後の大王位継承に関して、蘇我系の厩戸王子と非蘇我系の押坂彦人大兄王子（およびその子の田村王）の双方に目配りをしているのである。しかしながら、推古が有力王子三人に配した四人の王女は、ほとんど王子を残すことはなかった。これによって、蘇我系王族の女性が蘇我系嫡流《ちゃくりゅう》の王子を残すことはなくなってしまったのである。

それに対し、蘇我刀自古郎女からは、山背大兄王《やましろのおおえのみこ》・財王《たからのみこ》・日置王《ひおきのみこ》と三人の王が生まれ（共に「蘇我氏濃度」四分の三）、こちらが上宮王家《じょうぐうおうけ》として厩戸王子の後継者としての勢力を有することとなってしまった。これが厩戸王子の政治的選択によるものかどうかは、知る由もない。

このような情勢の中、推古は豊浦宮《とゆらのみや》（現明日香村豊浦）で大王位に即《つ》いたのである。当時は譲位の慣行もなく（荒木敏夫『日本古代の皇太子』）、推古の後継者選定は、その死去の後まで持ち越されることとなった。

なお、豊浦宮というのは稲目《いなめ》の「向原《むくはら》の家」の地であった。かつての磯城島《しきしま》や磐余《いわれ》の地を離れ、大王宮がはじめて蘇我氏の本拠地に営まれたことは、大きな意味を持つものである。

推古朝の国際情勢

この時期、隋は周辺諸国への圧迫を強め、五八三年に北方の突厥《とっけつ》を東西に分裂させたうえで、五九八年以降、四次にわたって高句麗《こうくり》へ大軍を派遣した。朝鮮三国や倭国では、この世界帝国の強圧に対処するための権力集中を迫られることになった。高句麗は隋や新羅と対抗しながら、東突厥《ひがしとっけつ》や百済《ひゃくさい》、それに五七〇年には、かつての敵国であった倭国とも連携した（李成市「高句麗と日隋外交」）。

推古八年（六〇〇）、倭国はふたたび軍隊を朝鮮半島南端に派遣して新羅を攻め、新羅に「任那《みまな》（任那加羅《みまなから》を中心とする四邑《ゆう》か）の調《みつき》」を要求した。新羅がふたたび「任那」に侵攻すると、推古十年（六〇二）には新羅征討計画を立て、厩戸王子の弟である来目王子《くめのみこ》が、翌推古十一年（六〇三）にはその兄の当摩王子《たぎまのみこ》が新羅征討将軍に拝されたが、結局は派兵されずに終わった。

その後は、厩戸王子の在世中は、新羅出兵が計画されることはなかった。対新羅関係の打開は、もはや隋との外交を基軸にしなければならない段階に達していたのである。五九四年に新羅が隋から冊封《さくほう》を受けたので、その新羅王を攻めることは、隋の天下を犯すことにもなるからである（吉田孝『日本の誕生』）。

こうして、倭の五王以来、約百二十年ぶりとなる中国への遣使が行なわれることとなり、推古八年と推古十五年（六〇七）に遣隋使《けんずいし》を派遣している。推古の代を代表する政策と言われる推古十一年の冠位《かんい》十二階の制定と小墾田宮《おはりだのみや》の造営、推古十二年（六〇四）の十七条憲法の制定とが、第一次遣隋使派遣と第二次遣隋使派遣の間に行なわれていることの意義は、見逃すべきではない。

推古朝の国制改革と遣隋使

推古八年の第一次遣隋使は、隋の文帝《ぶんてい》に、倭国の政治・風俗が「義理《ぎり》」のないものであることを指弾され、訓じて改めさせられた。

この時、隋はもとより、朝鮮三国の使者も、その地位を表す冠と服を着していたはずであるが、自分たちよりも下位にあると主張している朝鮮諸国の使者のほうが自分たちよりもはるかに文明化していたことを目の当たりにしたというのは、大きな衝撃であったものと想像できる。

使節の帰国後、馬子たちは、まずは執政や儀礼の場を整備することから手を付けた。冠位十二階や小墾田宮、十七条憲法は、世界帝国である隋と交際し、朝鮮諸国に対する優位性を主張するための、文明国としての最低限の政治制度だったわけである。推古十五年に改めて発遣された第二次遣隋使は、その地位を表す冠を被《かぶ》り、倭国の政治理念を謳《うた》ったはずである(倭国の歴史と地理については、いまだ説明できなかったであろうが)。

推古十一年十月、飛鳥《あすか》の北方に、それまでの豊浦宮とは隔絶した規模と構造を持つ小墾田宮が造営された。その推定地は雷丘東方遺跡《いかずちのおかとうほう》一帯とされる。これもかつて、稲目の邸第が営まれた地であり、当初からの蘇我氏の勢力圏の中枢であった。

そして推古十一年十二月に冠位十二階が制定され、翌十二年正月に賜与《しよ》された。これが小墾田宮における最初の朝賀《ちょうが》に間に合うように制定されたという指摘(北康宏「冠位十二階・小墾田宮・大兄制―大化前代の政治構造」)は重要である。

冠位十二階は、これまでの、氏族ごとに賜わって世襲された姓とは異なり、個人の才能や功績、忠誠に応じて授けられたもので、その官人一代限りのものであり、また功績による昇進の可能性も開かれていた。『隋書《ずいしょ》』東夷伝《とういでん》倭国条や『翰苑《かんえん》』所引『括地志《かっちし》』にも、おそらくは第二次遣隋使が語った内容に基づいた記事が載せられている。

この制度によって、倭国の支配者層は氏姓制度の世襲制から官僚制的な集団に自己を再編

小墾田宮故地

成する道へと一歩を踏み出したことになるが、この冠位を授けられたのは、マヘツキミ層以下の中央豪族層（律令制の四位以下）であって、冠位十二階制定以前から紫冠《しかん》を用いていた大臣家としての蘇我氏や、王族、さらに地方豪族は、授位範囲の枠外にあった。馬子はむしろ、この冠位を制定し（『上宮聖徳法王帝説』）、中央豪族層に授ける役割を担っていたのである。

一方、十七条憲法は、諸豪族に対する政治的服務規程や道徳的訓戒というべき性格のもので、儒教《じゅきょう》の君臣道徳の他に、仏教や法家《ほうか》の思想も読み取れる。これらがどれだけの法的有効性をもって頒賜《はんし》されたのかは不明で、十七条憲法が律令制の成立に直接結び付いたわけではないが、少なくとも隋との外交交渉の場で倭国の政治理念を示そうとしたことは間違いない。これを後世の仮託と考える論も多いのであるが、その内容の素朴さは、かえって当時の未熟な政治体制を表すものである。当然、『日本書紀』編纂《へんさん》時の加筆や潤色を受けているとはいえ、これを厩戸王子がみずから制定したということにこだわらず、馬子との共同制定と考えれば、その主文自体は、この時に出されたと考えるべきであろう。

推古十五年に派遣された第二次遣隋使は、「日出《ひい》づる処《ところ》の天子《てんし》、書を日没する処の天子に致す」という文言で始まる国書《こくしょ》を持参した。この時に隋の煬帝《ようだい》が不快の念を示したのは、倭国の大王が「天子」と自称したことに対してである。この時の遣使を、従来説かれているように対等の外交を目指したものと考えるのは誤りで、あくまで朝貢《ちょうこう》外交の枠内のものではあった。しかし、これがこれまでの倭国の外交と異なるのは、この時の倭国の大王が、中国の皇帝からの冊封を求めなかったということである。馬子や厩戸王子をはじめとする倭国の支配者層は、中国の皇帝から独立した君主を戴《いただ》くことを隋から認められることによって、朝鮮諸国に対する優位性を主張し、「東夷《とうい》の小帝国」を構築しようとしたのである。

その「無礼《むらい》」な「蛮夷《ばんい》」の使節の帰国に際して、煬帝は裴世清《はいせいせい》を国使《こくし》として遣わした。対戦中の高句麗と倭国が結び付くのを恐れたためであろう。推古十六年（六〇八）、中国風の賓式《ひんしき》で接遇されて入京した裴世清は、倭国王に接見し、隋の国書をもたらした。『隋書』には女王であるとは記されていないことから、この「王」は厩戸王子のことであろう。

その後、遣隋使は、推古十六年に裴世清の帰国に際しての送使として派遣された第三次、推古二十二年（六一四）に派遣された第四次と続いた。第三次遣隋使には、渡来人《とらいじん》の子孫八人が留学生《るがくしょう》・学問僧として従ったが、その内、恵日《えにち》は推古三十一年（六二三）、僧旻《みん》（日《にち》文《もん》）は舒明四年（六三二）、高向玄理《たかむこのくろまろ》と南淵請安《みなぶちのしょうあん》は舒明十二年（六四〇）に、それぞれ隋の滅亡と唐《とう》の成立を体験して、帰国している。

彼らはいずれも学塾を開いて、隋唐帝国の先進知識、および、国というものが滅びて王朝が交替するものであるという体験を倭国の指導者に教授すると共に、「大化改新」の理論的指導者となった。それは蘇我氏の命運にも大きな影響を与えることとなったのである。

さらには、推古二十八年（六二〇）には国史《こくし》の編纂が行なわれたと伝える。遣隋使が倭国の歴史や神話を皇帝から聞かれても答えられなかったことを踏まえたものであろう。二十五年後の「乙巳《いっし》の変」の際に蘇我蝦夷《えみし》の邸第で焼失しかかったものが、これにあたるのであろうが、国史の完成までには、百年の歳月を要することになる。なお、「国史」が蝦夷の邸第に置かれていたのは、この作業が馬子主導で始まったことを示唆するものである（厩戸王子は『日本書紀』によれば推古二十九年〔六二一〕に死去している）。

これら「推古朝の国制改革」は、結局はきわめて不徹底なものとならざるを得なかった。元来が律令国家の建設を目指して始めたものではなかったのであるから、それは当然のことではあった。しかし、天渟中原瀛真人《あまのぬなはらおきのまひと》（天武《てんむ》）の代以降、古代国家建設の起点として選ばれたのが、推古の代に国政に参与していた厩戸王子（「聖徳太子」）であった関係上、偉大な「聖徳太子」の政治を妨害して、その「改革」の歩みを遅くした敵対者が必要となった。その役割として選ばれたのが馬子をはじめとする蘇我氏だったのである。

仏教興隆と飛鳥寺の完成

造営が進められていた飛鳥寺《あすかでら》は、推古元年（五九三）に仏舎利《ぶっしゃり》を塔の心礎《しんそ》に納め、心柱《しんばしら》を建てるなど、着々と完成に近付いた。推古四年（五九六）には一応の完成を見、推古十四年（六〇六）には仏像も完成したようである（『元興寺伽藍縁起《がんごうじがらんえんぎ》并《ならびに》流記資財帳《るきしざいちょう》』所引「丈六光銘《じょうろくこうめい》」では、仏像の完成を「己巳年《きしねん》」（六〇九）としている）。一九五六年から行なわれた発掘調査では、一塔三金堂の伽藍《がらん》配置が確認された。高句麗の清岩里廃寺《せいがんりはいじ》（金剛寺《こんごうじ》か）・定陵寺《ていりょうじ》・上五里廃寺《じょうごりはいじ》などとの関連が指摘されている。近年では、百済扶余《ぷよ》の勅願寺《ちょくがんじ》である王興寺《おうこうじ》仏塔と飛鳥寺の塔の心礎および埋納物の類似が注目され、両者が同一の工人集団によって造営されたという指摘もある（鈴木靖民「王興寺から飛鳥寺へ—飛鳥文化の形成」）。飛鳥寺、および馬子の国際性が窺《うかが》えよう。

この飛鳥寺では、仏舎利信仰や釈迦《しゃか》信仰と祖先崇拝の混在・複合が見られ、授戒《じゅかい》の場であると同時に戒律的《かいりつ》法会《ほうえ》も開かれるなど、戒律を重視するという国家的位置が賦与《ふよ》された（上川通夫「ヤマト国家時代の仏教」）。推古三十二年（六二四）には、飛鳥寺に止住《しじゅう》していた百済僧観勒《かんろく》が僧正《そうじょう》に就任し、僧正・僧都《そうず》・法頭《ほうず》からなる仏教統制機関が設置された。飛鳥寺は、大寺《おおでら》として国家仏教の中枢としての役割も担うことになったのである。

馬子と大王家

この間、蘇我氏と大王《だいおう》家との関係も、より強固なものとなっていた。厩戸王子の妃となっていた刀自古郎女は、山背大兄王・財王・日置王を産み、厩戸王子の後継者として斑鳩の地に巨大な勢力を有していた。また、刀自古郎女の妹の法提郎媛《ほてのいらつめ》は田村王（後の舒明）の妃となっていた。法提郎媛はやがて古人大兄王《ふるひとのおおえのみこ》（「蘇我

飛鳥寺中金堂礎石

「飛鳥大仏」

氏濃度」二分の一）を産む。

馬子はこのように、蘇我系王統・非蘇我系王統の双方と姻戚関係を結び、それぞれの後継者を儲《もう》けるという、大王家との強固なミウチ関係の構築に成功したのであった。

馬子自身の後継者も、着実な歩みを見せていた。推古十八年（六一〇）に新羅使が小墾田宮で拝謁《はいえつ》の儀を行なった際には、庭中において大伴咋《おおとものくい》・蘇我豊浦蝦夷《とゆらのえみし》・坂本糠手《さかもとのあらて》・阿倍鳥子《あべのとりこ》という「四《よ》の大夫《たり》（マヘツキミ）」が新羅使から使の旨を聞いて馬子に啓上《けいじょう》している。ここに大臣馬子とは別に、嫡子《ちゃくし》の蝦夷が有力大夫の一人として登場しているのである。

畿内《きない》有力氏族から各一人の代表を出すというマヘツキミ制の原則を実質的に破り、ここに蘇我氏は大臣と大夫を各一人出すという、他の氏族とは異なる地位を獲得したことになる。それはあたかも、後に右大臣不比等《ふひと》に加えて参議房前《さんぎふささき》を議政官組織に送り込んだ藤原《ふじわら》氏に匹敵する事態であった（むしろ、藤原氏が蘇我氏に倣《なら》ったと言うべきか）。後に述べる蘇我氏同族からも各一人を出していることと合わせ、推古の代に至って、蘇我氏はマヘツキミ氏族の中でも隔絶した勢力を有することとなったのである。

なお、大臣馬子はこの時、政庁《せいちょう》の前に立って「四の大夫」の啓上を聴き、新羅使に物を下賜している。本来ならば大王、あるいはその代行者としての厩戸王子が行なう行事であろう。馬子が外交を掌握している様子が窺える事例である。

推古二十年（六一二）正月の宴では、馬子と推古が寿歌《ほきうた》を唱和した。まず馬子が、

やすみしし　我が大君の　隠ります　天《あま》の八十蔭《やそかげ》　出《い》で立たす　御空《みそら》を見れば　万代《よろづよ》に
斯《か》くしもがも　千代にも　斯くしもがも　畏《かしこ》みて　仕へ奉《まつ》らむ　拝《おろが》みて　仕へまつらむ
歌献《づ》きまつる

――わが大君のお入りになる御殿、出で立たれる御殿を見ますと、千代、万代までこのようであってほしい。かしこみおろがみつつお仕えいたしましょう。つつしんでよろこびの御歌をたてまつります。

と、治世の万歳《ばんせい》を寿《ことほ》ぎ、奉仕を誓う歌を献上した。これに対し、推古は、

真蘇我《まそが》よ　蘇我の子らは　馬ならば　日向《ひむか》の駒　太刀《たち》ならば　呉《くれ》の真刀《まさい》　諾《うべ》しかも　蘇我の子らを　大君の　使はすらしき

――蘇我の氏の人よ。あなたがたは、馬にたとえるなら、かの有名な日向の国の馬、太刀にたとえるなら、かの呉の国の真刀です。蘇我の人々を大君がお使いになるのも、まことにもっともなことです。

と応えた。大王が蘇我氏を重用するのは当然であるというのである。この記事がいかなる原《げん》史料《しりょう》に基づくものかは明らかではないが、両者の良好な関係を象徴するものであろう。

次いで二月、馬子にとってはおそらく姉にあたる欽明のキサキであった蘇我堅塩媛を「檜《ひの》隈大陵《くまのおおみささぎ》」に改葬した。その際、軽術《かるのちまた》において誄《しのびごと》を奉る儀礼が行なわれた。第一に阿倍内臣鳥《うちのおみとり》（鳥子）が推古の命を、第二に諸王子が、第三に中臣宮地烏摩侶《なかとみのみやどころのおまろ》が大臣馬子の辞を、第四に馬子が「八腹臣等《やはらのおみら》」（蘇我氏の多くの支族）を引率し、境部摩理勢《さかいべのまりせ》に「氏姓《うじかばね》の本《もと》」を、それぞれ誄させた。境部摩理勢というのは後に述べる蘇我氏の同族であるが、ここに「八腹臣等」を引率したと見えるのも、多くの蘇我氏同族をまとめて参列させたのであろう。

この改葬儀礼において、大王推古・諸王子・大臣馬子・蘇我系諸氏族という序列で誄が奉られている点に注目すべきであろう。これはまさに、推古にとっても、馬子にとっても、現時点の王権の序列を可視的に示すと共に、欽明と稲目に始まる大王家と蘇我氏による王権の再確認という儀礼であったのである。

本来、欽明というのは、畿外《きがい》（トックニ＝外国《げこく》）出身の「男大迹王《おおどのみこ》」が前王権の手白香王《たしらかのひめ》女《みこ》に婿《むこ》入りという形で即位し（継体《けいたい》）、両者の間に生まれた倭王権の後継者という存在であった。継体の死後も、欽明を支持する勢力と、勾大兄王子《まがりのおおえのみこ》（記紀《きき》のいう安閑《あんかん》）や檜隈高田《ひのくまのたかたの》王子《みこ》（記紀のいう宣化《せんか》）を支持する勢力との間の対立が続き、それを収束するために、欽明は宣化の女《むすめ》である石姫王女《いしひめのひめみこ》との婚姻を行なったはずである。

しかしここに至り、欽明の「檜隈大陵」に合葬《がっそう》されたのは、石姫王女ではなく、蘇我堅塩媛のほうであった。倭王権の正統性を、蘇我氏と欽明とのミウチ的結合に求めるという、推古および馬子の認識を、これは象徴的、可視的に、しかも大規模に示すものであろう。なお、堅塩媛が改葬前に葬られていた「檜隈陵」が現在欽明天皇陵に治定《じじょう》されている平田梅山古《ひらたうめやま》墳（墳丘長一四〇m）であるという考えもある（増田一裕「見瀬丸山古墳の被葬者」）。

この「檜隈大陵」が五条野丸山《ごじょうのまるやま》古墳であるとすると、この古墳の全長二八・四m、玄室長八・四mという列島最大の石室に収められている二つの石棺の内、七世紀第1四半期とされる奥棺に、この時に改葬された堅塩媛が葬られていると考えるのが妥当であろう。しかも、六世紀第3四半期に造られた前棺が五七一年に死去した欽明のものということになり、先に収められていた欽明の棺が脇に移され、正面に堅塩媛の棺が収められたことになる。これもまた、推古と馬子の認識なのであろう。

厩戸王子の死

その間にも推古は長命を保ち、厩戸王子が即位する機会は遠のいてしまった。そして推古二十九年（六二一）、厩戸王子は斑鳩宮で死去した。死去の年自体は、『天寿国繡帳《てんじゅこくしゅうちょう》』銘や「法隆寺金堂釈迦像」銘の伝える壬午《じんご》年（推古三十年〔六二二〕）が正しいのであろうが、いずれにしてもこれで推古の大王位継承構想は、完全に破綻してしまった。譲位の慣習のないこの時代、欽明の王女であった自身が長い在位を重ねてしまっている間に、欽明二世王の世代も底を突いてしまったのである。

『大安寺《だいあんじ》伽藍《がらん》縁起《えんぎ》幷《ならびに》流記《るき》資財帳《しざいちょう》』で推古が欽明三世王の田村王（後の舒明）を厩戸王子の病床に遣わし、厩戸王子が田村王に熊凝寺《くまごりでら》を譲ったと伝えているのは、嫡流の交替を象徴しているものと言えよう。

なお、厩戸王子が葬られた「磯長陵《しながのみささぎ》」は、古くから現大阪府南河内郡太子町太子の叡福《えいふく》寺《じ》境内の上城《かみしろ》古墳（叡福寺北古墳、径五四mの円墳）とされ、多くの信仰を集めてきたが、これに疑問を呈し（小野一之「聖徳太子墓の展開と叡福寺の成立」）、南の現太子町葉室《はむろ》にある越《えち》前塚《ぜんづか》（葉室塚《はむろづか》）古墳（七五×五五mの長方墳）に比定《ひてい》する考えもある。

厩戸王子のキサキとしては、蘇我系の蘇我刀自古郎女・菟道貝鮹王女・位奈部《いなべの》橘《たちばなの》王女《ひめみこ》（推古王子である尾張王子《おわりのみこ》の女）の他に、非蘇我系の膳《かしわでの》菩岐々美郎女《ほききみのいらつめ》がおり、こちらも王四人・女王四人を残している。新たに蘇我系嫡流の地位に立った厩戸王子は、蘇我系・非蘇我系の両方と婚姻し、多くの王子女を残したが、その後継者は山背大兄王をはじめとする蘇我系王族であった。これらの蘇我系王族と、非蘇我系王族である田村王との抗争が、やがて始まることになる。

葛城県の要求

推古三十二年（六二四）、一つの「事件」が起こった。馬子が阿曇《あずみ》某と阿倍摩侶《まろ》を遣わして、推古に葛城県《かずらきのあがた》を要求したのである。馬子の主張は、

葛城県は、元臣《やつがれ》が本居《うぶすな》なり。故《かれ》、其《そ》の県《あがた》に因《よ》りて姓名《かばねな》を為《な》せり。是《これ》を以《もち》て、冀《ねが》はくは、常《ときわ》に其の県を得《たまわ》りて、臣が封県《よさせるあがた》とせむと欲《ねが》ふ。

というものであった。これに対し推古は、先にも挙げた、

今朕《われ》は蘇何《そが》（蘇我）より出《い》でたり。大臣は亦朕《またわ》が舅《おじ》たり。故、大臣の言《こと》をば、夜《よい》に言《もう》さば夜《よ》も明《あか》さず、日《あした》に言さば日《ひ》も晩《くら》さず、何《いずれ》の辞《こと》をか用ゐざらむ。然《しか》るに今朕が世にして、

頓《ひたふる》に是の県を失ひてば、後の君の曰《のたま》はく、「愚に癡《かたくな》しき婦人《めのこ》、天下に臨みて頓に其の県を亡《ほろぼ》せり」とのたまはむ。豈《あに》独り朕不賢《おさなき》のみならむや。大臣も不忠《つたな》くなりなむ。是後の葉《よ》の悪しき名ならむ。

という発言で、この要求を拒否した。

葛城県というのは、記紀において葛城円《かずらきのつぶら》が大泊瀬幼武《おおはつせのわかたけ》(雄略《ゆうりゃく》)に滅ぼされた時に献上したという伝承を持つ「葛城の五村」(『古事記』)、「葛城の宅《いえ》七区《ところ》」(『日本書紀』)のことであろうが、すでに稲目の代に葛城県の経営・管理権は完全に蘇我氏の掌握するところとなっていたという(塚口義信「葛城県と蘇我氏」)。

このやりとりに関しては、まずはその史実性が問題となる。本当に馬子がこのような要求を行なったのであろうか。それとも、そろそろこの頃から、『日本書紀』に「蘇我氏の専横」という文脈が交じってきていると見るべきであろうか。

また、『日本書紀』ではこの直後の推古三十三年(六二五)正月に高句麗王が僧を貢進《こうしん》したという短い記事、推古三十四年(六二六)正月に桃李《もももすもも》の花が咲いたという記事、三月に寒くて霜が降ったという記事が置かれ、五月の馬子の死去の記事に続くのである。あるいは葛城県要求の記事も、季節変異の記事と同様、馬子の死の予兆という文脈で挿入されたものかもしれない。

ただ、蘇我氏が葛城を本拠としたというのは、『日本書紀』編纂時の蘇我氏の氏上《うじのかみ》を出していた蘇我倉《そがのくら》氏（石川氏）によって作られた蘇我氏祖先系譜の反映であろう。加えて、この記事からは、先にも述べた推古の蘇我氏への帰属意識と、馬子の後世の評判に配慮する姿勢をこそ、読み取るべきであろう。

馬子の死

そして推古三十四年（六二六）五月二十日、馬子は死去した。『扶《ふ》桑略記《そうりゃくき》』には七十六歳とある。大臣に拝されて以来、五十年以上も政権の座にあり、東アジア激動の六世紀後半から七世紀初頭の政治を領導してきた、まさに日本史上の巨星と称するべき存在であろう。

『日本書紀』は、馬子の死を次のように語る。


　大臣薨《みう》せぬ。仍《よ》りて桃原墓《ももはらのはか》に葬《はぶ》る。大臣は稲目宿禰《すくね》の子なり。性《ひととなり》、武略有りて、亦弁才有り。以て三宝《さんぼう》を恭《つつし》み敬《うやま》ひて、飛鳥河《あすかがわ》の傍《ほとり》に家《いえい》せり。乃《すなわ》ち庭の中に小《いささか》なる池を開《は》れり。仍りて小なる島を池の中に興《つ》く。故《かれ》、時の人、島大臣《しまのおほまへつきみ》と曰ふ。

島庄遺跡

島庄遺跡（方形池）

軍略に長《た》け、人の議論を弁別する才能があり、仏教を深く敬ったというのは、その事績から考えて、それほど史実から離れているとは思えない。

「飛鳥河の傍」の家というのは、近年、発掘調査が行なわれた島庄《しまのしょう》遺跡とされている。旧飛鳥小学校跡、現在、「明日香の夢市」の駐車場一帯である。三期に分かれている遺構の内、七世紀前半代の大型建物が、「飛鳥河の傍」の家と関連していると考えられる。また、その北側の水田では一辺四二mの方形池《ほうけいち》が発見されているが、それが「庭中の小池」と関連するという考えもある。

池の中に島を作ったので、馬子は「島大臣」と称されたという。この島と道教《どうきょう》の三神山《さんしんざん》（蓬莱山《ほうらいさん》・方丈山《ほうじょうさん》・瀛州山《えいしゅうさん》）との関連を重視する考えもある（金子裕之「宮廷と苑池」）。もっとも、この方形池は貯水池であるという意見もあり（相原嘉之「蘇我三代の遺跡を掘る」）、庭園としての曲池《きょくち》の発見が待たれるところである。

石舞台古墳

馬子の邸第は、これ以外に石川《いしかわ》や槻曲《つきくま》が知られている。この二つが現在の橿原市、畝傍山《うねびやま》の南東麓に所在していたのに対し、この「飛鳥河の傍」の家は、まさに飛鳥の深奥に踏み入った地に位置していることが特徴的である。

なお、この島庄遺跡は飛鳥川《あすかがわ》の西岸まで広がっており、馬子の後も大海人王子《おおしあまのみこ》や草壁皇子《くさかべのみこ》の島宮《しまのみや》として使われた他、奈良時代にも宮殿として使われた。馬子の「飛鳥河の傍」の家も、どれだけの拡《ひろ》がりを持つのか、その権力と合わせて興味深いところである。

その馬子の桃原墓が石舞台《いしぶたい》古墳（現明日香村島庄）であることは、諸説がほぼ一致している。一辺五一ｍの方形基壇を持つ上円下方墳《じょうえんかほうふん》とされるが、これもピラミッド状の方形墳であったのかもしれない。巨大な石室の天井部分が露出しているが、これが長さ七・七mの玄室、長さ一一mの羨道《せんどう》を形成する。六世紀後半から末までの六基の小円墳を壊し、その上に造営されたことが確認されている。

『日本書紀』の舒明即位前紀に、造営の様子が、

是《こ》の時に適《あた》りて、蘇我氏の諸族等《やからども》悉《ことごとく》に集《つど》ひて、島大臣の為《ため》に墓を造りて、墓所《はかどころ》に次《やど》れり。爰《ここ》に摩理勢臣、墓所の廬《いお》を壊《こぼ》ちて、蘇我の田家《なりどころ》に退《まか》りて、仕へず。

と記され、蘇我氏の同族がすべて集まり、「墓所の廬」を作って宿営していたことがわかる。発掘調査でも、古墳の東の棚田で造営時の工事宿舎跡が確認されている。

推古の死

馬子の墓の造営が続く中、推古は次の大王位継承構想を打ち出せないでいるまま、推古三十六年（六二八）二月に病に倒れると、三月六日に非蘇我系嫡流の田村王と蘇我系嫡流の山背大兄王に対して、それぞれ「遺詔《いしょう》」を残し、翌七日、ついに死去した。時に七十五歳、三十六年間の在位であった。

すぐに小墾田宮《おはりだのみや》の南庭で殯《もがり》が行なわれ、九月から喪礼《そうれい》が始まった。「五穀登《ごこくみな》らず。百姓《おおみたから》大きに飢う。其《そ》れ朕《わ》が為《ため》に陵を興《た》てて厚く葬ること勿《まな》。便《ただ》に竹田皇子の陵に葬るべし」という遺詔によって、竹田王子の墓に葬られた。

東西三〇m、南北四〇mの長方形の墳丘に、東西に二つの石室（東側の石室が六世紀末、西側の石室が七世紀前半）を持つ双室墳《そうしつふん》である植山《うえやま》古墳（橿原市五条野町）の西側の石室が、この時に推古が葬られた初《しょ》葬墓《そうぼ》であると考えられる。現地に立つと、この植山古墳が欽明と蘇我堅塩媛の陵墓《りょうぼ》に比定される五条野丸山古墳を望む丘に造営されている点が印象的である。地図で見ると、五条野丸山古墳の巨大な石室のある後円部とこの植山古墳とは、東西に並んでいるのである。それはまさに蘇我氏の一員としての推古の立場をよく表していると言えよう。なお、推古は後に河内磯長谷《かわちのしながだに》にある「科長《しなが》の大き陵」に改葬されている（『古事記』）。こちらは山田高塚《やまだたかつか》古墳（長辺六一mの方墳）に比定されている。

植山古墳から五条野丸山古墳を望む

それはさておき、馬子もいないこの時期、次期大王の選定は、嫡子の蝦夷によって、欽明の三世王を軸として行なわれることとなったのである。

三、蘇我氏同族の誕生

蘇我氏同族の誕生

この頃までに、蘇我氏は巨大な同族集団を形成していた。ここでまとめてそれらについて説明してみよう。ただし、いわゆる建内宿禰《たけしうちのすくね》後裔《こうえい》氏族は氏族系譜上の架上《かじょう》として、ここでは扱わない。優れた氏族研究が存在するので（日野昭『日本古代氏族伝承の研究』など）、そちらをご参照いただきたい。

ここで扱うのは、稲目《いなめ》の世代以降（つまり蘇我氏の成立時以降）に独立した氏（ウヂ）のことである。すでに指摘されているように、蘇我氏は本宗家《ほんそう》を中心にして、諸方に通じる交通上の要点に一族諸家を配し、それぞれの地域を固めさせていったのである（門脇禎二『新版飛鳥』）。飛鳥寺《あすかでら》・豊浦寺《とゆらでら》・山田寺《やまだでら》・奥山廃寺《おくやまはいじ》・和田廃寺《わだはいじ》・田中廃寺《たなかはいじ》・日向寺《にっこうじ》といった蘇我氏系の寺が飛鳥の中心に円を描いて分布し、飛鳥の南から西にかけての丘陵地帯に渡来系氏族の寺が分布して、古代交通路の要衝《ようしょう》をおさえているという指摘もある（大脇潔「蘇我氏の氏寺からみたその本拠」)。確かに築地塀《ついじべい》で囲まれた氏寺は、いざとなれば砦《とりで》ともなり得る施設であった。

先に推測したように、葛城《かずらき》地方に基盤を持った葛城集団の中の有力な集団が編成され、

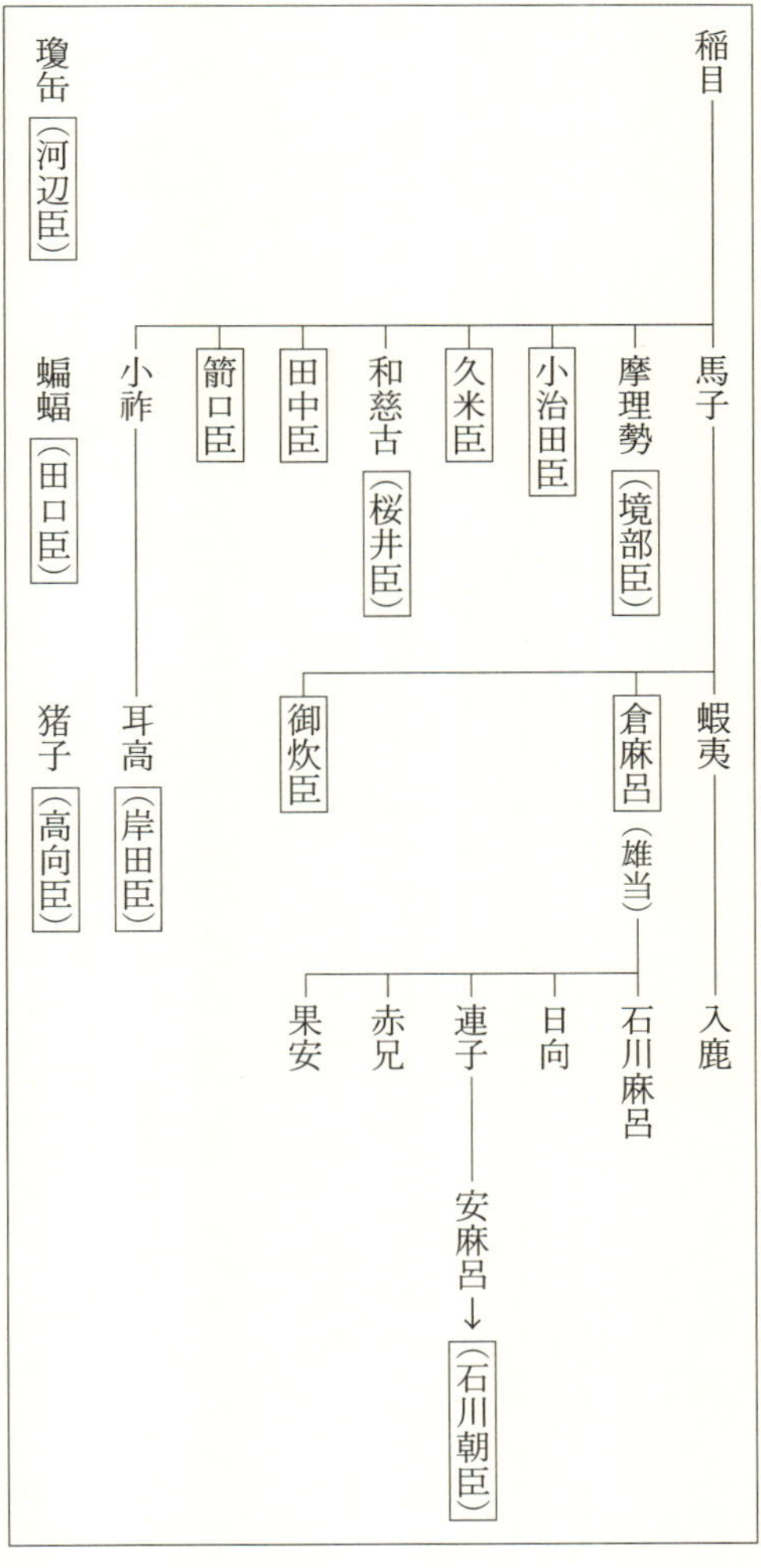

蘇我氏を名乗ったと考えるならば、残った集団のいくつかもそれぞれ氏（ウヂ）という政治組織を形成して独立した場合、それらが蘇我氏同族の系譜を主張したものと考えるべきであろう。稲目と同世代を称する河辺《かわべ》（川辺）氏などは、こういった元葛城集団であった可能性も考えられる。稲目・馬子《うまこ》といった本宗家との具体的な系譜記載のない高向《たかむこ》・田口《たぐち》氏も、その可能性がある。

また、稲目の子孫を称する境部《さかいべ》・小治田《おはりだ》・久米《くめ》・桜井《さくらい》・田中《たなか》・箭口《やくち》・岸田《きしだ》氏といった氏族は、実際に馬子の兄弟か同世代の血縁者が大和《やまと》盆地の要衝に配置されたり河内《かわち》に進出したりして、独立した氏を形成した可能性も考えるべきであろう。

さらには、次の蝦夷《えみし》の世代には、蝦夷の弟と思われる倉麻呂《くらまろ》（雄当《おまさ》）が河内の石川《いしかわ》地方の勢力の中心となり、桜井と飛鳥の間の山田《やまだ》にも進出した。後に石川氏となる蘇我倉《そがのくら》氏である。御炊《みかしき》氏も馬子の子孫を称している。

蘇我氏同族の配置

それでは、それぞれの氏を簡単に説明しよう。『新撰姓氏録《しんせんしょうじろく》』に「石川朝臣《あそん》同族」という記載があるのは、田口朝臣・桜井朝臣・紀《き》朝臣・林《はやし》朝臣・生江《いくえ》臣・箭口朝臣・八多《はた》朝臣・巨勢《こせ》朝臣・平群《へぐり》朝臣・高向朝臣・田中朝臣・小治田朝臣・川辺《かわべ》（河辺）朝臣・岸田朝臣・久

石川（山田）

米（来目）朝臣・御炊《みかしき》朝臣・星川《ほしかわ》朝臣・江沼《えぬま》臣の十八の氏である。これらの内、紀朝臣・林朝臣・生江臣・八多（波多《はた》）朝臣・巨勢朝臣・平群朝臣・星川朝臣・江沼臣は、いわゆる建内宿禰後裔氏族であるので、蘇我氏同族には含めない。

　また、息長足日広額《おきながたらしひひろぬか》（舒明《じょめい》）の即位の際の抗争で滅ぼされたので『新撰姓氏録』に記載のない境部氏は、もっとも有力な蘇我氏の同族氏族であった。後に石川朝臣となる蘇我倉氏も含め、合わせて十二の氏を、ここでは蘇我氏同族としておく。

　蘇我倉氏は、『新撰姓氏録』では「石川朝臣」として載せられている。石川麻呂《いしかわまろ》が大化五年（六四九）に滅びた後に後を継いだ連子《むらじこ》の系統が、天武《てんむ》十年（六八一）から十二年の間に石川氏に改姓したものである。『新撰姓氏録』には、「孝元《こうげん》天皇の皇子、彦太忍信命《ひこふつおしのまことのみこと》の後《すえ》なり」とある。彦太忍信命というのは『古事記』の建内宿禰系譜に見える建内宿禰の父とされる比古布都押之信命《ひこふつおしのまことのみこと》のことである。建内宿禰系譜では建内宿禰の子の蘇賀石河宿禰《そがのいしかわすくね》が（石川氏ではなく）蘇我臣の祖であるとしているが、この系譜が作

シシヨツカ古墳（平石古墳群）

られた時代にはすでに蘇我本宗家が滅び、石川氏が蘇我氏の氏上《うじのかみ》を継いでいたことによるものであろう。石川氏がすなわち蘇我氏であるという主張である。

この氏は、後に石川を名乗ることからもわかるように、河内国石川郡を地盤としていた。現在の大阪府南河内郡太子町山田を中心とする地域である。馬子の子の倉麻呂（雄当）の代に河内に進出し、石川麻呂の頃には河内の蘇我氏同族氏族の中心となっていた。「倉」を氏の名に冠することから、蘇我氏にとって最重要の職掌である財政の管理を分掌する集団であったものと考えられる。大倭《やまと》から河内の横大路《よこおおじ》や竹内《たけのうち》街道沿いに倉人《くらひと》の本貫地《ほんがんち》が集中的に分布しており、この地域に王権の政治的クラが設置されていたことは、すでに指摘されている（和田萃「横大路とその周辺」）。

大阪府南河内郡河南町の平石《ひらいし》古墳群の中で最初に造営されたシシヨツカ古墳（東西六〇m、南北五三mの三段築成の方形墳）が、この氏の初代の墓であろうと考えられる。

また、石川麻呂の代に現在の桜井市山田に進出したが、ここは倭《わ》王権成立以来の王宮の地である磯城島《しきしま》や磐余《いわれ》と飛鳥を結ぶ山田道《やまだみち》をおさえる重要な地であった。ここに舒明十三年（六四一）から山田寺の造営を始めたが（『上宮聖徳法王帝説《じょうぐうしょうとくほうおうていせつ》』裏書《うらがき》）、石川麻呂の代に完成することはなかった。石川麻呂の「山田の家」は、山田寺とは隣接する地に営まれたようで、山田寺の東北方続き地の緩傾斜地を想定する考えもある（木下正史「飛鳥の都市景観」）。

なお、石川氏は河内国石川郡、石川《いしかわ》の上流の山間部にある龍泉寺《りゅうせんじ》（現大阪府富田林《とんだばやし》市龍泉）を「氏人《うじびと》等の先祖宗我《そが》大臣」以来の氏寺《うじでら》と主張しているが、七世紀にこのような山岳寺院が存在したとは考えられず、平安時代以降の氏寺であろう（加藤謙吉氏のご教示による）。奈良時代前期に遡《さかのぼ》る古瓦も出土しているが、それが蘇我氏の氏寺に直接結び付くとは限らない。

境部氏は馬子の弟である摩理勢《まりせ》から始まる。大化前代にあっては、本宗家、蘇我倉氏に次ぐ重要な地位にあったことが、『日本書紀』の舒明即位前紀から窺える。境部氏が蘇我氏の外交掌握の統括者としての役割を担っていたという指摘もある（加藤謙吉『蘇我氏と大和王権』）。

大和国高市《たかいち》郡軽《かる》の境部《さかいべ》（現在の橿原市石川町から大軽町）の地を地盤としていたと思われるが、この地は下《しも》つ道と山田道の交差する、軽術《かるのちまた》と呼ばれる地点で、軽市《かるのいち》の立つ場であった。まさに飛鳥西部の交通の要衝であり、蘇我氏が曽我《そが》から飛鳥に進出するルート上の最重要地

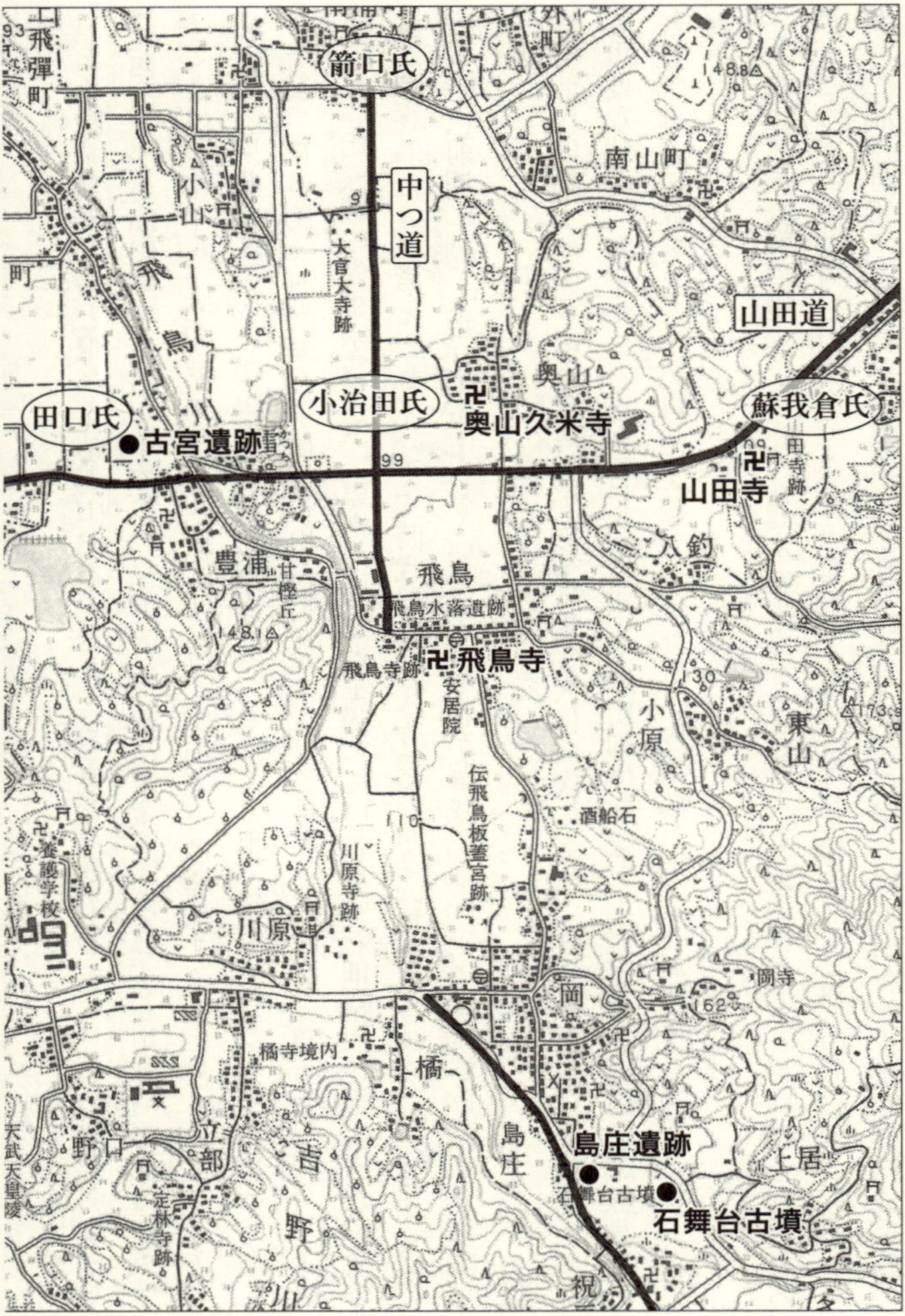
箭口氏
中つ道
南山町
大官大寺跡
山田道
奥山
田口氏
小治田氏
蘇我倉氏
古宮遺跡
奥山久米寺
山田寺
豊浦
甘樫丘
飛鳥
飛鳥水落遺跡
飛鳥寺
飛鳥寺跡
安居院
小原
東山
伝飛鳥板蓋宮跡
酒船石
川原寺跡
川原
養護学校
岡
岡寺
橘寺境内
橘
島庄
島庄遺跡
上居
石舞台古墳
野口
吉野
定林寺跡
天武天皇陵

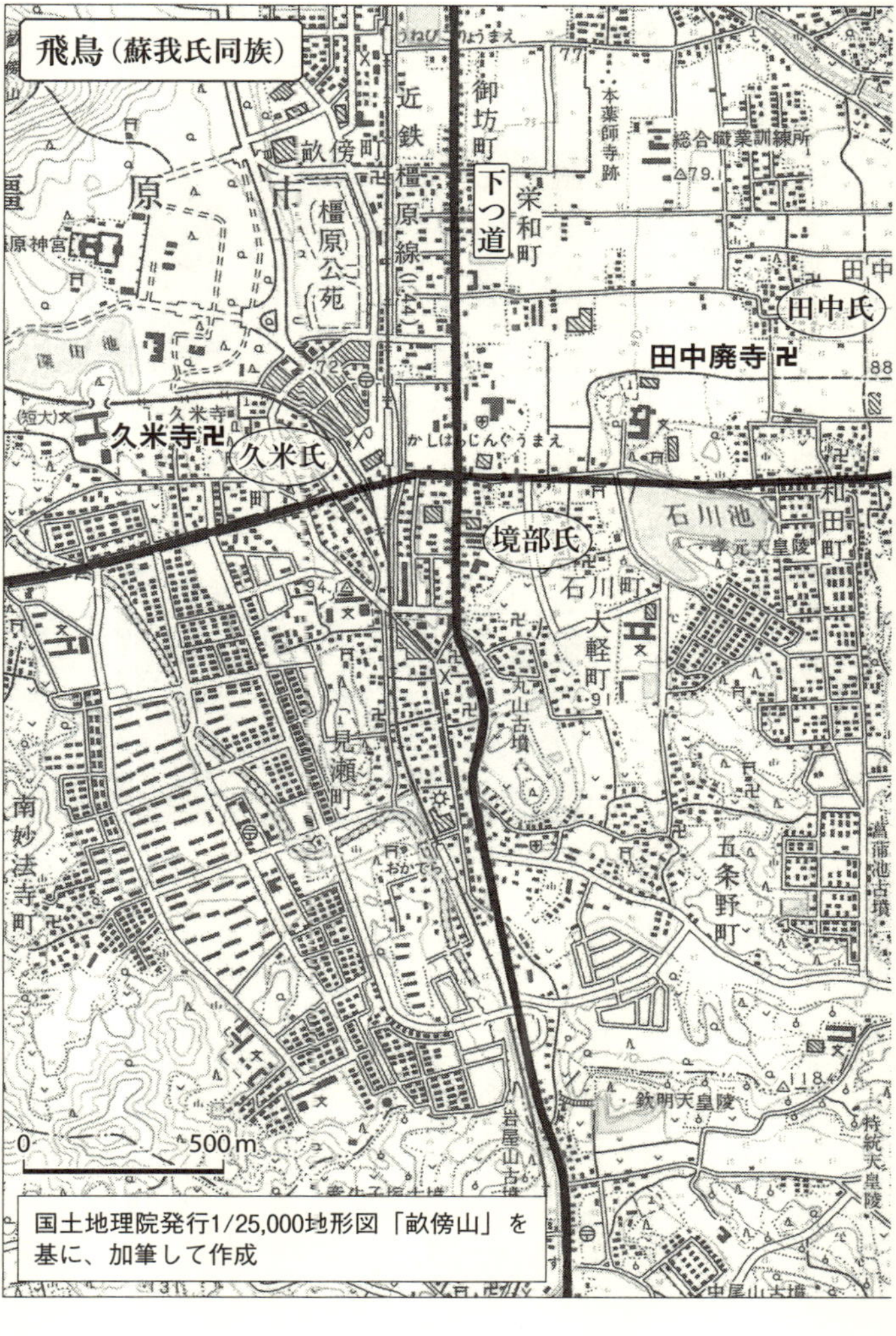

国土地理院発行1/25,000地形図「畝傍山」を基に、加筆して作成

軽の境部（五条野丸山古墳から畝傍山を望む）

田口氏本拠

点を地盤としていたことになる。

田口氏は、『新撰姓氏録』によれば、「石川朝臣と同じき祖《おや》。武内宿禰《たけしうちのすくね》大臣の後なり。蝙蝠《かわほり》臣、豊御食《とよみけ》炊屋姫《かしきやひめ》天皇〔諡《おくりな》は推古《すいこ》〕の御世《みよ》に、大和国高市郡田《た》口《ぐち》村に家す。仍《よ》りて田口臣と号《なづ》く」とある。この蝙蝠臣というのは、稲目や馬子との関係は明らかではない。大化元年（六四五）に古人大兄王子《ふるひとのおおえのみこ》と共に謀反《むへん》に関わった蘇我田口川堀《かわほり》のことで、大化の頃には随分と高齢に至っていたことになる。

田口村は、現在の橿原市和田町から田中町にかけての地で、飛鳥の北西方、稲目の「向原《むくはら》の家」、つまり豊浦宮《とゆらのみや》があった向原の北の地である。推古の代においては最重要の位置を占

お亀石古墳

めていたことになる。かつては小墾田宮《おはりだのみや》跡と考えられていた古宮《ふるみや》遺跡が蘇我氏関連の邸宅跡とするならば、田口氏の本拠との関連が気にかかるところである。

桜井氏は、『新撰姓氏録』に、「石川朝臣と同じき祖。蘇我石川宿禰《そがのいしかわのすくね》の四世孫、稲目宿禰大臣の後なり」とある。『日本書紀』の舒明即位前紀に見える桜井和慈古《わじこ》を始祖《しそ》とするのであろう。馬子の弟である可能性もある。山背大兄王《やましろのおおえのみこ》によって、蝦夷の許《もと》に使者として遣わされた人物で、山背大兄王寄りの立場を取っていたのであろう。

氏の名の基になった桜井の地は、河内国石川郡桜井で、現在の大阪府富田林市桜井町である。石川の中心である山田から平野部に降りてきて、石川を渡った西岸にあたる。四天王寺《してんのうじ》と同じ伽藍《がらん》配置を持つ巨大寺院の新堂廃寺《しんどうはいじ》（烏含《おがん》寺《じ》、現富田林市緑ヶ丘町大字中野）や、新堂廃寺に使われたものと同じ平瓦《ひらがわら》を積み上げた石室を持つお亀石《かめいし》古墳（七世紀前半、一辺二一mの方墳）、六世紀から八世紀の大規模集落遺跡である中野《なかの》遺跡が、桜井氏に関わるのであろう。

高向氏は、『新撰姓氏録』に、「石川と同じき氏。武内宿禰の六世孫、猪子《いこ》臣の後なり」とある。猪子というのは他に見えず、稲目や馬子との関係は明らかではない。武内宿禰の六世孫となると、蘇賀石河宿禰の五世孫ということになり、田口蝙蝠よりも一世代下になる。『日本書紀』の舒明即位前紀に見える高向宇摩《うま》や皇極《こうぎょく》四年（六四五）紀に見える高向国押《くにおし》の父の世代にあたるのであろうか。

高向氏の地盤は、河内国錦部《にしごり》郡高向《たかむこ》とされる。石川の上流、現在の大阪府河内長野《かわちながの》市高向《たこう》の地である。南河内に属する、河内から紀伊《きい》を目指す道（後の高野《こうや》街道）に沿った地ということになる。

田中氏は、『新撰姓氏録』に、「武内宿禰の五世孫、稲目宿禰の後なり」とある。『日本書紀』の推古三十一年（六二三）紀に田中臣（欠名）が見える。馬子の世代の者が独立したものであろう。

氏の名は、大和国高市郡田中《たなか》郷による。現在の橿原市田中町、豊浦宮《とゆらのみや》の北、小墾田宮《おはりだのみや》の西ということになる。田中町の法満寺《ほうまんじ》の西にある「弁天《べんてん》の森」に所在した田中廃寺《たなかはいじ》が、その氏寺であったと推定されている。その東にはかつて頂上に巨石が露出していた方墳である天《あま》ノ藪《やぶ》古墳が存在していた。これが田中氏の始祖の奥津城《おくつき》であったという推定もある（大脇潔「蘇我氏の氏寺からみたその本拠」）。

小治田氏は、『新撰姓氏録』（田中卓校訂本）に、「武内宿禰の五世孫、稲目宿禰の後なり」

とある。本拠地が大和国高市郡小墾田《おはりだ》、現在の奈良県高市郡明日香村の雷《いかつち》から奥山にかけての地である。これも馬子の世代の者が独立したものであろう。『日本書紀』の舒明即位前紀に小治田臣（欠名）が見える。

なお、現明日香村奥山の奥山《おくやま》久米《くめ》寺《でら》（奥山廃寺）からは「少治田《おはりだ》寺《でら》」と記された墨書《ぼくしょ》土器が出土しており、小治田氏の氏寺の小治田寺であったと推定されている。しかもその下層には稲目の「小墾田の家」が存在する可能性もある（大脇潔「蘇我氏の氏寺からみたその本拠」）。

小治田氏本拠

河辺（川辺）氏は、『新撰姓氏録』に、「武内宿禰の四世孫、宗我宿禰の後なり」とある。これまで見てきた氏よりも上の世代、稲目と同世代に独立したことになる。稲目と同世代の人物として、『日本書紀』の欽明《きんめい》二十三年（五六二）紀に河辺瓊缶《にえ》が見え、これが始祖なのであろう。次の世代では、推古二十六年（六一八）紀に河辺臣（欠名）、推古三十一年紀に河辺禰受《ねず》、舒明即位前紀に河辺臣（欠名）が見える（この三者は同一人物か）。稲目と同世代の瓊缶が

岸田氏本拠

稲目の弟なのか、それとも葛城集団の中から蘇我氏とは別に独立した集団なのかはわからないが、蘇我氏成立当初から、蘇我氏同族集団を支えた氏なのであろう。

河辺氏の地盤は、大和国十市《とおち》郡川辺《かわべ》郷（現奈良県磯城《しき》郡田原本《たわらもと》町大字三笠《みかさ》）か河内国石川郡河野《かわの》郷（現大阪市平野区長吉《ながよし》）とされる。河内のほうだとすると、早い時期に河内の石川地方に進出した集団ということになる。

岸田氏は、『新撰姓氏録』に、「武内宿禰の五世孫、稲目宿禰の後なり。男、小祚《おそ》臣の孫、耳高《みみたか》。岸田《きしだ》村に家居《いえお》れり。因りて岸田臣の号を負《な》へり」とある。耳高というのは蝦夷と同世代ということになる。『日本書紀』には大化二年（六四六）に涯田《きした》臣（欠名）が見えるのがもっとも古い例であるが、これが耳高のことなのであろうか。

岸田氏の地盤である岸田村は、大和国山辺《やまべ》郡岸田、現在の奈良県天理市朝和《あさわ》とされる。大《おお》和《やまと》神社の東、箸墓《はしはか》古墳に次ぐ倭王権の王墓である西殿塚《にしとのづか》古墳（現手白香皇女衾田陵《たしらかのひめみこふすまだのみささぎ》、墳丘長二三四m）の西、上《かみ》つ道に沿った地である。

久米寺塔跡

久米（来目）氏は、『新撰姓氏録』に、「武内宿禰の五世孫、稲目宿禰の後なり」とある。馬子の世代に独立したものであろう。『日本書紀』に最初に見えるのは、大化元年（六四五）の来目《くめ》臣（欠名）である。

久米氏の地盤は、大和国高市郡久米《くめ》郷、現在の橿原市畝傍《うねび》町から久米町である。氏寺の久《く》米寺《めでら》が、見事な礎石と共に今でも残る。

御炊氏は、『新撰姓氏録』に、「武内宿禰の六世孫、宗我馬背《うませ》宿禰の後なり」とある。馬背というのは蘇我氏系譜で稲目の父と主張している人物であるが、六世孫というのを重視するならば、馬背は馬子の誤記か誤写であろう（佐伯有清『新撰姓氏録の研究 考證篇 第二』）。馬背とすると稲目と同世代、馬子とすると馬子かその次の世代ということになる。

この御炊氏のみ、地名を氏の名に冠していない。「御炊」とは王権の食膳に奉仕した氏であったことが考えられる。倉の管理による王権の財政管掌《かんしょう》のみならず、大王《おおきみ》の食事を調理して大王に近侍し、王権の内廷を掌握していた可能性を指摘する考えもある（前之園亮一「蘇我氏の同族」）。

箭口氏は、『新撰姓氏録』に、「宗我石川宿禰の四世孫、稲目宿禰の後なり」とある。馬子と同世代に分かれた氏であろう。氏の名は、『日本書紀』の壬申《じんしん》紀に見える「八口《やくち》」の地に基づくものであろう。現在の橿原市南浦《みなみうら》町とされる。ここは天香具山《あめのかぐやま》のある地で、中《なか》つ道が通る、飛鳥北方の要衝である。この南浦の集落内にある日向寺が箭口氏の氏寺であったという推測もある（大脇潔「蘇我氏の氏寺からみたその本拠」）。推古に仕えた有力な女孺《めのわらわ》に八口采女鮪女《うねめしびめ》がいる。

なお、この箭口氏は、元慶《がんぎょう》元年（八七七）に石川氏と共に宗岳《そが》氏に改姓されている。かなり後まで石川氏と密着していたのであろう。

以上、蘇我氏同族諸氏族を概観してきた。これらの本拠地を見てみると、河内の石川の地を地盤としたものが四氏、大和盆地の飛鳥の北側を囲繞《いにょう》する地を地盤としたものが七氏となる（御炊氏のみは地盤が不明）。この事実からは、蘇我氏の河内進出の様相がわかると共に、飛鳥と各地を結ぶ重要な交通路、特に飛鳥の北側の古道に沿って、蘇我氏が同族氏族を配置していたことがよくわかる。それは取りも直さず、重要な軍事拠点でもあった。

これは、旧葛城集団がそれぞれ元の地盤で独立した氏となったというよりも、飛鳥という地を中心とした戦略的な配置と考えるべきであろう。稲目、および馬子の大きな政治・外交・軍事・経済構想が目に浮かぶようである。

マヘツキミ会議の制覇

これら蘇我氏同族集団は、それぞれが代表をマヘツキミとして、氏族合議体に参加させた。元々マヘツキミ会議は各氏族から一人ずつが出て、倭王権の重要事項を議定《ぎじょう》するものであった。稲目の代には、馬子は若年であったため、大臣（オホマヘツキミ）の稲目一人が議長を務めるのみであった。馬子の代になり、大臣馬子の他に蝦夷が合議体に加わり、蘇我氏から二人の参議《さんぎ》者が出るに至ったのであるが、それでも蘇我氏だけで合議体を制覇するほどの数ではなかった。

蘇我氏が多くの同族氏族を独立させ、それぞれの代表を合議体に参加させるというのは、軍事的・経済的理由のみならず、マヘツキミ会議を制覇するという政治的な目的もあったのではないかと思われるのである（倉本一宏「氏族合議制の成立」）。

稲目の代に蘇我氏から分かれたと思われるのは河辺氏のみであり、マヘツキミ会議に参議していた可能性が高いのは河辺瓊缶のみである。やはりまだ、蘇我氏同族氏族の権力は万全とは言いがたかったことが窺えよう。

馬子の代になると、蘇我倉麻呂（雄当）・境部摩理勢・田口蝙蝠・桜井和慈古・高向猪子・田中臣（欠名）・小治田臣（欠名）・河辺禰受・岸田耳高・来目臣（欠名）などが、マヘツキミ会議に参議した可能性が高い。

マヘツキミ会議全体の構成員の数は、なかなか明らかにしがたいのであるが、かつて集計したところでは、天国排開広庭《あめくにおしはらきひろにわ》（欽明）の代から泊瀬部《はつせべ》（崇峻《すしゅん》）の代までは、十七の氏族から各々一人ないし二人のマヘツキミが出ていた。ところが推古の代以降は、蘇我氏から常時二、三人の官人が合議体に加わり、しかも蘇我氏同族の官人が合議体構成員となって、合わせておおむね三分の一を占めるに至っている。

蘇我氏はここに、大臣馬子を中心とし、マヘツキミ会議の構成員に同族の官人を大量に送り込み、本宗家は大臣として会議を主導することによって、新たな権力集中を果たしたのである。この時期にマヘツキミ層が政治の中枢に確固たる地位を占め、その組織が巨大な権力体に成長したという側面を重視する考えもあるが（加藤謙吉「大夫制と大夫選任氏族」）、むしろこの時期のマヘツキミ会議の組織化が、大臣馬子の主導によって進められたことに注目すべきであろう。

馬子を中心としたこれらの倭王権の制覇こそ、蘇我氏を中核とする権力集中の完成形と称することができようが、ただしこの体制には、大きな陥穽《かんせい》が内包されていた。蘇我氏の同族氏族を独立させて、他のマヘツキミ氏族と同様の権限を持たせた場合、それらが本宗家の規制を外れて、それこそ独立した政治的な動きを始める危険性が生じてきたのである。それぞれが別個の氏寺を建立するというのも、飛鳥寺に結集せずに独立性を主張したものと考えることもできるし（三舟隆之氏のご教示による）、蘇我倉氏の山田寺などはかえって飛鳥寺や豊浦寺系の瓦ではなく百済大寺《くだらおおでら》系の瓦を採用するなど（奈良県立橿原考古学研究所附属博物館『蓮華百相』）、独自性を打ち出している。

特に河内を本拠地とする氏族は、本宗家から独立した立場を取ることが多かった（加藤謙吉氏のご教示による）。そして推古死去後の大王選定や、山背大兄王討滅、そして乙巳《いっし》の変に際して、その危惧はすぐに表面に現れてくることになる。

兄弟相承による当時の氏上継承の慣行に反して、稲目―馬子―蝦夷―入鹿と嫡系の本宗家確立によって氏上を継承していったことに対する反発が、独立した蘇我氏同族氏族の中に、強くわだかまっていたのである。

第三章　豊浦大臣蝦夷・林太郎入鹿と乙巳の変

一、蝦夷登場

蘇我稲目《そがのいなめ》が長い天国排開広庭《あめくにおしはらきひろにわ》（欽明《きんめい》）の代の末期に死去したのと同様、馬子《うまこ》も長い豊御《とよみ》食炊屋姫《けかしきやひめ》（推古《すいこ》）の代の末期に死去した。後を継いだ蝦夷《えみし》が、推古三十四年（六二六）五月の馬子の死の直後に、大臣（オホマヘツキミ）の職位（ツカサ）を継いだのか、それとも推古三十六年（六二八）三月の推古の死の後に継いだのか、馬子と同様、これもわからない。

ただ、『日本書紀』の舒明《じょめい》即位前紀では、「九月に、葬礼畢《おわ》りぬ。嗣 位《ひつぎのくらい》未《いま》だ定《さだま》らず。是《こ》の時に当りて、蘇我蝦夷臣、大臣たり」と記されているから、息長足日広額《おきながたらしひひろぬか》（舒明）の選定以前に、すでに大臣の地位にあったことがわかる。すでにマヘツキミとしての実績を積んでいた蝦夷であったから、馬子の死の直後に、大臣の職位を継いだと考えておきたい。

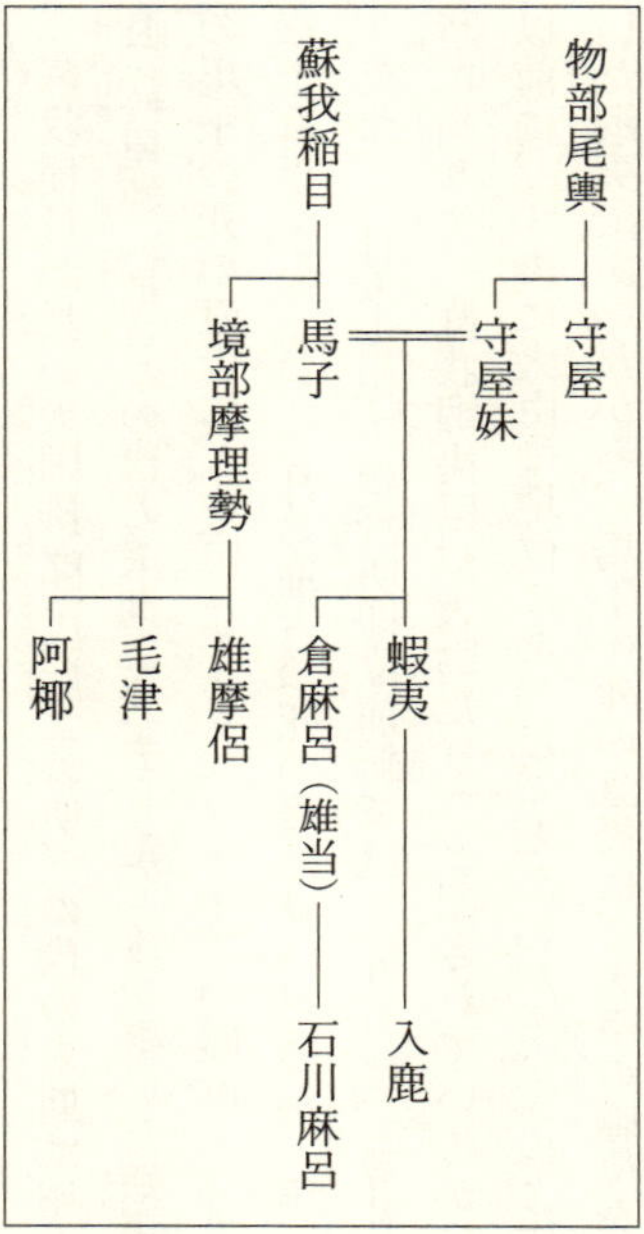

なお、『元興寺《がんごうじ》伽藍《がらん》縁起《えんぎ》并《ならびに》流記《るき》資財帳《しざいちょう》』には、蝦夷は善徳《ぜんとく》の弟という所伝があるが、この伝の史実性には疑問が残る。やはり蝦夷は馬子の嫡子《ちゃくし》であったと考えるべきであろう。興味深いのは、蝦夷の母が物部守屋《もののべのもりや》の妹であったという、『日本書紀』崇峻《すしゅん》即位前紀および皇極《こうぎょく》二年（六四三）紀である。対立していた稲目と守屋の政治的妥協の産物として、馬子と守屋の妹の婚姻が行なわれたのであろう。

なお、推古十八年（六一〇）に「四《よたり》の大夫（マヘツキミ）」の一人としてはじめて史料に登場した時、蝦夷は「蘇我豊浦《とゆら》蝦夷」と表記されていた。この時、すでに稲目以来の豊浦《とゆら》（現奈良県高市郡豊浦）の地を受け継いでいたのであろう。もしかしたら推古のいた豊浦宮《とゆらのみや》であったかもしれない。古宮《ふるみや》遺跡と蝦夷の邸第の関連を想定する考えもある（相原嘉之「蘇我三代の遺跡を掘る」）。この後も蝦夷は、「豊浦大臣」と称されることになる。

推古後継者の選定

蝦夷が大臣としてはじめて行なった仕事は、推古の後継者を選ぶことであった。これについては、『日本書紀』の舒明即位前紀に、二〇三五字にも及ぶ長大な叙述が載せられている。山背大兄王《やましろのおおえのみこ》の即位が、『日本書紀』の法隆寺系原史料《ほうりゅうじけいげんしりょう》が入っていることにもよるのであろうが、やはり舒明の即位が、『日本書紀』の撰修《せんしゅう》を開始した天渟中原瀛真人《あまのぬなはらおきのまひと》（天武《てんむ》）にとって重要であったことによるのであろう。ただし、この即位前紀、様々な原史料を、時間軸を無視して配列しているため、非常にわかりにくい。以下、時間の流れに沿って、推古の後継者選定における蝦夷の動きを追っていくことにしよう。

それによると、推古三十六年（六二六）三月六日、つまり死の前日、推古は田村王《たむらのみこ》（後の舒明、「蘇我氏濃度」0）と山背大兄王（「蘇我氏濃度」四分の三）を召して遺詔《いしょう》を伝えた。この遺詔は、推古紀、舒明前紀に見える蝦夷の言葉・群大夫等（マヘツキミタチ）の言葉・山背大兄王の言葉で、それぞれ微妙に異なるのであるが（さらには『大安寺伽藍縁起 幷 流記資財帳《だいあんじがらんえんぎならびにるきしざいちょう》』にも見える）、『日本書紀』による限り、推古がいずれを次期大王《おおきみ》に指名したかは明らかである。

まず、田村王に対しては、「天位《たかみくら》に昇りて鴻 基《あまつひつぎ》を経《おさ》め綸《ととの》へ、万 機《よろずのまつりごと》を馭《しら》して黎 元《おおみたから》を亭育《やしな》ふことは、本より輙《たやす》く言ふものに非《あら》ず。恒《つね》に重みする所なり。故《かれ》、汝《いまし》慎みて察《あきらか》にせよ。軽《かるがる》しく言ふべからず（皇位について国の基をととのえ、政務を統《す》べて人々をはぐくむということは、もともと安易に口にすべきことではありません。私はおまえをいつも重くみています。それゆえ、行動を慎み、よくものごとを見とおすように心がけなさい。軽々しくものを言ってはいけません）」と、即位を前提とした、大王としての心得を説いているのに対し（『大安寺伽藍縁起幷流記資財帳』では、「今、汝《なれ》、極位《きょくい》に登り、宝位《ほうい》を授け奉る」とある）、山背大兄王に対しては、「汝《いまし》は肝稚《きもわか》し。若《も》し心に望むと雖《いうと》も、諠《とよ》き言ふこと勿《まな》。必ず群《まえつきみたち》の言《ことば》を待ちて従ふべし（おまえはまだ未熟です。心でこうしたいと思うことがあっても、あれこれと言ってはなりません。かならず群臣の意見を聞き、それに従うのです）」と、その若年故に大王位への執着を見せてはならないという戒めであった。

推古が田村王を選んだのは、田村王が山背大兄王よりも年長であったことに加え、すでに宝女王《たからのひめみこ》（後の天豊財重日足姫《あめとよたからいかしひたらしひめ》〔皇極《こうぎょく》〕）との間に葛城王《かずらきのみこ》（後の天命開別《あめみことひらかすわけ》〔天智《てんじ》〕、「蘇我氏濃度」0）、蘇我法提郎媛《ほてのいらつめ》との間に古人大兄王《ふるひとのおおえのみこ》（「蘇我氏濃度」二分の一）を儲《もう》けているという、非蘇我系と蘇我系のいずれに転んでも次の世代に王統を残せるという優位性によるものであったと思われる。

蝦夷にとっても、蘇我氏の血があまりに濃く、父が即位したわけでもない二世王の山背大兄王よりも、支配者層全体の支持を広く集められそうで、将来の古人大兄王への継承を期待できる田村王（これも二世王ではあるが）のほうを選択したことになる。

その七十年以上の生涯において、ついに王統を創出できなかった推古は、安全弁とも言える後継者を指名したのであったが、田村王自身には、王族内部における非蘇我系王統と蘇我系王統、マヘツキミ層内部における非蘇我系氏族と蘇我系氏族、蘇我氏内部における本宗家《ほんそう》と反本宗家という、数々の矛盾が内包・付随されていた。これらがやがて噴出するとき、倭《わ》国に未曽有の政変が訪れることになるのである。

なお、舒明のキサキとしては、先にふれたように、蘇我系が二人（蘇我法提郎媛・田眼王《ためのひめ》女《みこ》）、非蘇我系が二人（宝女王・吉備《きび》国蚊屋采女《かやのうねめ》）である。それぞれから、古人大兄王、葛城王という、有力な後継者が生まれており、舒明は両系統の後継者を創出するという、王統の始祖《しそ》としての立場を獲得することになるのである。

問題は、『日本書紀』に、「蘇我蝦夷臣、大臣たり。独り嗣位《ひつぎのくらい》を定めむと欲《おも》へり。顧みて群臣の従はざらむことを畏《おそ》る」とあるように、蝦夷が単独で後継者を定める自信がなかったということである。いまだそれほどの権力は確立していなかったのであろう。舒明即位前紀では、この直後に蝦夷がマヘツキミ会議を開いて諮問《しもん》したことになっているが、実際の時間軸としては、まず単独で境部摩理勢《さかいべのまりせ》に問うたのであろう。

すでに推古の遺詔が出ている以上、摩理勢が田村王を支持することを想定していたであろう蝦夷は、摩理勢が山背大兄王支持を表明したことに驚いたはずである。この摩理勢は馬子の弟で、蝦夷には叔父《おじ》にあたる。すでに境部氏として独立していた摩理勢は、蝦夷主導の後継者選定に反発する意図から、対立候補である山背大兄王を支持したのであろう。後に見える山背大兄王の言葉には、摩理勢が元々「聖皇《みかど》」（厩戸王子《うまやとのみこ》のこと）の好誼《こうぎ》を受けていたとあるから、その線からの支持であったのかもしれない。

摩理勢の不支持にあった蝦夷は、マヘツキミ層の支持を受ける必要を感じ、伝統的な合議に委《ゆだ》ねることとした。もちろん、この時点では山背大兄王を支持するマヘツキミが多数存在するとは思ってもいなかったことであろう。阿倍麻呂《あべのまろ》（改新政府で左大臣に拝された内麻呂《うちまろ》〔倉梯麻呂《くらはしまろ》とも〕のことか）以下のマヘツキミを自邸に集めた蝦夷は、推古の遺詔を披露し、マヘツキミに意見を求めた。

その結果、田村王支持が大伴鯨《おおとものくじら》・采女摩礼志《うねめのまれし》・高向宇摩《たかむこのうま》・中臣弥気《なかとみのみけ》・難波身刺《なにわのむざし》の五人、山背大兄王支持が許勢大麻呂《こせのおおまろ》・佐伯東人《さえきのあずまひと》・紀塩手《きのしおて》の三人、蝦夷の弟である倉麻呂《くらまろ》（雄当《おまさ》）のみは意見を表明せず、という結果となった。

ここにマヘツキミ層内部の分裂と共に、蘇我氏本宗家対境部氏の対立、また蝦夷対倉麻呂（雄当）の対立が顕在化したことになる。前大王が次期大王を指名すること自体が前例のないことなのであるから、その遺志を押し通そうとした蝦夷に対する反発もあったであろうが、何より稲目―馬子―蝦夷という本宗家の確立こそ、ほとんどのマヘツキミ層、とりわけ蘇我氏内部や蘇我氏同族氏族にとっては、面白くない事態であったことによるものであろう。大臣としての執政経験の乏しい蝦夷の最初の大仕事に際して、皆が自己の政治的存在感を示したといったところであろうか。

　ここに蝦夷はこの会議における後継者選定を断念し、硬軟織り交ぜた交渉を始めることとなった。

境部摩理勢の討滅

　まず蝦夷は、八人のマヘツキミを山背大兄王の住む斑鳩宮《いかるがのみや》に遣わし、説得に努めた。しかし、山背大兄王は納得することなく、自分が聞いたと主張する推古の遺詔を語るだけであった。

　ただその遺詔も、「汝肝稚《いましきもわか》し と雖《いえど》も、慎みて言へ（おまえは未熟だが、発言には十分気をつけなさい）」というように、山背大兄王を後継者に指名したものではなかった。要するに、これを聞いて山背大兄王が勝手に、「我是《おのれこ》の大恩を蒙《こうぶ》りて、一たびは以《も》て懼《おそ》り、一たびは以て悲しぶ。踊躍《ほどはし》り歓喜《うれし》びて、所如《せむすべ》知らず（私は天皇のありがたいおことばを受けて、おそれ多くもあり、悲しくもあった。しかし心の中では、おどりあがるほど嬉《うれ》しく、どうしようもなかった〕」と勘違いして、推古が自分を指名したと思い込んでしまったようである。

なお、その過程で蝦夷が、「唯今臣《やつかれ》不賢《おさな》くして、遇《たまさか》に人乏しき時に当りて、誤りて群臣の上に居《はべ》らくのみ。是を以て、基《こと》を定むること得ず。然《しか》るに是の事重し。伝へ遑《もう》すこと能《あた》はず」と言っている点は重要である。自分は識見もないのに、たまたまマヘツキミたちの上に立っているに過ぎない、そのため後継者を定めることができない、というのである。大臣の権能の限界を、図らずも示しているものである。

それを承《う》けた山背大兄王は、ようやく事態を呑《の》み込めたのか、「先日《さき》の事は、聞きしことを陳《の》べつらくのみ。寧《むし》ろ叔父に違《たがい》あるにや（先日のことは、ただ私が聞いたことを述べただけです。どうして叔父上〔蝦夷〕にたがうようなことがありましょう）」と言って、要求を撤回した。推古が田村王に下した遺詔をマヘツキミたちから聞いた影響もあるのであろう。

一方、この情勢の変化を承けて、蝦夷は摩理勢の許《もと》に使者を派遣した。これで一件落着となるであろうと、誰しも思ったことであろう。ところが摩理勢はたいそう怒り、馬子の墓《はか》所《どころ》の廬《いお》を壊して、「蘇我の田家《なりどころ》（別業《べつぎょう》）」に退いてしまった。蘇我氏同族としての義務を放棄したことになる。蝦夷が怒って使者を遣わし、摩理勢を諭《さと》すと、摩理勢は斑鳩の泊瀬仲《はつせのなかの》王《みこ》（山背大兄王の異母弟、「蘇我氏濃度」四分の一）の宮に籠った。

蝦夷がますます怒り、山背大兄王に摩理勢の引き渡しを要求すると、山背大兄王はあっさりとそれに従い、摩理勢を諭した。摩理勢は拠《よ》り所を失い（泊瀬仲王も何故《なぜ》か急死してしまう）、自邸において男子共々、蝦夷の派遣した軍に殺された。

石舞台古墳造営時の工事宿舎跡

蝦夷がこのような強硬な一面も見せた背景には、蘇我一族が一体として事態に当たらねばならないといった危機感が存在したものと思われる。馬子の代には考えられなかった一族内部の分裂が代替わりに際して表面化してしまった以上、何とかそれを回避しなければ、同族というのはかえって自己の権力確立に障碍《しょうがい》となる。ここで馬子と同世代の一族の長老を滅ぼすことによって、蘇我氏同族内における自分の立場を確固たるものにしておこうと考えたのであろう。

ただし、この紛争の過程で、新たな火種も表面化した。マヘツキミ会議において態度を保留した弟の倉麻呂（雄当）である。やがてその男の石川麻呂《いしかわまろ》が、自分の家に対してどのような行動に出るか、この時点では見通せなかったであろうが。

なお、境部氏自体は、これで史料から姿を消す。遣唐使《けんとうし》に任じられた石積《いわつみ》や壬申《じんしん》の乱の近江《おうみ》朝廷軍将軍となった薬《くすり》などは、連姓《むらじ》（八色《やくさ》の姓《かばね》で宿禰《すくね》）の境部氏である。

舒明の時代

このような紛争の後に即位した舒明の代は、『日本書紀』の記事が少ないため、きわめて印象の薄いものとなってしまっている。これは舒明の造営した百済大寺《くだらおおでら》を起源とする大安寺《だいあんじ》系の縁起《えんぎ》が『日本書紀』の原史料として採用されなかった（現存『大安寺伽藍縁起幷流記資財帳』が作成されたのは『日本書紀』撰修より後の天平《てんぴょう》十九年〔七四七〕であった）ことによるものである。

しかし、その治世はいくつかの点で、画期的な意義を有するものであった。まず即位翌年の舒明二年（六三〇）、犬上御田鍬《いぬかみのみたすき》を遣唐使として派遣した。これによって、倭国は唐《とう》を中心とする東アジア秩序に組み込まれることを表明したことになる。

同じ年、飛鳥岡《あすかのおか》の傍らに宮を造営し、ここに遷《うつ》った。飛鳥岡本宮《あすかおかもとのみや》である。現在、伝飛鳥《あすか》板蓋宮跡《いたぶきのみや》として発掘調査と整備が行なわれている飛鳥宮跡内郭《ないかく》（明日香村大字岡《おか》）の最下層にある第Ⅰ期遺構が、この宮の遺構であろうと考えられている。この後、この地に飛鳥板蓋宮・後飛鳥岡本宮《のちのあすかおかもとのみや》・飛鳥浄御原宮《あすかきよみがはらのみや》が重複して造営され、「飛鳥京《あすかきょう》」とも称される王宮の地の中心となることになる。その嚆矢《こうし》となったのが、この飛鳥岡本宮なのである。

それまでの王宮は、代替わり毎《ごと》に移動するものであった。即位以前の王子宮《みこのみや》を、即位後もそのまま王宮としていたことによる。それに対し、飛鳥寺《あすかでら》・飛鳥岡・飛鳥川《あすかがわ》・ミハ山（飛鳥の神奈備山《かんなびやま》）に囲まれた「狭義の飛鳥」内部の飛鳥寺の南に隣接する地、まさに蘇我氏の勢力圏の中心に、はじめて継続的な王宮を造営した飛鳥岡本宮こそ、倭国の都城史上、画期的な意義を持つものであったのである。

ところが舒明八年（六三六）六月、この飛鳥岡本宮が焼亡し、舒明は田中宮《たなかのみや》に遷御《せんぎょ》した。田中《たなか》氏の邸第を仮宮としたものと思われる。

その直後の七月、訳語田渟中倉《おさたのぬなくら》太珠敷《ふとたましき》（敏達《びだつ》）王子で大王《だいおう》家の長老であった大派王《おおまたのみこ》（「蘇我氏濃度」0）が蝦夷に、群卿《まへつきみたち》及び百寮《つかさつかさ》が朝参《ちょうさん》を怠っているので、以後は早朝に出仕すること、そしてそれを鍾《かね》で知らせるようにせよという要求を行なった。ところが蝦夷はそれに従わなかったという記事が載せられている。「十七条憲法」の第八条、「群卿百寮、早く朝《まい》りて晏《おそ》く退《まか》でよ」との関連が気にかかるところである。「かの聖徳太子が定めた憲法に従わない邪悪な蘇我氏」という図式が、『日本書紀』に現れているのであろう。

百済大宮・百済大寺の造営

彗星《すいせい》・長雨・飢饉《ききん》・流星・日蝕《にっしょく》・（東北地方の）蝦夷の叛乱・大風・雷鳴などの天変地異や怪異が相次ぐ中、舒明十一年（六三九）七月、舒明は全国から国単位の徴発を行ない、百済川《くだらがわ》の傍らに百済大宮《くだらのおおみや》と百済大寺《くだらおおでら》を造営することを宣言した。

百済大寺が先年、発掘調査が行なわれた吉備池廃寺《きびいけはいじ》（現桜井市吉備）であるとすると、百済大宮はその西の地に所在した可能性が高い。それは蘇我氏が地盤とする飛鳥を離れた、倭王権成立以来の本拠地である磐余《いわれ》の地であった。蘇我氏の軛《くびき》を脱し、独自の権力基盤を求めようとする舒明の強い意志を感じさせる。

吉備池廃寺

また、百済大寺は、蘇我氏主導で飛鳥の地に造営された飛鳥寺に対し、王権主体で新たに造営する、いわばはじめての国立寺院である。その規模は、飛鳥寺や山田寺《やまだでら》、それから法隆寺西院伽藍《さいいんがらん》と比べると、格段の規模を持っている。一辺三二mの基壇の上に建っていた塔は、高さ八〇m弱の九重塔を復元することができるという（小澤毅「吉備池廃寺の発掘調査」)。

この年の十二月には百済大寺に九重塔を建てた記事が、翌舒明十二年（六四〇）十月には百済宮に遷御した記事が、それぞれ見えることから、突貫工事によって、この両者はとにかくも完成したのであろう。ただし、ここでは「百済宮」とあって「大」が付されていないことを重視するならば、いまだ未完成の間に舒明は飛鳥を離れてこの宮に遷ったと考えるべきであろうか。もしかしたら祖父である敏達のいた百済大井宮《くだらのおおいのみや》（現橿原市の天香具山《あめのかぐやま》西麓）に仮に遷御したものかもしれない。なお、百済大寺の九重塔のほうも、『大安寺伽藍縁起幷流記資財帳』によれば、焼失してしまったとある。

本来、舒明自身は非蘇我系嫡流《ちゃくりゅう》という存在であった。蘇我法提郎媛との間に蘇我系嫡流の古人大兄王を儲けていることによって、蝦夷に擁立されたのであったが、本人の自己認識としては、けっして蘇我氏のみに依存した存在ではなかったのである。蝦夷が強引に舒明を蘇我氏内部に取り込もうとした時、舒明がそれに反発して独自性を主張しようとするのは、自然の成り行きだったわけである。

舒明の死

ところが、百済大宮も百済大寺も造営途中であったであろう舒明十三年（六四一）十月、舒明は百済宮で死去した。宮の北で殯宮《もがりのみや》が営まれ、開別王子《ひらかすわけのみこ》（天智）が、年十六にして誄《しのびごと》を奉ったとある。非蘇我系嫡流としての葛城王子《かずらきのみこ》、後の中大兄王子《なかのおおえのみこ》の存在が、皆に再認識されたことになる。

舒明の陵は、皇極元年（六四二）十二月に滑谷岡《なめはざまのおか》に葬られた後、皇極二年（六四三）九月に押坂陵《おしさかのみささぎ》に改葬された。現桜井市忍阪《おっさか》にある段ノ塚《だんのつか》古墳と推測されているが、陵形は径四二mの上八角下方墳《じょうはっかくかほうふん》である。蘇我氏が造営を続ける段状の方形墳に対して、大王家として独自の八角墳《はっかくふん》を創始したのであろう。これ以降、大王家は八角墳を造営し続けることになる。

なお、二〇一五年に発掘された小山田《こやまだ》古墳（一辺七〇mの方墳、明日香村川原《かわはら》）と舒明の滑谷岡陵との関連を云々《うんぬん》する向きもある。しかし、蘇我系に多い方形をした墳墓を、しかもあれほど離れたがっていた飛鳥の地に、舒明の陵として採用するとは考えがたいことから、これは除外すべきであろう。

二、東アジア国際情勢と入鹿

皇極の即位

息長足日広額《おきながたらしひひろぬか》（舒明《じょめい》）の死後に大王位に即《つ》いたのは、舒明の大后《おおきさき》の地位にあった宝女王《たからのひめみこ》であった（天豊財重日足姫《あめとよたからいかしひたらしひめ》〔皇極《こうぎょく》〕）。父は押坂彦人大兄王子《おしさかのひこひとのおおえのみこ》の子である茅渟王《ちぬのみこ》、母は吉備女王《きびのひめみこ》という、非蘇我系王統の女性であった（「蘇我氏濃度」0）。舒明の後、残された有力王族は、上宮王家《じょうぐうおうけ》の山背大兄王《やましろのおおえのみこ》（蘇我系、「蘇我氏濃度」四分の三）と、舒明王子の古人大兄王子《ふるひとのおおえのみこ》（蘇我系嫡流《ちゃくりゅう》、「蘇我氏濃度」二分の一）・葛城王子《かずらきのみこ》（非蘇我系嫡流、「蘇我氏濃度」0）であった。

このように、有力候補が複数存在する中で、古人大兄王子や葛城王子に大王位を継承させるとなると、世代交代を伴う。舒明と同世代の山背大兄王が残っている中での世代交代というのは、紛争を招きやすい。しかも、古人大兄王子と葛城王子のいずれに継承させればよいのかが明白になっていないという情勢では、前大王《おおきみ》の大后の即位というのは、これまたぎりぎりの選択であった。

皇極はさっそく、即位元年（六四二）の九月、舒明が王宮を造営していた百済《くだら》の地を離れて飛鳥《あすか》に王宮を造営することを命じ、蘇我氏に配慮を示している。遠江《とおとうみ》から安芸《あき》までの広い地から役丁《えきちょう》を徴発させ、それまでの茅葺《かやぶき》や檜皮葺《ひわだぶき》ではなく板葺《いたぶき》の屋根を用いたこの王宮は、かつての飛鳥岡本宮《あすかおかもとのみや》の上に造られた。翌皇極二年（六四三）四月に、いったん遷っていた小墾田宮《おはりだのみや》から遷御したこの宮は、飛鳥板蓋宮《あすかいたぶきのみや》と名付けられた。伝飛鳥板蓋宮跡とされる飛鳥宮跡内郭《ないかく》中層の第Ⅱ期遺構である。

なお、山背大兄王というのは、橘豊日《たちばなのとよひ》（用明《ようめい》）の二世王に過ぎず、すでに大王位から離れて久しい王統にあった。蘇我系王統の嫡流が前大王舒明の王子である古人大兄王子に移ってしまっていても、まったく不思議ではなかったのである。このような王族が、斑鳩《いかるが》という交通の要衝《ようしょう》に多数盤踞《ばんきょ》して、独自の政治力と巨大な経済力を擁しているというのは、支配者層全体にとっても、けっして望ましいことではなかったであろう。

激動の東アジア国際情勢

中国では、六一八年に唐《とう》が勃《おこ》り、翌年に隋《ずい》が完全に滅びた。唐は六二八年に中国を統一し、均田《きんでん》制と租庸調《そようちょう》制を核とした律令法に基づく中央集権的な国家体制の充実を図り、周辺諸国を圧迫した。六三〇年に東突厥《ひがしとっけつ》を支配下に置き、六四〇年に高昌《こうしょう》を滅亡させ、次には高《こう》句麗《くり》に目を向けた。

一方、朝鮮諸国では、相変わらず権力集中が政治の眼目とされた。百済《ひゃくさい》では六四一年、義慈《ぎじ》王がクーデターによって専制権力を掌握し、六四二年以降、新羅《しんら》領に侵攻して旧加耶《かや》地域を奪回した（『三国史記《さんごくしき》』百済本紀）。高句麗では六四二年、宰相《さいしょう》の泉蓋蘇文《せんがいそぶん》が国王と大臣以下の貴族を惨殺して独裁権力を握り、百済と結んで新羅領を窺《うかが》った。新羅は唐に救援を求めたが、唐による善徳《ぜんとく》女王交代の提案の採否をめぐって、六四七年に内乱状態となった。金春秋《こんしゅんじゅう》（後の武烈《ぶれつ》王）は六四八年に唐に赴き、協力を求めた。唐の太宗《たいそう》は、六四四年から高句麗征討に乗り出す（石母田正『日本の古代国家』、吉川真司『飛鳥の都』）。

このような激動の東アジア国際情勢は、皇極元年（六四二）正月に筑紫《つくし》に到《いた》った百済から

扶蘇山城から見た錦江

唐将蘇定方が「大唐平百済国碑銘」を刻ませた百済・定林寺跡の五重石塔

の弔使《ちょうし》と、二月に難波津《なにわのつ》に到った高句麗の使人（実際には皇極二年〔六四三〕のことか）、そして三月に到った新羅の使節によって、いち早く倭《わ》国にもたらされた。倭国からも早速に三国（『日本書紀』では「任那《みまな》」にも）に使者が派遣され、情勢の把握に努めた。

また、蘇我蝦夷《えみし》は百済の義慈王によって追放された百済の王族とその従者を「畝傍《うねび》の家」に呼んで国際情勢を聞き出し、かれらを「百済の大井《おおい》の家」に移住させた。この「百済の大井」というのは先年まで舒明のいた大倭《やまと》の百済大井宮か、河内《かわち》国錦部《にしごり》郡百済郷（現大阪府河内長野市太井《おおい》）または河内飛鳥の太子町大井のどれかであろうが、いずれにしても蝦夷は彼らを倭王権の中枢か蘇我氏の河内における地盤に置いたわけであり、その優遇ぶりが窺える。こういった措置は百済本国の怒りを買うことにもなろうが、蝦夷としては百済寄りのみに偏った外交方針ではなく、三国それぞれと等距離を置いた外交を志向していたのであろう（武光誠『蘇我氏の古代史―謎の一族はなぜ滅びたのか』）。

蘇我氏「専横」記事

この頃、蝦夷の子の蘇我入鹿《いるか》が、蝦夷を凌《しの》ぐ勢威を振るっていた。すでに皇極元年（六四二）正月の皇極即位の記事の直後に、蘇我臣蝦夷を以《も》て大臣とすること、故《もと》の如《ごと》し。大臣の児《こ》入鹿〔更《また》の名は鞍作《くらつくり》。〕、自ら国の政《まつりごと》を執《と》りて、威《いきおい》父より勝《まさ》れり。是《これ》に由《よ》りて、盗賊《ぬすびと》恐懾《おじひし》げて、路《みち》に遺《おちもの》拾《と》らず。

という記事が見える。後半部分は『史記《しき》』をはじめとして『漢書《かんじょ》』『後漢書《ごかんじょ》』など多くの漢籍に見られる修辞であるが、蝦夷の長子である入鹿が早くから父を上まわる権力を発揮していたことは確かなのであろう。

このあたりから、皇極紀には蘇我氏の「専横」を語る記事が頻出する。もちろん、乙巳《いっし》の変を正当化するという『日本書紀』編者の意図に基づくものなのであるが、漢籍の修飾を取り除いた下からは、一定の史実も復元できる。これから慎重に見極めていくこととしよう。

まず、皇極元年のこととして、次のような記事が載せられている。

是歳《ことし》、蘇我大臣蝦夷、己《おの》が祖廟《おやのまつりや》を葛城《かずらき》の高宮《たかみや》に立てて、八佾《やつら》の儛《まい》をす。遂《つい》に歌を作りて曰《い》はく、

大和《やまと》の　忍《おし》の広瀬《ひろせ》を　渡らむと　足結手作《あよいたづく》り　腰作らふも

蘇我氏が父祖の地である葛城の高宮に祖廟《そびょう》（祖先を祀《まつ》る御霊屋《みたまや》）を造り、臣下が行なって

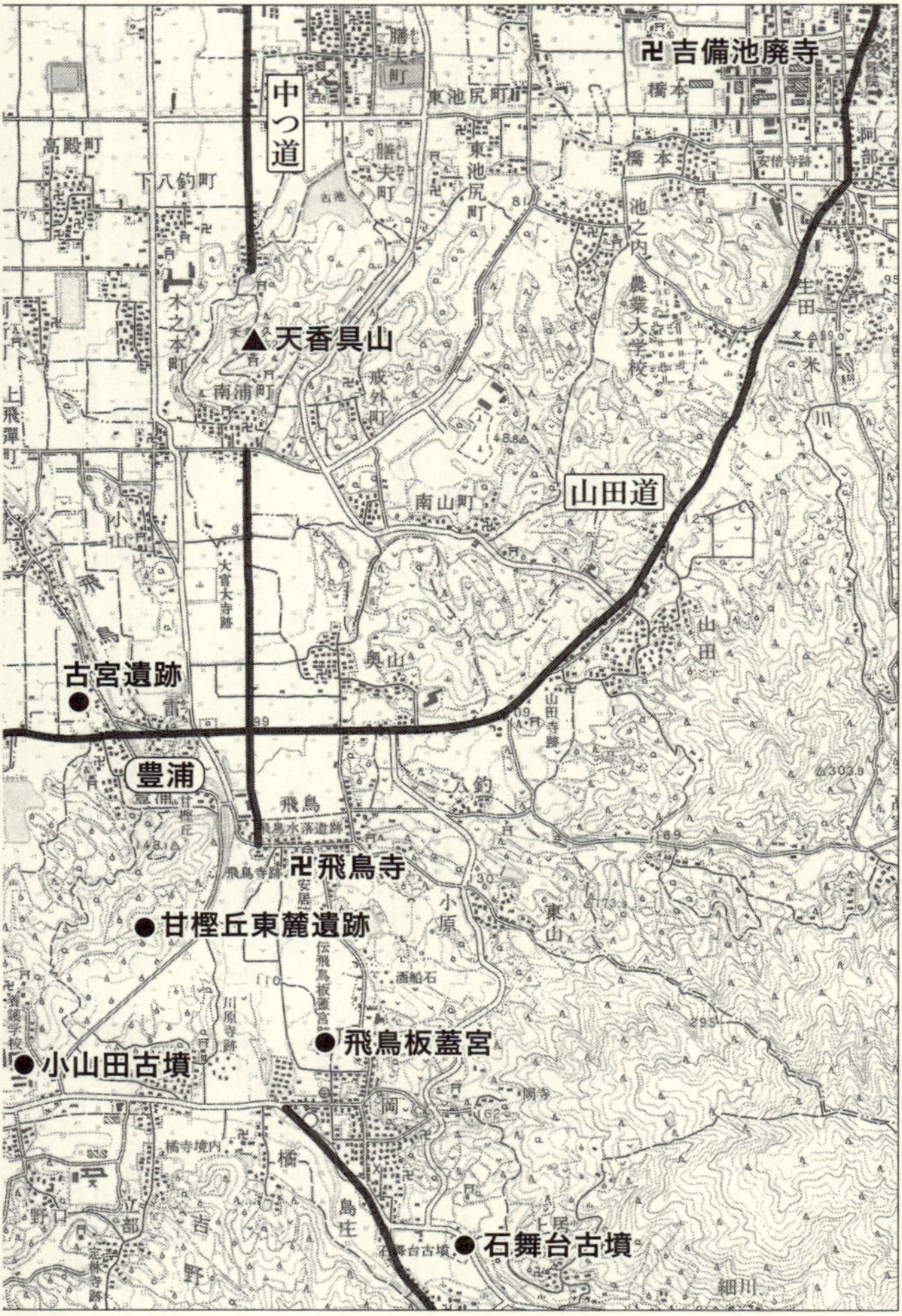
吉備池廃寺
中つ道
天香具山
山田道
古宮遺跡
豊浦
飛鳥寺
甘樫丘東麓遺跡
飛鳥板蓋宮
小山田古墳
石舞台古墳

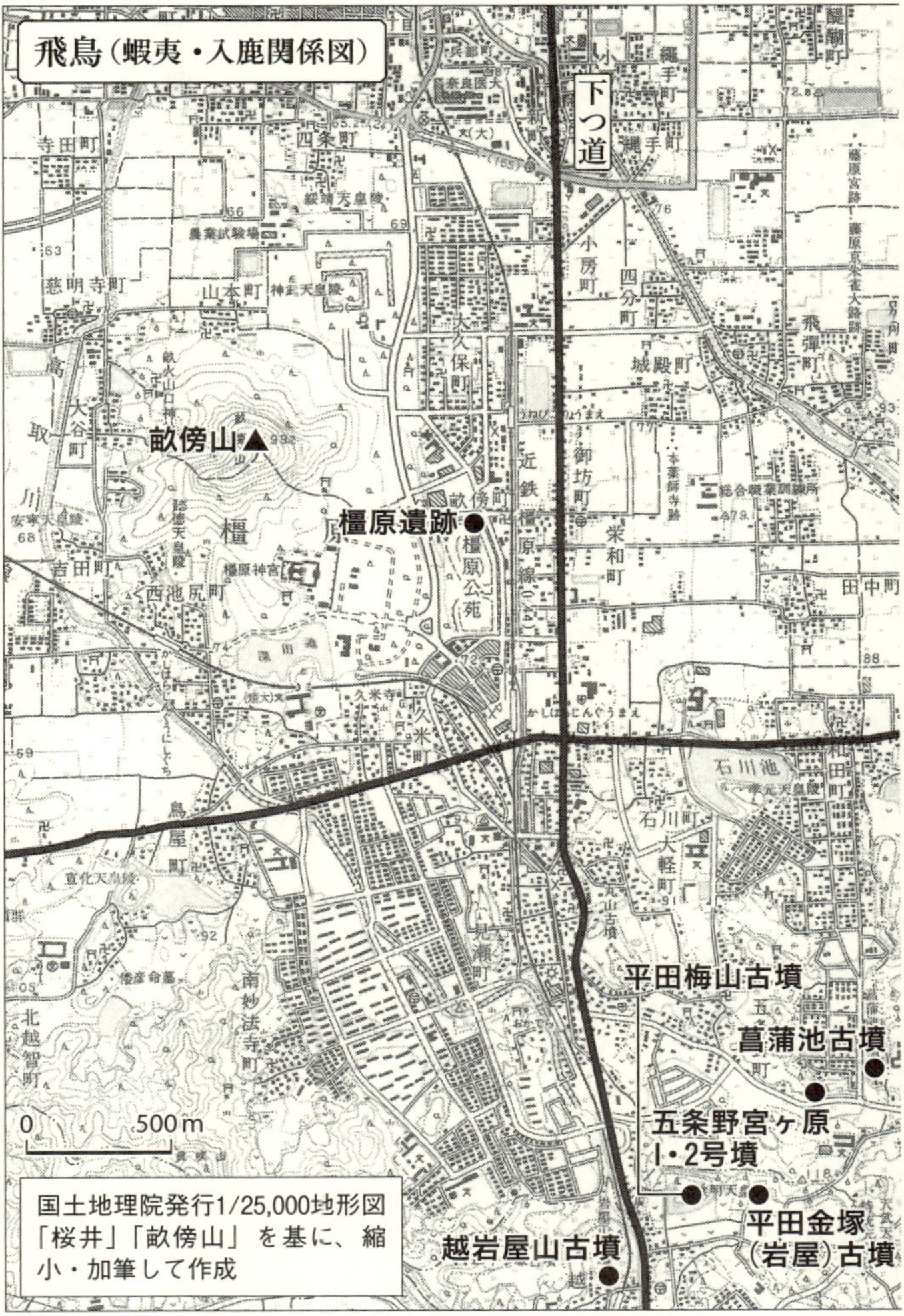
飛鳥（蝦夷・入鹿関係図）
下つ道
畝傍山
橿原遺跡
平田梅山古墳
菖蒲池古墳
五条野宮ヶ原
1・2号墳
平田金塚
（岩屋）古墳
越岩屋山古墳
0　500 m
国土地理院発行1/25,000地形図
「桜井」「畝傍山」を基に、縮
小・加筆して作成

はならないとされる（『論語《ろんご》』八佾篇）八佾の舞を舞わせたというのである。葛城の高宮というのは現御所市大字森脇《もりわき》・宮戸《みやど》から名柄《ながら》あたりのことで、森脇には葛城の中心である葛城《かずらきの》一言主《ひとことぬし》神社が鎮座し、名柄では五世紀後半の豪族居館を伴う名柄遺跡が発掘されている。八佾の舞云々が漢籍による修飾とすると、これは単に蝦夷が父祖の地で祖先を祀る祭祀《さいし》を行なったことを示す記事に過ぎない。最後の和歌も、装束を整えて葛城川《かずらきがわ》を忍海《おしみ》（現葛城市忍海）の地で渡ろうというだけの意味しかないものと考えるべきであろう。

次いで載せられているのは、蝦夷と入鹿が自分たちの寿墓《じゅぼ》を造営したというものである。

又尽《ふつく》に国挙る《くにこぞ》民、并《あわせ》て百八十部曲《ももあまりやそのかきのたみ》を発《おこ》して、預《あらかじ》め双墓《ならびのはか》を今来《いまき》に造る。一つをば大陵《おおみささぎ》と曰《い》ふ。大臣の墓とす。一つをば小陵《こみささぎ》と曰ふ。入鹿臣の墓とす。望《ねが》はくは死《みまか》りて後に、人を労《いたわ》らしむること勿《まな》。更に悉《ことごとく》に上宮《かみつみや》の乳部《みぶ》の民を聚《あつ》めて〔乳部、此をば美父《みぶ》といふ。〕、塋兆所《はかどころ》に役使《つか》ふ。是に、上宮大娘姫王《かみつみやのいらつめのみこ》、発憤《むつか》りて歎《なげ》きて曰はく、「蘇我臣、専国《たくめ》の政を擅《ほしきまま》にして、多《さわ》に行無礼《いやなきわざ》す。天に二つの日無く、国に二の王《ふたり》無し。何に由りてか意《こころ》の任《まま》に悉《ことごとく》に封《よさ》せる民を役《つか》ふ」といふ。茲《これ》より恨《うらみ》を結びて、遂に倶《とも》に亡《ほろぼ》されぬ。

みずからの墓を「陵《みささぎ》」と呼んだこと、国中の民・部曲・上宮の壬生部《みぶべ》を造営に使役したことが不敬にあたるという文脈なのであるが、はたして実際に起こったことなのであろうか。存命中に寿墓を造営するというのは、それこそ「死後に人を煩わせることのないようにと望んだ」という配慮であろうし（当然のこと、馬子《うまこ》の事例が念頭にあったであろう）、後半に出てくる上宮大娘姫王（厩戸王子《うまやとのみこ》の女《むすめ》で山背大兄王妃の舂米女王《つきしねのひめみこ》か）の怒りというのも、『呉志《ごし》』や『礼記《らいき》』『晋書《しんしょ》』などの漢籍がふんだんに引用されて、しかも翌年の上宮王家滅亡と一連の原史料《げんしりょう》に基づいて作られた記事と考えられる。そもそも、若年の入鹿が自分の墓を造るというのも不審である。やがて来る横死の予兆記事なのかもしれない。

なお、蝦夷と入鹿が今来に造営した双墓については、古くから御所市古瀬《こせ》の水泥南《みどろみなみ》古墳（径一四mの円墳）と水泥塚穴《みどろつかあな》古墳（水泥古墳、径二〇mの円墳）とされていたが、これらは六世紀末から七世紀初頭に造営されたものと推定され、年代が合わない。蘇我氏の墓が円墳というのも不自然である。また、今来というのは後の高市《たかいち》郡檜隈《ひのくま》郷であるから、この双墓も飛鳥近辺の地に求めるべきであろう。

平田金塚《ひらたかなづか》（岩屋《いわや》）古墳（一辺五〇mの方墳）と越岩屋山《こしいわややま》古墳（一辺四五mの方墳）と考える説（増田一裕「見瀬丸山古墳の被葬者」）や、平田梅山《ひらたうめやま》古墳（現欽明陵）を蝦夷の墓、その東にある陪塚《ばいちょう》の平田金塚（岩屋）古墳を入鹿の墓とする説（前田晴人「蘇我蝦夷・入鹿の「双墓」について」）もある。近年話題になった小山田《こやまだ》古墳（一辺七〇mの方墳）を、舒明の滑谷岡《なめはざまのおかの》陵《みささぎ》と考えるよりも蓋然性が高いということで、その西にある菖蒲池古墳《しょうぶいけ》（一辺三〇mの方墳）と共に双墓と考える説も話題になった。小山田古墳が未完成の「大陵」で、「小陵」として造られた菖蒲池古墳の二つの家形石棺が実際に葬られた蝦夷・入鹿の墳墓という考えもある（前園実知雄氏のご教示による）。

しかしそれよりも、二〇〇〇年に菖蒲池古墳の一五〇mほど南西の現橿原市菖蒲《しょうぶ》町で宅地造成に伴う発掘調査が行なわれ、東西に並んだ二つの大型横穴式石室（全長約一二m、玄室長約五・五m、幅約二・五m）が発見された五《ご》条野宮ヶ原《じょうのみやはら》1・2号墳（七世紀中葉の造営。1号墳が推定一辺約三〇m、2号墳が一辺約二五mの方墳。墳丘はすでになく、石材もおそらく高取《たかとり》城の石垣に転用されていた）こそ、蝦夷と入鹿の墓に相応《ふさわ》しいであろう（竹田政敬「五条野古墳群の形成とその被葬者についての臆測」）。

小山田古墳と甘樫丘

この古墳の発見は何故かほとんど報道もされないまま、住宅分譲地として造成された。あと一〇〇mも東に寄っていたら、というか市境がもう少し西にあってこの古墳が明日香村に含まれていたら、このような事態にはならなかったはずである。現地に立つと、返す返すも死後にも残念な蘇我氏という印象が強くこみ上げてくる。

次に蘇我氏「専横」記事が載せられているのは、皇極二年（六四三）十月紀である。

蘇我大臣蝦夷、病に縁《よ》りて朝《つかえまつ》らず。私に紫冠《しかん》を子入鹿に授けて、大臣の位に擬《なずら》ふ。復其《またそ》の弟（第か）を呼びて、物部《もののべ》大臣と曰ふ。大臣の祖母は、物部弓削大連《ゆげのおおむらじ》の妹《いろど》なり。故母《かれいろは》が財《ちから》に因《よ》りて、威《いきおい》を世に取れり。

五条野宮ヶ原１・２号墳跡

蝦夷が「私に」、これを「ひそかに」と訓《よ》むか「私的に」と説くかで解釈が変わってくるが、とにかく非公式に紫冠を入鹿に授け、大臣（オホマヘツキミ）とした。その弟も「物部大臣」と呼んだとあるが、この人物はこの後は史料に出てこない。何らかの史料の混乱か、『日本書紀』の創作であろう。あるいは邸第のことかもしれない。

ただ、大臣の職位（ツカサ）は大王から拝命される必要があるものであるが、蘇我氏内部の氏上《うじのかみ》の継承は、あくまで氏族内部の問題である。冠位《かんい》十二階から独立した存在である紫冠は、蘇我氏内部で継承したとしても、何ら問題はなかったのである（遠山美都男『蘇我氏四代』）。『日本書紀』としては蝦夷が大王の権威を冒して私的に冠位と職位の拝命を行なったという文脈なのであろうが、事実としては、これを蘇我氏の「専横」と考えるのは誤りであろう。

　最後に、皇極三年（六四四）十一月のこととして、次の記事が載せられている。

　蘇我大臣蝦夷・児《こ》入鹿臣、家を甘檮岡《あまかしのおか》に双《なら》べ起《た》つ。大臣の家を呼びて、上《うえ》の宮門《みかど》と曰ふ。入鹿が家をば、谷《はさま》の宮門〔谷、此をば波佐麻《はさま》と云《い》ふ。〕と曰ふ。男女を呼びて王子《みこ》と曰ふ。家の外に城柵《きかき》を作り、門の傍《ほとり》に兵庫《つわものぐら》を作る。門毎《ごと》に、水盛《い》るる舟一つ、木鉤《きかぎ》数十を置きて、火の災に備ふ。恒《つね》に力人《ちからひと》をして兵《つわもの》を持ちて家を守らしむ。大臣、長直《ながのあたい》をして、大《おお》丹穂山《にほやま》に、桙削寺《ほこぬきでら》を造らしむ。更《また》家を畝傍山《うねびやま》の東に起つ。池を穿《ほ》りて城《き》とせり。庫《つわものぐら》を起てて箭《や》を儲《つ》む。恒に五十の兵士《いくさびと》を将《い》て、身に繞《めぐ》らして出入す。健人《ちからひと》を名づけて、東方《あずま》の儐従者《しとべ》と曰ふ。氏氏の人等、入りて其の門に侍《はべ》り。名づけて祖子孺者《おやのこわらわ》と曰ふ。漢直《あや》等、全《もは》ら二つの門に侍り。

蝦夷と入鹿が甘樫丘《あまかしのおか》（現明日香村豊浦から川原）に邸第を並べ建て、これを「上の宮門」「谷の宮門」と称したというものである。また、蝦夷の畝傍山の東の家（豊浦寺《とゆらでら》と同笵《どうはん》の瓦が出土した現橿原市大久保《おおくぼ》町の橿原遺跡か）も含め、これらを武装化したというのも、不敬として語られているのであるが、「宮門」や「王子」という呼称を『日本書紀』の文飾として除けば、これらを蘇我氏の専横を示す記事と考える必要もない。

甘樫丘東麓遺跡

緊迫の度を増している東アジア国際情勢を考えれば、国政を執る蝦夷や入鹿が、飛鳥の西方の防御線である甘樫丘や、飛鳥への入口である畝傍山東山麓の防備を固めるということは、執政者として当然の措置である。『日本書紀』編者としては、「板蓋宮《いたぶきのみや》を見下ろし、それを宮門と僭称《せんしょう》する不敬な蘇我氏」という文脈でこの記事を載せたのであろうが、その意図を除いてみれば、蘇我氏主導による国防強化という政策が浮かび上がるのである。

この邸第は、甘樫丘の南東山麓の谷で発掘調査が続いている甘樫丘東麓《あまかしのおかとうろく》遺跡が、その一部なのであろう。七世紀後半から末にかけて大規模な土地の造成が行なわれ、七世紀中頃の大量の焼土《しょうど》層（建築部材や壁土）が存在することがわかっている。何棟かの掘立柱《ほったてばしら》建物跡や塀跡・大規模な石垣も発見されている。出土した炭化材は放射性炭素年代測定の結果、六〇五〜六四五年のものであることがわかった。

「谷の宮門」のほうを、豊浦集落のすぐ西、甘樫丘から北西に延びる支脈間の谷間に想定する考えもある（木下正史「飛鳥の都市景観」）。そうするとこちらは、軽《かる》方面から飛鳥に入る最重要ルートの正面を防御したものということになる。幸い全山が明日香村に所在しているので破壊されることもないであろうから、いずれ邸第の主体部が発見されることを期待したい。

なお、この地から直接、板蓋宮の中枢部を見下ろすことはできない。

『日本書紀』編者としては、「大化改新」こそ、律令制国家建設の直接的な起点として語らねばならなかった。その際の中大兄王子《なかのおおえのみこ》の敵対者として、その実像以上に反王権の立場で描かれたのが、蝦夷と入鹿、特に入鹿であった。『日本書紀』の皇極紀に描かれている様々な不敬行為は、いずれも『日本書紀』編者、極言すれば高天原広野姫《たかまのはらひろのひめ》（持統《じとう》）天皇と藤原不比等《ふじわらのふひと》の主張に基づくものであろう。

ここで入鹿の実像について触れておこう。入鹿は蝦夷の長子であることが、『藤氏家伝《とうしかでん》 上(鎌足伝《かまたりでん》)』に「宗我太郎《そがのたいろう》」、『上宮聖徳法王帝説《じょうぐうしょうとくほうおうていせつ》』に「林《はやし》太郎」、『日本書紀』の皇極紀に「君大郎《きみたいろう》」と見えることから明らかである。この内、「林太郎」の「林」が建内宿禰《たけしうちのすくね》系譜の波多八代宿禰《はたのやしろのすくね》を祖とする林臣《はやしのおみ》によるものか、単なる地名なのかは、明らかではない。

入鹿はまた、『藤氏家伝 上』や『日本書紀』の皇極紀では「鞍作《くらつくり》」とも表記されている。鞍作というのは、かつて仏師鞍作鳥《ぶっしくらつくりのとり》を出した渡来系氏族の鞍作村主《すぐり》にちなむものと思われるが、入鹿との関係は不明である。

入鹿の実像を語るのは、むしろ『藤氏家伝 上』に見える、舒明二年(六三〇)に唐から帰国した旻《みん》(日文《にちもん》)法師が『周易《しゅうえき》』を講じる「堂」において、中臣鎌足《なかとみのかまたり》に語ったという次の言葉であろう。

吾が堂に入る者、宗我太郎(入鹿)に如《し》くは無し。但《ただし》、公(鎌足)、神識奇相《しんしょくきそう》にして、実に此の人に勝れり。願はくは深く自愛せよ。

鎌足の功績を賞揚するために著述された『藤氏家伝』でさえ、入鹿の能力は特筆せざるを得なかったのである。また、鎌足が遅れて「堂」に入ってきた際の入鹿の行動も、「大臣

（鎌足）、後れて至るに、桉作《くらつくり》（入鹿）、起立《た》ちて杭礼《こうれい》して倶《とも》に坐《い》き」と記されている。「あの専横を極めた入鹿でさえ一目を置いた偉大な鎌足公」という文脈であることは明らかなのであるが、それでもやはり、入鹿の学識と人物が優れていたこと、そして旻（日文）から最新の統治技術や国際情勢を積極的に学んでいた人物であったことを推測することは可能であろう（門脇禎二『蘇我蝦夷・入鹿』）。

　このまま入鹿が政権を維持し続け、その主導で完成するかもしれなかった日本古代国家や天皇制がいかなるものであったか、想像すると興味は尽きないところである。

上宮王家の討滅

　蝦夷から権力を委譲された入鹿は、その直後、山背大兄王《やましろのおおえのみこ》をはじめとする上宮王家《じょうぐうおうけ》の討滅を行ない、古人大兄王子《ふるひとのおおえのみこ》の擁立を目指したことになっている。

「蘇我臣入鹿、深く上宮の王等の威名《いめい》ありて、天下に振《ましま》すことを忌《にく》みて、独り僭《ひとところ》ひ立たむことを謀《はか》る」というのは、上宮王家側の原史料の主張であって、すでに舒明王子の中での蘇我系王統嫡流（古人大兄王子）と非蘇我系王統嫡流（葛城王子）との大王位継承争いが目前に迫っていたであろうこの時期、旧嫡流蘇我系王統の二世王や三世王というのは、ほとんどの支配者層にとっては、「旧世代の遺物」と認識されていたはずである。

斑鳩寺跡

『日本書紀』では入鹿の単独行動であるかのように記しているが、『上宮聖徳太子伝補闕《じょうぐうしょうとくたいしでんほけつ》記《き》』や『聖徳太子《しょうとくたいし》伝暦《でんりゃく》』では軽王《かるのみこ》（後の天万豊日《あめよろずとよひ》〔孝徳《こうとく》〕）の関与を語り、『藤氏家伝 上』では「諸皇子」を糾合して斑鳩宮を襲ったと記されている。将軍となった巨勢徳太《こせのとこだ》は、改新政府で左大臣に拝されるほどの有力マヘツキミであった。『日本書紀』としては、「偉大な聖徳太子の後継者を独力で滅ぼした邪悪な入鹿」という人物像を作り上げる必要があったのである。

上宮王家は皇極二年（六四三）十一月に滅亡するのであるが、その間の経緯で興味深いのは、蘇我氏内部の動静である。山背大兄王が生駒《いこま》山中に隠れていることを知った入鹿が同族の高向国押《たかむこのくにおし》に追討を命じると、国押は王宮の守護が最優先であると主張して、これを拒否した。入鹿がみずから征討に赴こうとすると、古人大兄王子が、「鼠《ねずみ》は穴に伏《かく》れて生き、穴を失ひて死ぬ」と言って諫《いさ》めた。本拠を離れてはいけないという主張なのであるが、鼠に喩《たと》えられたのが入鹿なのか古人大兄王子なのかは、今となってはわからない。

また、山背大兄王が滅ぼされたことを聞いた蝦夷が怒り罵り、「噫《あ》、入鹿、極甚《はなは》だ愚癡《おろか》にして、専行暴悪《たくめあしきわざ》す。儞《い》が身命《いのち》、亦殆《またあやう》からずや」と言ったと伝える。やがて訪れる乙巳の変の前兆としての意味を持つ言葉ではあろうが、蘇我氏本宗《ほんそう》家内部でも意見の齟齬《そご》が露《あら》わになってきていることが窺える。

中臣鎌足の選択

上宮王家の討滅が、入鹿による近い将来の古人大兄王子の擁立への第一段階であることは明らかであった。そしてその第二段階で障碍《しょうがい》となるのが葛城王子（中大兄王子）であることも、誰の目にも明らかとなったのである。

入鹿は、権臣《ごんしん》個人が傀儡《かいらい》王を立てて独裁権力を振るうという、高句麗と同じ方式の権力集中を目指していたことになる。激動の東アジア国際情勢に対処するには、一見するとこれがもっとも効率的な方式に見えたのであろう。

一方、唐から帰国した留学《るがくしょう》生や学問僧から最新の統治技術を学んだ者の中からは、国家体制を整備し、その中に諸豪族を編成することによって、官僚制的な中央集権国家を建設し、権力集中を図ろうとする動きが興った。その際、有力王族が権力を掌握し、それを権臣が補佐する、そして有力氏族の代表による合議体が存在するという方式も、新羅と共通するものであった（石母田正『日本の古代国家』）。

共に唐の最新統治技術を学んでいた入鹿と葛城王子、それに鎌足は、いずれが主導権を握って国際社会に乗り出すかで、抜き差しならない対立関係に踏み込んでしまったのである。そして鎌足が選んだのは、葛城王子および官僚制的中央集権国家のほうであった。

元々、『日本書紀』によれば皇極三年、『藤氏家伝 上』によれば「崗本《おかもと》天皇（舒明）の御宇《みよ》の初め」、神祇伯《じんぎはく》（神祇を分掌するマヘツキミのことか）に拝されようとしたものの、これを固辞して摂津《せっつ》の三島《みしま》に退去していた鎌足であったが、はじめ軽王、次いで葛城王子に接近した。実際にも、『日本書紀』が、「蘇我臣入鹿が、君臣長幼の序《ついで》を失ひ、社稷《くに》を闚闟《うかが》ふ権《はかりこと》を挟《わきばさ》むことを憤《いく》み、歴試《つた》ひて王宗《きみたち》の中に接《まじわ》りて、功名《いたわり》を立つべき哲 主《さかしききみ》をば求む（蘇我臣入鹿が君臣長幼の序をわきまえず、国家をわがものにする野望をいだいていることを憤り、つぎつぎと王家の人々に接触し、企てをなしとげるに足る英明の主を求めた）」と描くような状況だったのであろう。

そして蘇我倉《そがのくら》氏の蘇我倉山田石川麻呂《くらやまだのいしかわまろ》が「桜作と相ひ忌《にく》むことを知り」（『藤氏家伝 上』）、石川麻呂の長女を葛城王子の妃として、両者を結び付けようとした。蘇我氏内部において、蝦夷から入鹿への大臣の継承を快く思っていない勢力が存在することを、鋭く見抜いていたのである。ところが、石川麻呂の長女は婚姻の日に「族《やから》」（石川麻呂の弟の日向《ひむか》〔身刺《むざし》〕）に偸《ぬす》まれてしまった。この事件によって、各々の系統に分裂していた蘇我氏内部の抗争がますます露わになったことになるが、結局、次女の遠智娘《おちのいらつめ》が葛城王子の妃となり、後に大田王女《おおたのひめみこ》・鸕野王女《うののひめみこ》（後の持統）・建王子《たけるのみこ》の三人を産むことになる。なお、この婚姻は『日本書紀』の語る皇極三年よりも数年前のことであったと推測する考えもあり、そうすると鎌足の動きは、上宮王家討滅以前からすでに始まっていたことになる（加藤謙吉『蘇我氏と大和王権』）。

また、軽王の妃は筆頭マヘツキミである阿倍内麻呂《あべのうちまろ》の女《むすめ》の小足媛《おたらしひめ》であった。軽王を味方に付けることによって、内麻呂を通して多くのマヘツキミ層を自己の陣営に引き込むことができたものと思われる。段々と政変の主役が揃《そろ》ってきたのである。

三、乙巳の変と本宗家の滅亡

入鹿の誅殺

皇極《こうぎょく》四年（六四五）に起こったクーデターは、一般には葛城王子《かずらきのみこ》（中大兄王子《なかのおおえのみこ》、「蘇我氏濃度」0）が蘇我蝦夷《えみし》・入鹿《いるか》といった蘇我氏本宗《ほんそう》家を倒すことを目的としたものと考えられている。しかし、これまでの大王位継承の流れから考えてみると、同時に葛城王子の標的が蘇我系王統嫡流《ちゃくりゅう》の古人大兄王子《ふるひとのおおえのみこ》（「蘇我氏濃度」二分の一）にもあったことは明らかである。

また、大臣（オホマヘツキミ）蝦夷の後継者が入鹿となったことに対する、蘇我氏同族の氏上《うじのかみ》争いといった側面も見られる。むしろ、中臣鎌足《なかとみのかまたり》が氏上と大臣の座を餌に、蘇我倉《そがのくら》氏の石川麻呂《いしかわまろ》と阿倍《あべ》氏の内麻呂《うちまろ》を誘い込んだと解釈すべきであろう。

「乙巳《いっし》の変」と呼ばれるクーデターは、『日本書紀』と『藤氏家伝《とうしかでん》 上』それぞれに、漢籍をちりばめた文飾を施した名場面が描かれている。以下、これらの文飾を取り除いたうえで、クーデターの経緯をたどってみよう。六月十二日、「三韓進調《さんかんしんちょう》」（『藤氏家伝 上』では「三韓上表《じょうひょう》」）という儀が、『日本書紀』によると「大極殿《だいごくでん》」で行なわれた（『藤氏家伝 上』には場所の記載なし）。古人大兄王子も天豊財重日足姫《あめとよたからいかしひたらしひめ》（皇極）の傍らに伺候《しこう》していたというが、むしろこちらが主要な標的として呼び寄せられたのかもしれない。

この儀は『藤氏家伝 上』によれば、中大兄王子（葛城王子）が「詐《いつわ》りて」皆に知らせたものとある。このクーデターの後の七月十日に高句麗《こうくり》・百済《ひゃくさい》・新羅《しんら》三国からの「進調」の記事が見えるので、実際に三国からの使者は倭《わ》国に到っていたのであろう。外交を担当していた大臣である入鹿は、まんまと乗せられてしまったことになる。

飛鳥宮内郭正殿故地

なお、「大極殿」というのは天渟中原瀛真人《あまのぬなはらおきのまひと》（天武《てんむ》）天皇の飛鳥浄御原宮《あすかきよみがはらのみや》（飛鳥宮跡内郭《ないかく》上層の第Ⅲ－B期遺構）のエビノコ郭正殿《せいでん》以降のものであり（林部均『飛鳥の宮と藤原京』）、これは飛鳥宮跡内郭中層の第Ⅱ期遺構正殿（未検出）のことであろう。皇極がここに出御《しゅつぎょ》し、「進調」の儀が執り行なわれたのであろうが、入鹿が殺害されたのは、その前庭でのことであった。

刺客に選ばれたのは、中臣鎌足が推挙した佐伯子麻呂《さえきのこまろ》と葛城稚犬養網田《かずらきのわかいぬかいのあみた》であった。佐伯氏は大伴《おおとも》氏の同族で、軍事で王権に仕えた氏族、稚犬養氏は元々は犬の資養で王権に仕え、内蔵《うちのくら》の管理にもあたった氏族であるが（黛弘道「犬養氏および犬養部の研究」）、「葛城」を冠しているところを見ると、葛城地方に居住していた集団であろうか。これも本来は蘇我氏の影響下にある集団から、反本宗家の動きが出てきたことになる。

いずれの氏族も、後の宮城十二門の守衛にあたる門号氏族《もんごうしぞく》であり、『日本書紀』に「中大兄、衛門府《ゆけいのつかさ》に戒めて、一時《もろとも》に倶《とも》に十二の通門《みかど》を鏁《さしかた》めて、往来《かよ》はしめず」とあるように宮城門を封鎖したというのも、これらの氏族の協力あってのことであろう（加藤謙吉『蘇我氏と大和王権』）。

石川麻呂が上表文を読み上げ終わりかけていた頃、中大兄王子が入鹿に突進し、剣で頭と肩を斬り割いた。入鹿が立ち上がると、子麻呂が片脚を斬った。

『日本書紀』も『藤氏家伝　上』も、この後、入鹿が皇極の座に転がり就いて、自分が何の罪で誅《ちゅう》されるのかを聞き、中大兄王子が皇極の下問を承《う》け、「鞍作《くらつくり》、天宗《きみたち》を尽《つく》し滅《ほろぼ》して、日　位《ひつぎのくらい》を傾けむとす。豈《あに》天孫《あめみま》を以て鞍作に代へむや（鞍作は皇族を滅ぼしつくし、皇位を絶とうとしております。鞍作のために天孫〔皇族〕が滅びるということがあってよいものでしょうか）」と答えたことになっている。皇極が宮殿の中に入った後、子麻呂と網田が入鹿を斬り殺したと続く。入鹿の屍《かばね》は雨で水浸しになった前庭に置かれ、席《むしろ》（敷物）や障子《しとみ》（屏風《びょうぶ》）で覆われたとある。

しかし、有名なこの場面は、『日本書紀』や『藤氏家伝　上』の原《げん》史《し》料《りょう》の段階で作られた創作であろう。「天宗を尽し滅す」というのは山背大兄王《やましろのおおえのみこ》や上宮王家《じょうぐうおうけ》の討滅を指すのであろうが、それとみずからが天孫《てんそん》（天照大神《あまてらすおおみかみ》の子孫、すなわち大王《だいおう》家）と替わろうという野望を懐《いだ》いていたと短絡させるのは、どう考えても論理的ではない。『日本書紀』において、斬られた入鹿が開口一番、「当《まさ》に嗣　位《ひつぎのくらい》に居《まし》ますべきは、天子《あめのみこ》なり（皇位にあられるべきお方は、天の御子でございます)」などと訴えるのも変な話で、要するに「皇位簒奪《さんだつ》を企てた逆臣蘇我氏」と、「それを誅殺《ちゅうさつ》した偉大な中大兄王子とそれを助けた忠臣中臣鎌足」という図式で、このクーデターを描こうとしているのである。

入鹿としてみれば、権力を自己に集中させ、飛鳥《あすか》の防衛に腐心して激動の東アジア国際情勢に乗り出そうとしていた矢先に、いきなり斬り殺されてしまったことになる。斬られた後に叫んだという、「臣《やつがれ》罪を知らず(私が何の罪を犯したというのでございましょう)」という言葉は、本当に発したものかどうかはともかく、まさに入鹿の思いを象徴したものであろう。

古人大兄王子の脱出

古人大兄王子は皇極の側《そば》に侍していたが、この惨劇を見て現場を脱出し、私邸に走り帰った。中大兄王子が入鹿の殺害にことのほか手間取ってしまったことによるものであろう。そして「韓人《からひと》、鞍作臣を殺しつ。吾《わ》が心痛し」と言って寝室に入り、門を閉じて出てこなかった。その動静は『日本書紀』にのみ語られている。

古来、この言葉は難解なものとされており、『日本書紀』編者も、「韓政《からひとのまつりごと》に因《よ》りて誅《つみ》せらるるを謂《い》ふ」という本注を付けている。しかしこれも、「韓人の政事によって誅殺された」といっても、何のことやらよくわからない。その背景に、対朝鮮政策をめぐる路線対立があったと考える説もあったりするのだが、私はそれほど難しく考える必要はないと思っている。

古人大兄王子としては、まさか殺人犯が葛城王子であったと公言できるはずもなく、儀式の場に列席していた三韓の使節が入鹿を殺したという虚偽の言葉を語ったと考えてはどうであろうか。あるいは高句麗風（泉蓋蘇文《せんがいそぶん》的）の惨劇とでもいったところであろうか。

いずれにしても、たとえ傀儡であるにせよ自分を大王位に即《つ》けてくれるはずの蘇我氏本宗家が滅びてしまった以上、古人大兄王子の命運は尽きてしまったと言わざるを得ない。自分がクーデターの標的であったことも、すぐに直感したことであろう。また、この現場で取り逃がしたとはいっても、古人大兄王子を放っておく葛城王子ではなかった。

蝦夷の滅亡

葛城王子たちは蘇我氏の氏寺《うじでら》であった飛鳥寺《あすかでら》に入り、砦《とりで》として準備すると、「諸《もろもろ》の皇子・諸王・諸卿大夫《まへつきみたち》・臣・連・伴造《とものみやつこ》・国造《くにのみやつこ》」がことごとく付き従ったとある。確かに、掘立《ほったて》柱塀《ばしらべい》で囲まれていたに過ぎない飛鳥板蓋宮《あすかいたぶきのみや》よりも、堅固な築地塀《ついじべい》で護《まも》られた飛鳥寺のほうが、砦としては相応しかったのだろう。皆が付き従ったというのも、国造は大げさであるとしても、実際にあったことであったと考えられる。

飛鳥京・飛鳥寺・甘樫丘（ミハ山から）

これはひとえに、入鹿の志向した権力集中が、支配者層内部において広範な支持を得られるような性格のものではなかったことによるものであろう。加えて、蘇我氏内部における本宗家と反本宗家の分裂も、その根底には伏在していたものと思われる。

飛鳥寺は蝦夷のいる甘樫丘《あまかしのおか》の「上の宮門《みかど》」と相対する場所に位置していた。葛城王子が入鹿の屍を蝦夷に引き渡すと、東漢《やまとのあや》氏が族党をみな集め、武装して陣を張ろうとした。葛城王子は将軍の巨勢徳陀《こせのとこだ》（徳太《とこだ》）を蝦夷邸に遣わし、東漢氏を説得させた。『日本書紀』によると、「天地開闢《あめつちひら》けてより、君臣始めて有《たも》つこと」、『藤氏家伝　上』によると、「吾が家国《くに》の事、汝《いまし》らに依《よ》らず。何為《なにすれ》ぞ天に違《たが》ひて抗《ふせ》き捍《こば》み、自ら族《うから》の滅ぶることを取る」というものである。天地開闢《てんちかいびゃく》以来の君臣秩序を説く『日本書紀』よりも、「国家の事は汝らに関わりない。どうして天に抵抗して族が滅びることを選ぶのか」という『藤氏家伝 上』の言葉のほうが現実的で、実際にこの時に語られたものに近いのであろう。

この巨勢徳陀は、一年半前に入鹿に命じられて上宮王家を討滅する将軍となった人物である。このような者でも、すでに反本宗家の立場に立っているのである。あるいは葛城王子や石川麻呂から、クーデター後の高い地位を約束されていたのかもしれない。

すると蝦夷の陣営の中にいた高向国押《たかむこのくにおし》も、東漢氏を説諭《せつゆ》した。『藤氏家伝 上』では、「吾が君太郎（入鹿）、已《すで》に誅戮《ころ》されぬ。大臣（蝦夷）も徒然《いたずら》に其の誅《ころ》されむことを待つこと決《うつな》し。誰が為《ため》に空《むな》しく戦ひて、尽く刑《つみ》せられむ」とある。国押が剣を解き弓を投げて去ると、東漢氏たちもこれに従って逃げ散った。

高向氏は蝦夷と同世代に分かれた、蘇我氏同族氏族の中でも有力な氏族である。この氏族の中から、本宗家を滅亡に導く決定的な役割を果たした者が出たことの意味は大きい。元々が河内《かわち》に地盤を有した高向氏は、本宗家とは血縁がなかった可能性もあるし、東漢氏と密接な関係を有していたのかもしれない。この国押も、一年半前に入鹿から生駒山《いこまやま》に隠れた山背大兄王《しろのおおえのみこ》の追討を命じられても従わなかった人物で、本宗家に対する対抗心も人一倍だったのであろう。後に国押は「難波朝廷《なにわのみかど》の刑部尚書《ぎょうぶしょうしょ》」に拝され、「大花上《だいかじょう》」（令制の正四位上）を賜わるほど重用されている（『続日本紀《しょくにほんぎ》』）。

いずれにしても、これで本宗家の命運は尽きた。蝦夷の最期は、『藤氏家伝 上』に十三日のこととして、「豊浦《とゆら》大臣蝦夷、自ら其の第に尽《し》にき」と見える。「氛沴《みだれ》滌《そそ》き除《はら》はれ、犲狼《おおかみ》竄《か》伏《く》りぬ。人々喜び躍《おど》り、皆万歳《ばんせい》を称《とな》へき」と続く。これによると蝦夷は自尽《じじん》したことになるが、『日本書紀』にはこのことは見えず、「蘇我臣蝦夷等、誅《ころ》されむとして、悉《ふつく》に天皇《すめらみことの》記《ふみ》・国記《くにつふみ》・珍宝《たからもの》を焼く」という独自の記事が載せられている。これだと蝦夷も誅されたと考える向きもあろうが、「誅されるのを恐れて天皇記以下を焼いた」とも解せるから、おそらくは『藤氏家伝 上』が語るように自尽を許されたのであろう。

この「天皇記・国記」は、推古二十八年（六二〇）に馬子《うまこ》と厩戸王子《うまやとのみこ》が録したとある国史《こくし》のことであるとされている。実際に国史の撰修《せんしゅう》が進んでいたのならば、やはり蘇我氏主導で行なわれた事業だったのであろう。船恵尺《ふねのえさか》が、焼かれている国記を取り出して葛城王子に献上したとある。これが史実であったとしても、後年に完成した『日本書紀』との関連は、明らかではない。

蘇我氏本宗家の滅亡

『日本書紀』によると、蝦夷と入鹿の屍を墓に葬ること、また喪葬における哭泣《こくきゅう》を許したとある。すでに高齢であった蝦夷はともかく、若年の入鹿も「小陵」を造っておいて、その死に間に合ったといったところであろうか。この二つの墓の顚末《てんまつ》については、すでに述べたところである。

さて、通常、これで蘇我氏が滅亡したと述べている論考がほとんどであった。しかし、氏（ウヂ）としての蘇我氏は、けっして滅んだりはしていない。氏（ウヂ）を構成する数多《あまた》の家の内で、これまで氏上を出していた一つの家が断絶したに過ぎないのである。そして氏上を出す家も、石川麻呂を中心とし、河内を地盤とする蘇我倉氏へと移動した。この氏を基軸として、これからの倭国の歴史は動いていくのである。

第四章　大化改新から壬申の乱へ

乙巳《いっし》の変の結果、史上初の「譲位」が行なわれ、その後に大王位に擁立されたのは、非蘇《そ》我《が》系王統庶流の軽王《かるのみこ》であった（天万豊日《あめよろずとよひ》〔孝徳《こうとく》〕、「蘇我氏濃度」0）。軽王というのは、父も祖父も即位したわけではない三世王に過ぎない。この点、前大后《おおきさき》として即位する資格を有していた天豊財重日足姫《あめとよたからいかしひたらしひめ》（皇極《こうぎょく》）とは、同母弟とはいっても同列に論じるわけにはいかないのである。

当時の慣例として、いまだ二十歳に過ぎない葛城王子《かずらきのみこ》が即位するわけにはいかず、また古人大兄王子《ふるひとのおおえのみこ》が存在する中での世代交代を避けたものと考えられよう。こうした様々な事情によって、孝徳の即位が実現したのである。

また、乙巳の変で蝦夷《えみし》・入鹿《いるか》といった蘇我氏本宗家《ほんそう》が滅亡しても、大臣（オホマヘツキミ）家としての蘇我氏の権威は揺らぐことはなかった。蘇我氏の氏上《うじのかみ》を出す家が蝦夷・入鹿といった本宗家から石川麻呂《いしかわまろ》を擁する蘇我倉《そがのくら》氏に移動したに過ぎないのである。また、蘇我氏同族氏族からもそれぞれマヘツキミが出るという、豊御食炊屋姫《とよみけかしきやひめ》（推古《すいこ》）の代以来の体制も、乙巳の変以後にも変わるところはなかった。

同様、蘇我氏出身の女性が大王《だいおう》家のキサキになることも、引き続き行なわれた。蘇我氏の血を引く王族は、奈良時代の半ばに至るまで、重要な位置を占めることになるのである。

一、大化改新以後の不動の地位

「改新政府」と蘇我氏の姻戚関係

「改新政府」は、非蘇我系王統庶流の大王天万豊日《おおきみあめよろずとよひ》（孝徳《こうとく》、「蘇我氏濃度」0）、非蘇我系王統嫡流《ちゃくりゅう》の中大兄王子《なかのおおえのみこ》（葛城王子《かずらきのみこ》、「蘇我氏濃度」0）、非蘇我系王統嫡流である息長足日広《おきながたらしひひろ》額《ぬか》（舒明《じょめい》）の大后《おおきさき》であった前大王の天豊財重日足姫《あめとよたからいかしひたらしひめ》（皇極《こうぎょく》、「蘇我氏濃度」0）、筆頭マヘツキミであった阿倍内麻呂《あべのうちまろ》、本宗《ほんそう》家に替わって蘇我氏の氏上《うじのかみ》の座に就いた蘇我倉《そがのくら》氏の倉山《くらやま》田石川麻呂《だのいしかわまろ》、中大兄王子側近の中臣鎌足《なかとみのかまたり》、ブレーンである旻《みん》（日文《にちもん》）や高向玄理《たかむこのくろまろ》によって構成された。

大化《たいか》前代の蘇我氏は、大王家と重層的な姻戚関係を結ぶことによって蘇我系王統を創出し、大王家の母方氏族となっていたのであったが、乙巳《いっし》の変の後においても、「改新政府」の王族たちは、蘇我氏の女《むすめ》を次々とキサキとし、蘇我氏とのミウチ関係を再構築した。

まず、入鹿《いるか》討滅のクーデターを計画した鎌足は、石川麻呂の女の遠智娘《おちのいらつめ》を葛城王子のキサキとして石川麻呂をクーデター勢力に引き入れた。また、おそらく乙巳の変の後のことであろうと思われるが、阿倍内麻呂の女の小足媛《おたらしひめ》と、石川麻呂の女の乳娘《ちのいらつめ》が孝徳のキサキとなった。孝徳の後宮《こうきゅう》は、中大兄王子の同母妹の間人王女《はしひとのひめみこ》を大后とし、それに左大臣阿倍内麻呂の女と右大臣蘇我石川麻呂の女が並び立つという、まさに権力の均衡の上に成立したのである。

難波宮跡

一方、中大兄王子には、先の遠智娘の他に、その妹の姪娘《めいのいらつめ》、また蘇我赤兄《あかえ》の女の常陸娘《ひたちのいらつめ》もキサキに入った。中大兄王子のキサキは、古人大兄王子《ふるひとのおおえのみこ》の女の倭女王《やまとのひめみこ》が正妃に、石川麻呂の女の遠智娘と姪娘、赤兄の女の常陸娘、阿倍内麻呂の女の橘娘《たちばなのいらつめ》が並ぶという構成であり、他に身分の低い官人や地方豪族の女である宮人《めしおんな》が数人いたが、この中でも蘇我氏所生のキサキの重要性は際立っていた。

さらに、後のことになるが大海人王子《おおしあまのみこ》も、中大兄王子と蘇我氏出身のキサキとの間に生まれた大田王女《おおたのひめみこ》と鸕野王女《うののひめみこ》（共に「蘇我氏濃度」二分の一）をキサキとした他に、赤兄の女の太蕤娘《おおぬのいらつめ》もキサキとしている。

乙巳の変で蘇我氏本宗家を倒して成立した「改新政府」の中枢である非蘇我系王族の彼らが、蘇我氏から何人もの后妃を入れているところに、蘇我氏の伝統に根ざす特異性があった。大王は一般の人々が持たない特異な霊異《れいい》を持つ存在として畿内《きない》豪族層によって承認されていたが、大王として豪族層から承認されるためには、母方の親族の地位も大きく影響していた（吉田孝『古代国家の歩み』）。とすれば、「改新政府」の王族は、新政を推進するに足るだけの存在であることを支配者層に承認されるために、母方の親族として蘇我氏を選んだことになるのである。

大化以降においてもなお、蘇我氏は大臣をはじめとする上級官人を数多く出し得る、第一級の氏族であった。特に、石川麻呂が改新政府中枢の一角を担い、蘇我氏内部が複数の系統に分裂していたということは、いくつもの系統から競ってキサキが入る原因となったものと思われる。また、蘇我氏は大化前代における唯一の大臣（オホマヘツキミ）家であったという伝統を有していた。このような伝統を有した蘇我氏の血をみずからの子孫に導入することによって、「改新政府」は支配者層全体から尊貴性を承認され、また王権と旧氏族との融和

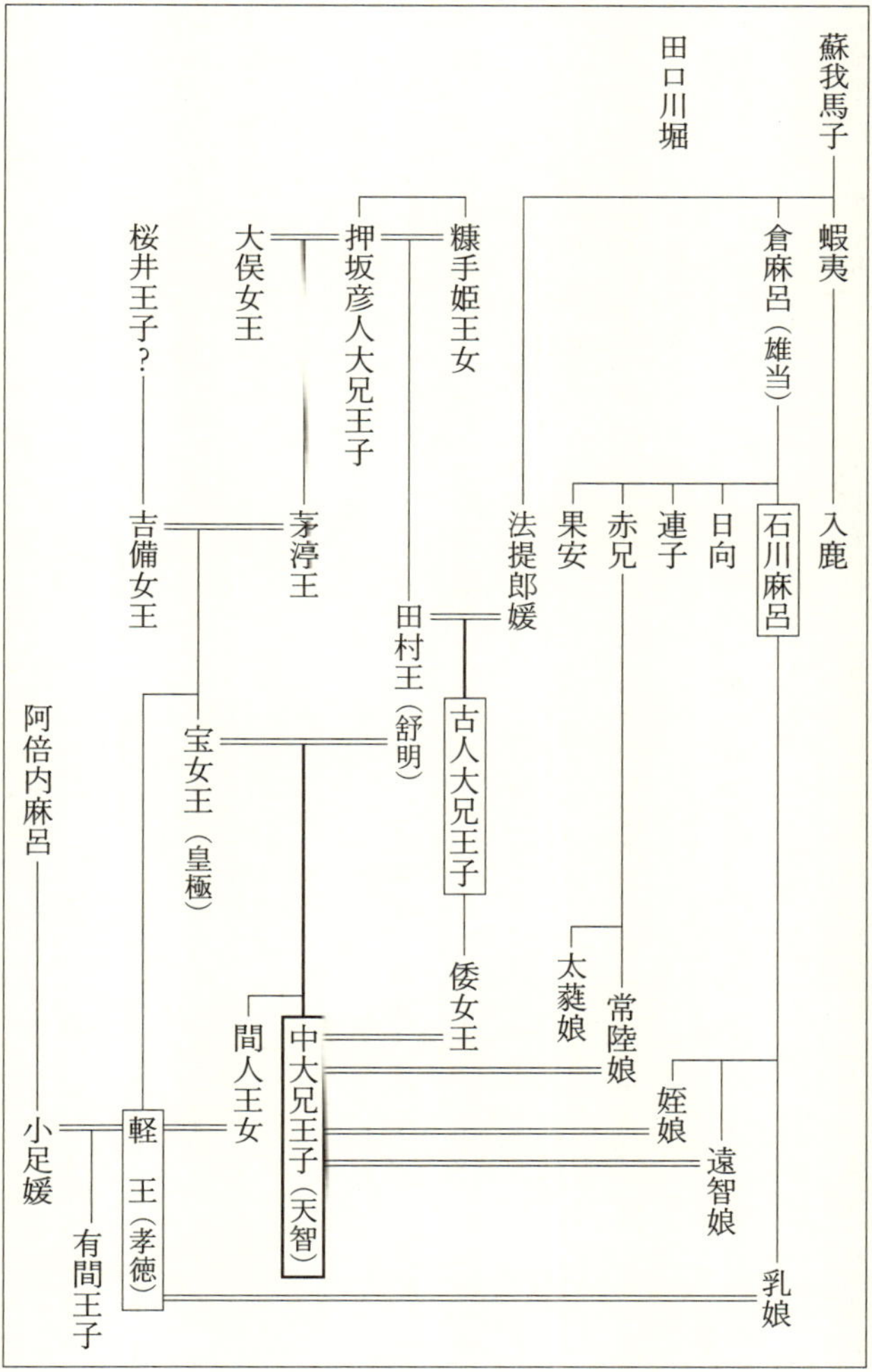
蘇我馬子
田口川堀
蝦夷
倉麻呂（雄当）
糠手姫王女
押坂彦人大兄王子
大俣女王
桜井王子？
入鹿
石川麻呂
日向
連子
赤兄
果安
法提郎媛
茅渟王
吉備女王
田村王（舒明）
古人大兄王子
宝女王（皇極）
阿倍内麻呂
太蕤娘
常陸娘
倭女王
間人王女
中大兄王子（天智）
姪娘
遠智娘
小足媛
軽王（孝徳）
有間王子
乳娘

をも可能にしたのであろう(倉本一宏「古代氏族ソガ氏の終焉」)。

以上のような地位を保持していた蘇我氏の官人の内、特に蝦夷《えみし》の弟である倉麻呂《くらまろ》(雄当《おまさ》)の子(つまり入鹿の従兄弟《いとこ》)である石川麻呂・日向《ひむか》・連子《むらじこ》・赤兄・果安《はたやす》の兄弟は、いずれも七世紀後半の宮廷史を陰に陽に彩ったのであるが、以後、これらの兄弟を軸として律令制成立期の政治史が動いていく。

古人大兄王子の討滅と蘇我田口川堀

這々《ほうほう》の体《てい》でクーデター現場という窮地を脱出し、「改新政府」発足にあたっては出家して吉野《よしの》(現奈良県吉野郡大淀《おおよど》町比曽《ひそ》の比曽寺《ひそでら》〔世尊寺《せそんじ》〕か)に入った古人大兄王子(「蘇我氏濃度」二分の一)であったが、それを見逃しておく中大兄王子ではなかった。

大化元年(六四五)九月、蘇我田口川堀《たぐちのかわほり》を筆頭とする数人の官人と共に、古人大兄王子が「謀反《むへん》」を計画しているとの密告があった。十一月に中大兄王子は兵を吉野に遣わし、古人大兄王子を討滅した。

古人大兄王子の与同者《よどう》とされた者の内、川堀を除く全員が、その後も官人として活動していることが、この事件の本質を如実に語っている。この川堀というのは、『新撰姓氏録《しんせんしょうじろく》』に豊御食炊屋姫《とよみけかしきやひめ》(推古《すいこ》)の代の人物として見える田口氏の祖の蝙蝠《かわほり》のことで、馬子《うまこ》と同世代の人である。

随分と高齢に至って「謀反」に参画したことになるが、蘇我系の長老として、蘇我倉氏が非蘇我系王族と結んで氏上《うじのかみ》の地位を継いだことに対する反発も手伝い、蘇我系王族の古人大兄王子に期待するところがあったのであろう。

比曽寺東塔跡

蘇我氏同族のマヘツキミ

さて、蘇我氏が大臣の他にも複数のマヘツキミを合議体に参加させ、また同系の氏族からもそれぞれマヘツキミが出るという、推古の代以来の体制は、乙巳の変以後にも変わるところはなかった。孝徳の代に見える二十一氏三十三人のマヘツキミの内、蘇我系官人は六氏八人を占め、推古の代以来の割合をほぼ維持しているのである。

内訳は、蘇我倉氏が石川麻呂（右大臣）と日向（筑紫大宰帥《つくしのだざいのそち》）、河辺《かわべ》（川辺）氏が百依《ももより》（東国国司《とうごくこくし》・百済救援将軍《ひゃくさい》）・磯泊《しはつ》（東国国司〔下位〕）・磐管《いわつつ》（東国国司〔下位〕）・湯麻呂《ゆまろ》（東国国司〔下位〕）・麻呂《まろ》（遣唐大使《けんとうたいし》）、高向《たかむこ》氏が国押《くにおし》

(刑部尚書《ぎょうぶしょうしょ》)、田口氏が筑紫《つくし》(東国国司)、久米《くめ》氏が欠名(法頭《ほうず》・常陸国宰《ひたちのこくさい》)、岸田《きしだ》氏が欠名(東国国司)・麻呂(播磨《はりま》国宰)といったところである。

なお、境部《さかいべ》氏・田中《たなか》氏・小治田《おはりだ》氏・桜井《さくらい》氏・御炊《みかしき》氏・箭口《やくち》氏は孝徳の代のマヘツキミとしては見えないが、田中氏と小治田氏はその後の律令制成立期に官人を出しているので、境部氏を除けば没落したわけではなく、孝徳の代に代替わりを迎えていたか、史料に残らなかったのであろう(桜井氏も八色《やくさ》の姓《かばね》で朝臣《あそん》姓を賜わっている)。

このように、蘇我氏は馬子の世代以来、いくつもの系統や同族氏族に分かれ、それぞれが独立性を有していたのであるが、本宗家が倒された後も、他の家や同族氏族はいずれも「改新政府」に重用された。大化二年(六四六)に「良家大夫(タカキイヘノマヘツキミ)」が東国八道に派遣されたという国司にも、六人の蘇我系官人が拝された。天下立評《てんかりっぴょう》の前提として地方豪族の支配の実状を調査するに際しては、大化前代の大臣家である蘇我氏の権威を利用することが、もっとも説得的だったのであろう。

石川麻呂の滅亡

複数の系統に分裂して互いに抗争を続けていた蘇我臣倉麻呂男の五兄弟の内、最初に破滅を迎えたのは、長兄の右大臣石川麻呂であった。そして、彼と彼の家を滅亡へと導いたのは、

山田寺金堂跡

以前に石川麻呂長女と葛城王子（中大兄王子）との婚姻を阻止した異母弟の日向（身刺《むざし》）であった。

大化五年（六四九）三月に左大臣阿倍内麻呂が死去すると、七日後、日向は中大兄王子に、石川麻呂が王子を害しようとしている旨を讒言《ざんげん》した。これを信じた中大兄王子は孝徳に報告し、孝徳は二度にわたってマヘツキミを石川麻呂の許《もと》に派遣して事の虚実を問わせた。石川麻呂は使者に対して、直接孝徳に陳弁《ちんべん》したいと答えたところ、孝徳の兵を受けることとなった。

石川麻呂長子の興志《こごし》は士卒を集めて防ぐことを主張したが、石川麻呂は山田寺《やまだでら》に入って金堂《こんどう》の前で誓いを立て、一族多数と共に自経《じけい》した。後に石川麻呂の無実を知った中大兄王子は、哀《かな》しみ歎《なげ》いて日向を「筑紫大宰帥」に拝した。以上が『日本書紀』による事件の概要である。

この事件の特色は、まず「改新政府」の権力分裂の一環として、起こるべくして起こったものであるということである。「改新政府」を構成していたのは、非蘇我系王族、中大兄王子のブレインを含む側近、左右大臣を頂点とするマヘツキミ層、という三つの勢力であった。『日本書紀』には、事件の前年四月に新しい冠位《かんい》制が施行されて、「古き冠」が廃されたが、左右大臣のみは大化前代以来の紫冠《しかん》を着し続けたという記事が見えるが、これは王権と左右大臣との分裂を象徴しているように思われる。この記事の翌年三月に左大臣が死去し、その直後に右大臣が葬られ、そして四月には巨勢徳陀古《とこだこ》（徳太《とこだ》）と大伴長徳《おおとものながとこ》に新冠位制の大紫《だいし》冠が授けられて、二人は左右の大臣に任じられたのである。

中大兄王子は、『日本書紀』が語るような、密告を信用して外戚《がいせき》の石川麻呂を殺してしまい、後になって彼の無実を知って悲しむというような短絡的な人間とは思われず、石川麻呂の「謀反」も、王権の主導する新政に容易に服そうとしない左右大臣を、左大臣が死去したのを機会に一気に粛清しようとした権力抗争の現れ、あるいはそれによって新政に不満を持つマヘツキミ層への示威《じい》を行なおうとした高価な政治劇と見るべきであろう。日向によって密告された石川麻呂の罪状が中大兄王子を害することであったにもかかわらず、石川麻呂が中大兄王子ではなく孝徳に身の潔白を陳述したいという態度を見せているということは、王権内部における権力の分裂を示していると見ることができ、この事件を主導した人物を暗示している。

また、石川麻呂を讒言し、「将」となって山田寺を囲んだのが異母弟の日向であったということは、蘇我氏内部における分裂と抗争を明確に示している。すでに大化元年の古人大兄王子の「謀反」の首謀者の筆頭に蘇我氏同族の蘇我田口川堀が挙げられているように、乙巳の変の直後から蘇我氏の内部抗争は表面化していたのであるが、ここに至って兄弟の直接対決にまで高まったと言えよう。

菖蒲池古墳

さらに、氏族内部の抗争が、王権への「謀反」や、その密告という形を取って行なわれるというところに、日本古代氏族の権力基盤の脆弱《ぜいじゃく》さを読み取ることができる。日向が対立する異母兄を倒すためには、その「謀反」を捏造《ねつぞう》して王権が派遣した追討軍に征伐してもらわねばならず、その結果、自分は石川麻呂の代わりに身の保全と栄達を王権側から約束されたのである。

日向が拝《め》された筑紫大宰は、七世紀には多く皇親《こうしん》が拝されていることから、世人に「隠流《しのびながし》か」と噂《うわさ》されたような職（ツカサ）ではなく、その意味では日向は破格の昇進でその功績を賞されたと思われるが、彼のその後の動向は伝えられてはおらず、歴史の闇に葬り去られたことからわか

ツカマリ古墳（平石古墳群）

仏陀寺古墳（伝石川麻呂墓）

るように、結局は彼を利用した者のほうが一枚上手であった。

なお、石川麻呂の墳墓は、蘇我氏氏上《うじのかみ》としての立場なら、飛鳥《あすか》の周辺に、蘇我倉氏としての立場なら、河内《かわち》の石川《いしかわ》地方に造営されたものと思われる。菖蒲《しょうぶ》池《いけ》古墳の秀麗な家形石棺二基を、石川麻呂と輿志のものと想定する考えもあるが（竹田政敬「五条野古墳群の形成とその被葬者についての臆測」）、むしろ河内の平石《ひらいし》古墳群の内、最後に造営されたツカマリ（塚廻り）古墳（東西七八m、南北四五mの壇上に三段に築成された東西四三m、南北二五mの方形墳）あたりが候補となろう。なお、大阪府南河内郡太子町大字山田の横口式石槨《よこくちしきせっかく》が露出する仏陀寺《ぶっだじ》古墳が石川麻呂墓と伝わるが、これは所在地から考えて大王家に関わる古墳であろう。

有間王子の変と赤兄

石川麻呂亡き後、蘇我氏で官人として重用されたのは、倉麻呂四男の赤兄であった。彼がはじめて史料に姿を現すのは斉明《さいめい》四年（六五八）のことであるが、その時には天豊財重《あめとよたからいかし》日《ひ》足姫《たらしひめ》（斉明）の紀温湯《きのゆ》（武漏《むろ》の温泉《ゆ》、現和歌山県西牟婁《にしむろ》郡白浜《しらはま》町の湯崎《ゆさき》温泉）行幸《ぎょうこう》の「留守《るす》官《つかさ》」とある。斉明と中大兄王子が共に留守にしている政府の責任者に任命されたのであるから、よほどの信任を得ていたものと思われる。

『日本書紀』の或本《あるほん》に有間王子《ありまのみこ》が「判事《ことわるつかさ》」と謀議したと見えるから、赤兄を判事（令制の判事とは異なる）と伝える原史料《げんしりょう》も存在したのであろう。『公卿補任《くぎょうぶにん》』には、この年三十六歳であったと見える。

十一月三日、赤兄は孝徳の唯一の王子（母は阿倍内麻呂の女の小足媛、「蘇我氏濃度」0）である有間王子に斉明の失政三つを挙げて語った。王族のほとんどが飛鳥を留守にしているタイミングを狙って決起を促したという文脈であろう。喜んだ有間王子は、「吾《あ》が年始めて兵を用ゐるべき時なり（自分もいよいよ武器をとるべき年齢になった）」などと語ってしまう。

五日、有間王子は赤兄の家に赴いて謀議を巡らせるが、その夜半、赤兄は有間王子の宅を囲ませ、九日には有間王子たちを紀温湯に送った。中大兄王子の訊問《じんもん》に有間王子は、「天《あめ》と赤兄と知らむ。吾《おのれ》全《もは》ら解《し》らず（天と赤兄とが知っております。私にはまったくわかりません）」と答えたものの、十一日、藤白坂《ふじしろざか》（現和歌山県海南《かいなん》市藤白《ふじしろ》）において絞殺された。

事件後の赤兄については、天智《てんじ》八年（六六九）に「筑紫率《つくしのかみ》」に拝されるまで史料に見えないが、彼の女《むすめ》の常陸娘が中大兄王子の「妃」となったのが事件からそう長年月を経た時期とは思えない点から（常陸娘と中大兄王子との間に生まれた山辺皇女《やまべのひめみこ》は大津皇子《おおつのみこ》の妃となっているが、大津皇子は天智二年（六六三）の生まれである。山辺皇女と大津皇子が同世代とすると、常陸娘が中大兄王子の「妃」となったのは斉明末年から天智初年ということになる）、彼が事件の「功績」も手伝ってますます重要な存在となったであろうことが察せられる。

ただし、赤兄が左大臣に任じられたのは天智十年（六七一）であり、その間に兄の連子《むらじこ》が斉明の代の末年に大臣に任じられていることから、事件の真相を伏せるためもあってか、赤兄にもしばらくの雌伏の期間があった。

この事件においても、先の石川麻呂の「謀反」と同様、王権に密着することによってのみ自己の保身と栄達を図ろうとする古代官人の姿を見ることができる。大化前代において（そして変後も）もっとも勢力の強かった蘇我氏にあってすら、国家権力の中枢を占め続けるためには、これらの不断の「忠誠」を必要としたのである。赤兄の行動の背後に中大兄王子の指示があったのか、赤兄が中大兄王子に取り入るために有間王子を挑発したのか、赤兄が途中で有間王子を裏切ったのか、事件の真相はわからないが、いずれにしても事の政治的本質に変わりはなく、有間王子の破滅が中大兄王子にとってきわめて好都合であり、またこの事件を主導することが蘇我氏、特に赤兄系にとって必要な行動であったことだけは間違いない。

大臣連子

赤兄がしばしの雌伏の時を過ごしていた頃、蘇我氏の中心に立ったのは、赤兄の兄で倉麻呂三男の連子であった。『扶桑略記《ふそうりゃくき》』の記述を信じれば、連子は天智元年（六六二）に五十二歳であったことになる。

連子が『日本書紀』に見えるのは、天智三年（六六四）五月の一箇所のみであって、しかもそこでは「大紫《だいし》蘇我連大臣薨《みう》せぬ」としか語られておらず、連子が大臣に任じられた時期は不明である。

『続日本紀《しょくにほんぎ》』に載せられた連子の子孫の薨卒伝《こうそつでん》によると、石川宮麻呂《いしかわのみやまろ》のものには、「近江《おうみ》（天智）朝の大臣大紫連子が第五男なり」と、石川石足《いわたり》のものには、「淡海《おうみ》朝の大臣大紫連子の孫」と、石川年足《としたり》のものには「後岡本《のちのおかもと》（斉明）朝大臣大紫蘇我臣牟羅志《むらじ》が曽孫」とある。

また『扶桑略記』には天智元年に右大臣に任じられたと、『公卿補任』には「（天智）元年、大臣と為《な》すこと故《もと》の如《ごと》し。初任の年、未《いま》だ詳《つまびら》かならず。字は蔵《くら》大臣。三年、薨《こう》ず。在官三年。一書に云《い》はく、『三月、任じ、即《すなわ》ち薨ず』と」と見える。

古くから彼の任命時期には様々な伝えが存在したようであるが、白雉《はくち》元年（六五〇）に右大臣大伴長徳《ながとこ》、斉明四年（六五八）に左大臣巨勢徳太《こせのとこだ》が、それぞれ死去して大臣が空席であることから、連子の大臣任命は斉明四、五年頃のことだったのであろう。ともあれ、連子は父祖の占め続けた地位に、蘇我氏としては約十年ぶりに上ったことになる。「蔵大臣」と称されていたのも、連子が倉山田石川麻呂の地位を継承したからであろう。

さて、連子はせっかく大臣に任じられたのも束《つか》の間《ま》、天智三年（六六四）に死去してしまうが、皮肉なことに、そのことが結果的には彼の系統に後世までの存続と繁栄をもたらした。つまり、乙巳の変で本宗家が滅亡し、蘇我氏の勢力は蘇我倉氏の倉麻呂の五人の男に移行して残存したが、石川麻呂家は「謀反」によって壊滅し、日向は石川麻呂「謀反」の後には消息を絶ち、赤兄と果安の二人は後述するように近江朝廷の重臣として壬申《じんしん》の乱の戦犯となってしまい、それらの系統も没落してしまう。

このような状況の中で、連子が何の過失もなく天智三年に死去し、その子息が乱の時点ではいまだに若年であったということは、彼の系統をすっかり無傷で天渟中原瀛真人《あまのぬなはらおきのまひと》（天《てん》武《む》）・高天原広野姫《たかまのはらひろのひめ》（持統《じとう》）の代まで存続させ、後述する壬申の乱前夜における安麻呂《やすまろ》（連子の嫡子）の「功績」と相まって、連子の子孫を律令貴族を出す母胎としての新生石川氏として再生させる要因となったのである。なお、連子が死去してから天智十年までは、大臣は任命されていない。

二、壬申の乱と蘇我氏

天智十年体制

天智《てんじ》十年（六七一）正月、晩年の天命開別《あめみことひらかすわけ》（天智）は、次のようなメンバーによって構成される新しい政府首脳を発足させたと『日本書紀』に見える。まず、大友王子《おおとものみこ》（「蘇我氏濃度」0）を「太政大臣《だいじょうだいじん》」に任じ、蘇我赤兄《あかえ》を「左大臣」、中臣金《なかとみのかね》を「右大臣」に並べ、蘇我果安《はたやす》・巨勢比等《こせのひと》・紀大人《きのうし》の三人を「御史大夫《ぎょしたいふ》」とした。

この内、「太政大臣」という職位（ツカサ）は存在せず、大友王子の王族としての政権参画を、『日本書紀』編纂《へんさん》時にこのように記述したものと考えるべきであろう。「御史大夫」というのも、単なる大夫（マヘツキミ）の中国的表現に過ぎないものと思われる。

もちろん、これによって大友王子が次期大王位継承者の資格を得たわけでもなく、大友王子自身も大王位に対する野心を持ったわけでもなかろう。同様、大海人王子《おおしあまのみこ》（後の天武《てんむ》、「蘇我氏濃度」0）がこの体制発足によって政治の第一線から完全に排除されたわけでもあるまい（倉本一宏『壬申の乱』）。

重要なのは、天智が大友王子の権力基盤として期待することができたのが、わずか四つの氏族の五人の官人に過ぎなかったという点である。大化《たいか》年間には大臣を出していた阿倍《あべ》氏や大伴《おおとも》氏を筆頭とする中央有力豪族の多くや、ほとんどの王族、それに蘇我氏の中でも中心となる蘇我倉《そがのくら》氏の連子《むらじこ》系などは、この体制から疎外されていたのである。蘇我氏から二人選ばれているというのも、他の氏族の反発を増幅したことであろう。

天智としてみれば、乙巳《いっし》の変以来、中臣鎌足《かまたり》と少数のブレインのみを集めた「専制的権力核」を駆使して数々の政変を乗り切り、天智三年の蘇我連子の死からは大臣を置かず、自身と鎌足の二人による専制支配を続けてきた結果が、晩年に自己の王子の政権基盤として頼みにすることができる藩屏《はんぺい》がこれだけに過ぎないという事態につながったのである。

壬申《じんしん》の乱において、近江《おうみ》朝廷側がやすやすと敗れてしまった原因として、マヘツキミ層がすでに天智の代の段階で近江朝廷から離反していたということが挙げられる。大友王子の周囲に結集すべき五大官も、天智に仕える気持ちはあったであろうが、大友王子にどれだけの忠誠心を持っていたかは疑問である。

このような王朝末期の特異な体制の中に、蘇我氏の中で当時残存していた三つの系統の内の二系統の官人が組み入れられている点は、注目に値しよう。赤兄は天智八年（六六九）正月に「筑紫率《つくしのかみ》」に拝され、同年十月の鎌足家への行幸に供奉《ぐぶ》して恩詔《おんしょう》を奉宣《ほうせん》し、天智十年正月に賀正《がしょう》の事を奏していることから、女《むすめ》を天智と大海人王子に入れているというミウチ的結合や、有間王子《ありまのみこ》「謀反《むへん》」の際の功績とあいまって、天智の代の末年における第一の重臣であった。『公卿補任《くぎょうぶにん》』には、赤兄も「蔵大臣《くら》と号す」と見える。

果安はこの時にはじめて史料に姿を現し、以前の活動は不明であるが、倉麻呂《くらまろ》の末子であったものと思われる。彼の任命は、彼個人に対する信任や期待によってこの体制に組み込まれたというよりも、蘇我氏の一員として、つまり蘇我氏から複数の官人をこの体制に組み入れるために登用されたという性格を持ち、ここに蘇我氏全体を大友王子の囲繞《いにょう》勢力としようとした天智の意図を読み取ることができる。

しかしながら、晩年の天智がもっとも頼りにせざるを得なかったのが、数々の「謀反」事件で自己の手足となって謀略に加担した蘇我氏であったということ、それにもかかわらず蘇我氏全体を権力に組み込むことはできずに、連子系の安麻呂《やすまろ》によって掌中の大海人王子を逃がしてしまったということ、せっかく大友王子の周囲に組み込んだ蘇我氏の官人も、藩屏として頼むにはあまりに結束の弱い存在であったということなどは、天智の自己矛盾と苦悩と

大津宮正殿故地

焦燥、それに近江朝廷の命運を象徴しているものである。

安麻呂の「功績」

『日本書紀』の巻第二十八（壬申紀）によると、天智十年（六七一）十月、いよいよ重体に陥った天智は、蘇我安麻呂を遣わして、大海人王子《おおしあまのみこ》を「大殿《おおとの》」に召した。安麻呂は元々大海人王子と好《よし》みを通じており、密《ひそ》かに大海人王子に「有意《こころしら》ひて言《のたま》へ（おことばに御用心なさいませ）」と告げた（これは『日本書紀』巻第二十七（天智紀）には見えない）。

大海人王子はこれによって天智の「隠せる謀《はかりごと》」を疑って慎重になり、天智から後事《こうじ》を託された際にも、それを固く辞譲《じじょう》して大后倭女王《おおきさきやまとのひめみこ》の即位と大友王子の立太子を懇請し、自身は出家して吉野《よしの》に入った。

ここで史実として天智の側に壬申紀の語るような陰謀が存在したかどうかは疑わしい。この場面は、蘇我安麻呂、ひいては石川《いしかわ》氏の功績を強調するための家記《かき》を挿入した可能性が強く、安麻呂の忠告自体も、史実としては疑わしいものである。壬申紀にしても、天智が「陰

宇治橋

謀」を企《たくら》んでいたと記しているわけではなく、大海人王子が「陰謀」を疑って慎重になったと記しているに過ぎないのである。即位を要請しておきながら、それを受諾したら謀反の疑いで殺害するという文脈は、いくら何でも無理があるように思われる。

地方豪族の女《むすめ》である采女《うねめ》という「卑母《ひぼ》」を持つ大友王子が即位できるなどとは、さすがの天智も考えていなかったであろうし、大友王子も自身の即位は無理であると考えていたはずである（倉本一宏『壬申の乱』）。

古来、聖地として意識され、とりわけ往年の古人大兄《ふるひとのおおえの》王子《みこ》の「謀反」の記憶が生々しい吉野に大海人王子が生存しているということは、反大友王子派マヘツキミ層の期待と、天智の不安とを増幅させることになったであろう。大友王子の政府の藩屏として天智によって選ばれた近江朝廷の重臣たちの内、蘇我赤兄《あかえ》・中臣金《なかとみのかね》・蘇我果安《はたやす》の三人が大海人王子を宇治《うじ》まで送って行ったことが、近江朝廷の権力の脆《もろ》さ、マヘツキミ層の分裂、中でも天智からは期待されながらも氏族内部はばらばらで大海人王子にも心が動いていた蘇我氏の動揺を示している。

ここで視点を安麻呂に戻すと、彼は天智の取り込みに応じることなく、元々大海人王子と結び付いていたのであり、マヘツキミ層の分裂と蘇我氏の内部抗争とを象徴するものであった。天智の代における安麻呂の地位は明らかではないが、『続日本紀《しょくにほんぎ》』の石川石足《いわたり》の薨伝《こうでん》に、「淡海《おうみ》（天智）朝の大臣大紫連子の孫、少納言《しょうなごん》小花下《しょうかげ》安麻呂が子なり」と見える。

「少納言」という官名は、明らかに後の律令制の修飾を受けているが、律令制の少納言が奏宣《そうせん》・鈴印伝符《れいいんでんぷ》・飛駅《ひえき》の函鈴《はこすず》・官印《かんいん》を扱う官であったことを勘案するならば、この時の安麻呂の地位は、奏宣などにあたるマヘツキミであったことが窺《うかが》える。また「小花下」という冠位《かんい》は大化五年から天智三年まで施行されていたもので、律令制の従五位あたりに相応するものである。彼が後世の史料に天智初年の冠位を冠されて登場していること、壬申の乱後の活動が諸史料に見えないことは、彼が乱の後いくばくもない時期、もしくは乱の最中に死去したことを暗示している。「忠告」の史実性は疑わしいにしても、彼が大海人王子寄りの態度を取っていたとすれば、翌年に起こった乱の過程でそれを咎《とが》められたものかもしれない。

以上の安麻呂の生涯は、二つの意味で重要な影響を後に及ぼした。一つには、彼の言動が大海人王子の危機を救った（という石川氏の主張が『日本書紀』編者に認められた）のであり、蘇我氏の他の系統が近江朝廷重臣として乱の後に没落したにもかかわらず、安麻呂の属した連子系のみが壬申年功臣《こうしん》として天渟中原瀛真人《あまのぬなはらおきのまひと》（天武《てんむ》）の代以降も上級氏族として存続し得た要因となった。

いま一つには、安麻呂が早世《そうせい》したことにより、その嫡子《ちゃくし》で天智六年（六六七）生まれの石足が、父のないまま天武の代を少年期で過ごしたことである。天武の代には諸臣の冠位が低く抑えられており、天武の代に壮年期の官人を出した氏族は、律令制成立後に蔭位《おんい》の点で著しく不利となった。一方、天武の代以前に高位の官人がおり、その男の世代が天武の代を少年期で通過した氏族（たとえば藤原氏《ふじわらし》）は、諸臣が高位に上り始めた高天原広野姫《たかまのはらひろのひめ》（持統《じとう》）の代に官人としての歩みを始め、自身も高位に上り、その次の世代にも有利な蔭階《おんかい》を及ぼした。石足が持統元年（六八七）に出身年齢である二十一歳を迎えたということは、連子―安麻呂―石足―年足《としたり》―名足《なたり》と続く石川氏嫡流《ちゃくりゅう》にとっては、非常に幸運な結果をもたらしたのである。

壬申の乱における蘇我氏

天武元年（六七二）六月二十四日に勃発した壬申の乱において、大友王子を擁護するはずであった蘇我氏の重臣たちは、どのような行動を取ったのであろうか。まず大海人王子の吉野脱出を知った近江朝廷の動静は、六月二十六日の記事に入れられている。

是《こ》の時に、近江朝、大皇弟《もうけのきみ》（大海人王子）東国《あずまのくに》に入りたまふことを聞きて、其《そ》の群臣悉《ことごとく》に愕《お》ぢて、京の内震動《さわ》く。或《ある》いは遁《のが》れて東国に入らむとす。或いは退きて山沢《やまさわ》に匿《かく》れむとす。爰《ここ》に大友皇子、群臣に謂《かた》りて曰《のたま》はく、「何《いか》にか計らむ」とのたまふ。一の臣《ひとりまへつきみ》進みて曰《もう》さく、「遅く謀《はか》らば後れなむ。如《し》かじ、急《すみやか》に驍騎《ときうまいくさ》を聚《つど》へて、跡に乗りて逐《お》はむには」とまうす。皇子従ひたまはず。

大友王子が群臣（マヘツキミタチ）に方策を諮《はか》ったとあるが、近江朝廷の構成から考えて、その相手は左右の大臣と三人の御史大夫《ぎょしたいふ》のみだったであろう。すでに大化前代以来のマヘツキミ合議体はその機能を完全に喪失していたのである。大友王子に大海人王子追撃を進言した「一の臣（マヘツキミ）」が誰であるかは不明であるが、後に唯一本人が斬刑《ざんけい》に処せられていることから推測すると、右大臣の中臣金《なかとみのかね》であろうか。とすれば、それ以外の蘇我氏二人を含む四人の重臣は、諸国に使節を派遣して農民兵を徴発するという、当時の地方支配体制の成熟度からは非現実的な方策を採択したことになる。

次に近江朝廷のことに言及しているのは、翌二十七日の記事である。野上《のがみ》（現岐阜県不破《ふわ》郡関《せき》ケ原《はら》町野上）に到着した大海人王子を迎えた高市王《たけちのみこ》に対して、大海人王子は近江朝廷における左右大臣と御史大夫による合議のことを述べているが、もちろん、高市王に奮起を促すための大海人王子の計略であり、近江朝廷の合議が分裂していたことは、大海人王子には計算済みであったはずである。

次いで七月二日の記事に、近江朝廷の主力軍が不破《ふわ》に向けて進軍したことが見える。ところが、犬上川《いぬかみがわ》の浜《ほとり》の本営で内紛を起こして崩壊寸前の状態に陥った。総帥《そうすい》的立場にあった山部王《やまべのみこ》が、御史大夫として将の任にあった蘇我果安《はたやす》と巨勢比等《ひと》によって殺され、山部王を殺した果安も、前途に絶望したのか、大津宮《おおつのみや》に帰り、頸《くび》を刺して自殺してしまった。

犬上川の浜

御史大夫の内の二人と皇親《こうしん》を将軍に立てたこの軍は、まさに近江朝廷の命運を賭けた主力軍であったが（これ以外の近江朝廷軍将軍にはマヘツキミ層はきわめて少ない）、こうして破滅への道を歩み始めたのである。

また、蘇我氏同族の来目塩籠《くめのしおこ》は「河内国司守《かわちのこくしのかみ》」として近江朝廷軍を率いていたものの、不破の大海人軍に来降《らいこう》しようとして殺されている。早くに近江朝廷から離脱しようと

大津宮故地から瀬田川河口（比叡山から）

していたのであろう。

近江朝廷の最後の姿は、まず瀬田川《せたがわ》を突破された七月二十二日の記事に、

大友皇子・左右大臣等、僅《わずか》に身免《みのが》れて逃げぬ。

と、翌二十三日の記事に、

是《ここ》に、大友皇子、走《に》げて入らむ所無し。乃《すなわ》ち還《かえ》りて山前《やまさき》に隠れて、自ら縊《くび》れぬ。時に左右大臣及び群臣、皆散《あら》け亡《う》せぬ。

と見える。二十二日に大津宮を捨てて大友王子と共に逃亡した重臣は、左右大臣のみであった。三人の御史大夫は、蘇我果安はすでに自殺し、巨勢比等は近江側主力軍の将軍としておそらく捕虜となっており、紀大人《きのうし》はかなり以前に近江朝廷を離脱して大海人王子側に走っていたはずであったからである。そして二十三日に左右大臣である蘇我赤兄と中臣金も大友王子を捨てて散り失《う》せ、ここに近江朝廷は完全に崩壊した。

近江朝廷群臣の処分と蘇我氏

八月二十五日、大海人王子は高市王に命じて、近江朝廷の群臣の「犯状」を宣《の》べさせ、重罪の者八人（中臣金＋実戦遂行指揮者か）が死罪を宣告され、右大臣中臣金が斬られた。この日、左大臣蘇我赤兄と御史大夫巨勢比等の二人とそれぞれの子孫、および中臣金の子と蘇我果安の子とが配流《はいる》の処分を受け、それ以外はすべて赦《ゆる》された。

五大官の内、右大臣の中臣金だけが斬刑に処されたのは、大海人王子の追撃を主張するなど主戦派の急先鋒であったためであろう。また、左大臣の蘇我赤兄が配流処分で済んだことについては、女の太蕤 娘《おおぬのいらつめ》が大海人王子の妃となっていたことによるものとされている。

「御史大夫」については、すでに自殺していた蘇我果安の子を配流処分にしていることで、赤兄家と併せ、蘇我氏の勢力に大きな打撃を加えたことになる。天智十年十月十七日に、大海人王子を天智の「大殿」に案内した際に注意を喚起したという「功績」を残した（と主張する）安麻呂も、乱の最中に死亡したのか、その後は動静が見えない。乱後の蘇我氏は、新しい氏族として再生し、生き延びる戦略を立て直す必要に迫られることとなったのである。

蘇我系官人の「功臣」

また、壬申の乱において大海人王子側に属した者として、田中足麻呂《たなかのたりまろ》と小墾田猪手《おはりだのいて》が見える。田中足麻呂は伊勢《いせ》の鈴鹿《すずか》において大海人軍に合流した湯沐令《ゆのうながし》として見え、将軍として倉歴道《くらふのみち》に遣わされるなど、顕著な功績を見せた。

一方、小墾田猪手は大津王《おおつのみこ》に従って大津宮を脱出し、六月二十六日に伊勢の迹太川《とほがわ》の辺で合流した舎人《とねり》の一人として、その名が列挙されている。

しかし、猪手は壬申の乱においても乱の後においても、その消息が見えない。贈位《ぞうい》記事も官人としての活動も確認できないのである。かつて推測したところであるが、高市王や大津王の従者たちは、大海人王子の舎人のように美濃の野上で大海人王子の幕下に近侍するのではなく、近江路戦線の主力部隊の部隊長として最前線に送り込まれ、戦死したのではないであろうか。おそらくは、瀬田川の最終決戦において、彼らは先鋒として突撃し、近江朝廷軍の集中射撃を浴びて（あるいは、板を外され川に落ちて）戦死したのかもしれないと考えられるのである（倉本一宏『壬申の乱』）。

ともあれ、壬申の乱においても、蘇我氏とその同族氏族は一枚岩ではなく、このような

「功臣」を出していたのである。

三、石川氏としての再生

壬申《じんしん》の乱の結果、天命開別《あめみことひらかすわけ》（天智《てんじ》）の代の末年に残っていた蘇我氏の三系統の内、赤《あか》兄《え》系と果安《はたやす》系は、その政治生命を絶たれた。一方、連子《むらじこ》系のみは、諸系統の中で唯一生き残り、安麻呂《やすまろ》の「功績」によって、天渟中原瀛真人《あまのぬなはらおきのまひと》（天武《てんむ》）の代以降も上級官人を出し得る母胎として存続し、新しい律令氏族石川氏としての歩みが始まったのである。

天武朝における蘇我氏

壬申の乱の後に成立した天武の代において、蘇我氏連子系の官人たちはどのような活動を見せたのであろうか。まず、蘇我氏の官人で、天武の代に活動していたと思われる者を推定してみよう。

連子の嫡子《ちゃくし》は安麻呂であったが、彼は前述のように壬申の乱の最中か直後に死去している。安麻呂の嫡子は石足《いわたり》であるが、彼は天智六年（六六七）の生まれであるから、天武の代を幼少で過ごし、高天原広野姫《たかまのはらひろのひめ》（持統《じとう》）の代から官人としての歩みを始めている。

一方、『続日本紀《しょくにほんぎ》』の石川宮麻呂《みやまろ》の薨伝《こうでん》によると、宮麻呂は連子の第五男とあり、また宮麻呂よりも年少で石足よりも年長、つまり宮麻呂の弟に子老《こおゆ》と難波麻呂《なにわまろ》がいたので、安麻呂の弟は少なくとも六人いたことになる。また、宮麻呂よりも年長と思われる官人として虫名《むしな》がいるので、これは安麻呂と宮麻呂の間の三人の内の一人ということになる。安麻呂の世代で名前の判明しているのは以上の五人であるが、彼らの内で天武の代にすでに官人として活動していた可能性があるのは、虫名・宮麻呂・子老の三人であろう。

まず虫名は、天武十四年（六八五）九月に、

……直広肆《じきこうし》石川朝臣《あそん》虫名を東山使者《やまのみちのつかい》とす。……各判官《まつりごとひと》一人・史《ふひと》一人、国司・郡司及び百姓《おおみたから》の消息を巡察《み》しめたまふ。

と見える。直広肆という冠位《かんい》は、律令制の従五位下に相応するが、天武の代は諸臣の冠位がだいたいこのあたりに固定されており、これもマヘツキミ層の官人のものとして妥当なところであろう。ここでは北陸道《ほくりくどう》を除く六道にマヘツキミが派遣され、地方情勢を巡察させたのであるが、虫名はその一人として東山道《とうさんどう》に派遣されたのである。他の五人の氏を見ると、都《つ》

努《ぬ》（紀《き》氏と同祖）・佐味《さみ》（上毛野《かみつけの》氏と同祖）・巨勢《こせ》・路《みち》・佐伯《さえき》という顔ぶれであり、蘇我氏（この時点では石川氏）がこれらと同格の上級氏族としての格を保っていたことがわかる。

次に宮麻呂は、斉明《さいめい》元年（六五五）生まれであるので、天武元年（六七二）には十八歳であり、天武の代の中頃からは官人として出仕し得たものと思われるが、大宝《たいほう》三年（七〇三）までは彼の活動は史料に見えない。

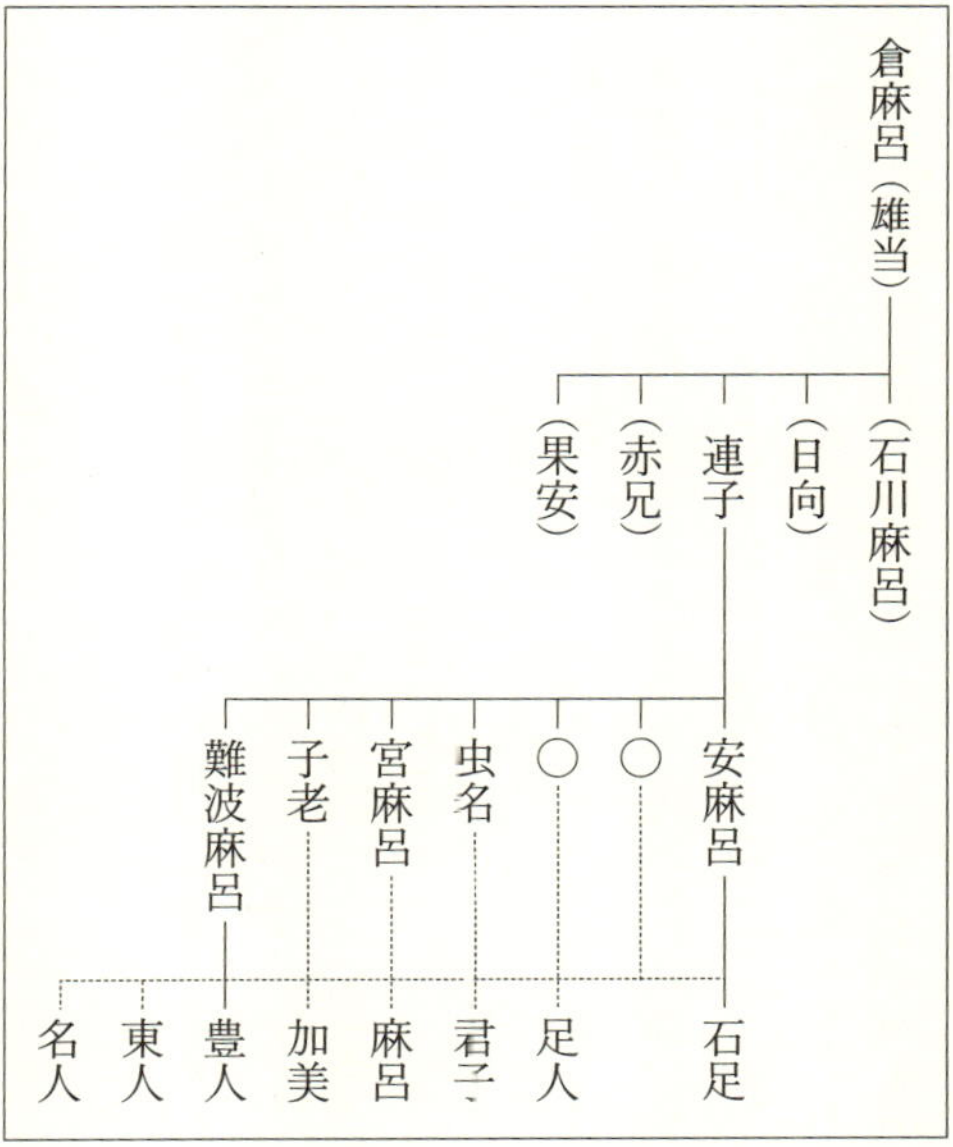

最後に子老は、文武《もんむ》二年（六九八）に美濃守《みののかみ》として見えるので、年齢的に見て天武の代から活動を始めていた可能性もある。

以上の三人が天武の代に官人として活動し得たものと思われるが、史料上は天武十四年になって虫名が登場するのみであり、朱鳥《しゅちょう》元年（六八六）の天武殯宮《ひんきゅう》にも石川氏の官人は誄《しのびごと》を奉るメンバー（大政官《だいじょうかん》や六官《ろっかん》など各官司を分掌するマヘツキミ）には加えられていない。

もちろん、『日本書紀』という史料の限界も考えに入れなければならないし、虫名が石川氏の氏上《うじのかみ》として石川氏全体を代表して活動していたのかもしれないが、私には、壬申の乱後のこの十年余りの空白が、古代氏族としての蘇我氏の終焉《しゅうえん》と、律令貴族としての石川氏の再生を暗示しているように思われる。

石川氏としての再生

蘇我氏は赤兄系と果安系が壬申の乱の後に処罰を受けて壊滅するなど、全体としては近江《おうみ》朝廷側にあったと支配者層には認識されていたはずであり、安麻呂が天智十年（六七一）に大海人王子《おおしあまのみこ》を救ったという「功績」を主張したとしても、支配者層全体から見るとそれは所詮、宮廷の密室劇に過ぎないのであり、壬申の乱が終息したばかりの時期に安麻呂の子弟を高く登用することは、天武としても憚《はばか》られたものと思われる。

その意味では、乙巳《いっし》の変における反中大兄王子《なかのおおえのみこ》方、壬申の乱における反大海人王子方を想起させる「蘇我」という氏族名を捨てて、まったく政治的に汚れていない、稲目《いなめ》以来、蘇我氏と関係の深かった河内国石川郡の地名による「石川」という名を冠して、改新政府の右大臣石川麻呂《いしかわまろ》の忠誠と天智十年における安麻呂の「功績」を最大限に生かした新生律令氏族として再出発を遂げることは、蘇我氏にとっても、天武にとっても、必要なことだったのであろう。もしかすると、その間の過程で、安麻呂の「功績」も作られていったのかもしれない。

彼らが改姓した時期については、賜氏姓や氏上の選定が行なわれ、律令の編纂《へんさん》や帝紀《ていき》および上古《じょうこ》の諸事の記定《きてい》がなされた天武十年（六八一）九月から同十二年（六八三）十月頃までの間と推定するのが妥当であろう（佐伯有清『新撰姓氏録の研究 考證篇第一』）。

こうして石川氏として再生した蘇我氏は、天武十三年（六八四）十一月、阿倍《あべ》・巨勢・紀・物部《もののべ》・平群《へぐり》・中臣《なかとみ》（藤原《ふじわら》）など二十四氏のマヘツキミ氏を含む五十二氏の一つとして、八色《やくさ》の姓《かばね》の第二格（官人としての実質上は第一）である朝臣姓を賜わり、石川朝臣として律令国家の建設に従事することになった。石川氏の官人が天武十四年に至るまで見えないのも、その裏には、石川氏に改姓し、朝臣姓を賜わって名実共に上級律令氏族として生まれ変わるまでの雌伏の時間が必要だったことを示している。

蘇我氏王族と天武皇子との婚姻関係

壬申の乱以降の蘇我氏を考える際に忘れてはならないのは、蘇我氏の血を引く女性と天武皇子との婚姻関係である。天武の皇子の内、天武末年までに成人していたのは、誕生順に高《たけ》市皇子《ちのみこ》・草壁皇子《くさかべのみこ》・大津皇子《おおつのみこ》・忍壁皇子《おさかべのみこ》・磯城皇子《しきのみこ》の五人であるが、これらの内で有力であったのは、「皇太子」草壁皇子、天武十二年（六八三）以来「朝政《ちょうせい》」に参画していた大津皇子、壬申の乱で全軍を統帥した最年長の高市皇子の三人であった。

高市皇子は筑紫《つくし》の地方豪族である胸形徳善《むなかたのとくぜん》の女《むすめ》を母としていたが、草壁皇子と大津皇子の母は、蘇我石川麻呂の女の遠智娘《おちのいらつめ》と天智との間に生まれた鸕野王女《うののひめみこ》と大田王女《おおたのひめみこ》であり、「蘇我氏濃度」は元々四分の一であった。そしてこの三人の皇子の妃となったのは、いずれも蘇我氏の血を引く皇女だったのである。

まず高市皇子には、天智と石川麻呂の女の姪娘《めいのいらつめ》との間に生まれた御名部皇女《みなべのひめみこ》（斉明四年〔六五八〕生まれ、高市皇子より四歳年下、「蘇我氏濃度」は二分の一）が入り、長屋王《ながやのみこ》（「蘇我氏濃度」四分の一）を天武十三年に産んだ。次に草壁皇子には、御名部皇女の同母妹である阿《あ》陪皇女《べのひめみこ》（斉明七年〔六六一〕生まれ、草壁皇子より一歳年上、後の日本根子天津御代豊国成姫《やまとねこあまつみしろとよくになりひめ》〔元《げん》明《めい》〕、「蘇我氏濃度」二分の一）が入り、氷高皇女《ひだかのひめみこ》（後の日本根子高瑞浄足姫《やまとねこたかみづきよたらしひめ》〔元正《げんしょう》〕、「蘇我氏濃度」八分の三）を天武九年（六八〇）に、珂瑠王《かるのみこ》（後の天之真宗豊祖父《あまのまむねとよおおじ》〔文武〕、「蘇我氏濃度」八分の三）を天武十二年に、それぞれ産んでいる。また大津皇子には、天智と赤兄の女の常陸娘《ひたちのいらつめ》との間に生まれた山辺皇女《やまべのひめみこ》（年齢不詳、「蘇我氏濃度」二分の一）が入っている。

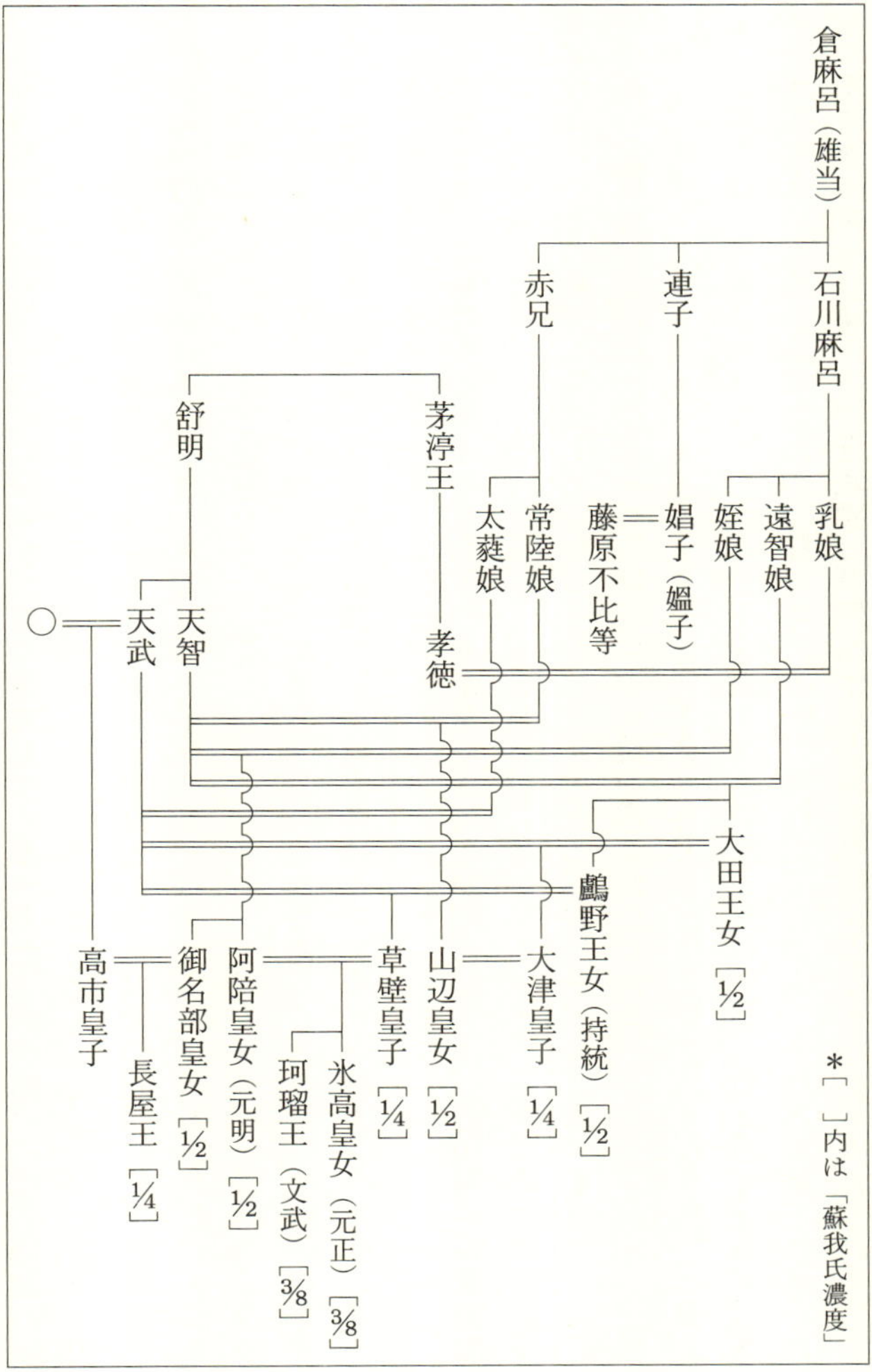
倉麻呂（雄当）
石川麻呂
連子
赤兄
乳娘
遠智娘
姪娘
娼子（媼子）
藤原不比等
常陸娘
太蕤娘
茅渟王
舒明
孝徳
天智
天武
○
大田王女［1/2］
鸕野王女（持統）［1/2］
大津皇子［1/4］
山辺皇女［1/2］
草壁皇子［1/4］
阿陪皇女（元明）［1/2］
氷高皇女（元正）［3/8］
珂瑠王（文武）［3/8］
御名部皇女［1/2］
長屋王［1/4］
高市皇子
＊［　］内は「蘇我氏濃度」

支配者層における父兄出自の原理がいまだ確立していなかった当時にあっては、母親の出身の系統がその子の地位に与える影響は大きかった。乙巳の変の後に天万豊日《あめよろずとよひ》（孝徳《こうとく》）・中大兄王子・大海人王子が蘇我氏と幾重もの姻戚関係を持ったことは先に述べたが、壬申の乱で蘇我氏の内の二系統が処罰され、わずかに一系統のみが残存している天武の代に至っても、天武がみずからの皇后である鸕野皇女（「蘇我氏濃度」二分の一）のみならず、後継者となるべき三人の皇子も蘇我氏の血の濃い皇女と結婚させているのである。天武が、来たるべき律令国家の権力中枢部分をも、天皇家と蘇我氏との結合体によって占めさせようと意図していたことを示すものであろう。

これほどまでに蘇我氏の血を引く女性の血が重視された要因としては、石川麻呂以来の官人としての実績よりも、大化《たいか》前代における唯一の大臣（オホマヘツキミ）家であったという尊貴性が、いまだ根強く残存していたことを、まず考えるべきであろう。天武もまた、自己の子孫の正統性の根源の一つとして、蘇我氏の伝統を選んだのである。

また、草壁・大津という二人の皇子と石川郎女《いしかわのいらつめ》（大名児《おおなこ》）との関係が『万葉集《まんようしゅう》』に見える。大名児は草壁皇子ではなく、大津皇子を選んで大津皇子宮に同居したようであるが、大名児が石川氏の女性であることの意味を考えると、草壁皇子の舎人《とねり》とされる藤原不比《ふひと》等が自身の室である娼子《しょうし》（媼子《おんし》）の近親者と草壁皇子とを結び付けようとしたとも考えられる。

藤原不比等と蘇我氏との婚姻

結婚といえばもう一つ、画期的な婚姻が成立した。藤原不比等がその嫡妻《ちゃくさい》として、連子の女《むすめ》である娼子（媼子）を迎えたのである。娼子（媼子）は天武九年（六八〇）に武智麻呂《むちまろ》、同十年に房前《ふささき》、持統八年（六九四）に宇合《うまかい》を、それぞれ産んでいるから、二人の結婚は天武七、八年のことと思われる。ちなみに不比等は、天武七年には二十歳であった。

この婚姻が持つ大きな意義については、後に改めて述べることにするが、これによって不比等は、大臣家である蘇我氏の尊貴性を自己の子孫の中に取り入れることができ、藤原氏は氏（ウヂ）として成立したばかりであるにもかかわらず、蘇我氏の高い地位を受け継ぐ氏であることを支配者層に示すことができたのである。

持統朝における石川氏

次の持統の代に活動し得た石川氏の官人は、年齢的に安麻呂の弟の虫名・宮麻呂・子老・難波麻呂、それに安麻呂嫡子の石足の五人である。

ところが、持統の代においても、その活動が史料に見えるのは、持統三年（六八九）九月の記事に、直広参《じきこうさん》石上《いそのかみ》朝臣麻呂《まろ》・直広肆《じきこうし》石川朝臣虫名等を筑紫に遣《つかわ》して、位記《いき》を給送《おくりたま》ふ。且新《またにい》しき城《き》を監《み》しめたまふ。

と見えるのみである。この時、虫名は、同年六月に班賜《はんし》された飛鳥浄御原令《あすかきよみはらりょう》に基づく位記の内、筑紫大宰《だざい》管内の官人の分を給送し、「新城」（大宰府近辺の水城《みずき》・大野《おおの》城など）を監察《かんさつ》している。この時に派遣された二人は、法官《のりのつかさ》の事を分掌したマヘツキミ（「法官大夫〔卿〕」）であった可能性が考えられる。

宮麻呂は持統元年（六八七）には三十三歳に達しており、同様に子老と難波麻呂も、年齢的には持統の代に成人していたことは確実なのであるが、それぞれ大宝三年（七〇三）・文武二年（六九八）・和銅《わどう》四年（七一一）まで史料に見えず、持統の代における活動は不明である。やはり虫名が石川氏の氏上として、代表して官人としての活動を行なっていたのであろうか。

天武の代に活躍した皇親《こうしん》に代わって、持統の代にはマヘツキミ層が各官司・使節の上位に進出し始めていたのであるが（倉本一宏「律令制成立期の「皇親政治」」）、新生石川氏が上級律令氏族として進出するには、これまでの伝統に代わる新たな能力が必要とされたのである。

また、安麻呂の長子である石足《いわたり》は、持統元年に二十一歳となり、官人としての歩みを始めたものと思われる。石川氏も第二世代が登場してきていた。

さて、持統五年（六九一）、十八の氏族に対して「其《そ》の祖等《おやども》の墓記《おくつきのふみ》」を上進《じょうしん》させているが、石川氏もその一氏として提出を命じられている。どのような石川氏の墓記が提出されたのか、そしてそれが『日本書紀』の記事のどの箇所に、どのように定着したかは定かではないが、蘇我氏の祖先として記紀《きき》に見える、その名も石川氏と同じ建内宿禰《たけしうちのすくね》の子、蘇賀石河宿禰《そがのいしかわのすくね》の伝承、臣姓氏族をまとめた建内宿禰を始祖とする壮大な同族系譜、そして先祖と称する葛城《かずらき》氏に関わる伝承は、この頃までには成立していたのであろう。

律令制成立期における蘇我氏同族

一方、蘇我氏同族の官人は、律令制成立期においてはどのような活動を見せていたのであろうか。八色《やくさ》の姓《かばね》では、石川氏の他、桜井《さくらい》・田中《たなか》・小墾田《おはりだ》（小治田）・川辺《かわべ》（河辺）・岸田《きしだ》・高向《たかむこ》・来目《くめ》（久米）氏が朝臣姓を賜わっているが、桜井・岸田・高向・来目氏の官人は史料に現れない。なお、箭口《やくち》氏も朱鳥《しゅちょう》元年（六八六）に朝臣として見えるし、田口《たぐち》氏と御炊《みかしき》氏も『続日本紀』に朝臣として登場する。

まず、田中氏は、天武十年（六八一）に田中鍛師《かぬち》が小錦下《しょうきんげ》（従五位下に相応）を授けられ、持統元年（六八七）に田中法麻呂《のりまろ》が大使として新羅《しんら》に遣わされるなど、「皇親政治」が行なわれていた当時としては上級官人を出した。壬申年功臣《こうしん》を出していることにもよるのであろう。

小治田《おはりだ》氏では、天武十年に小墾田麻呂《まろ》が遣高麗国《こまのくに》小使に、文武三年（六九九）に小治田当麻《たぎま》が山科山陵《やましなのみささぎ》修造《しゅうぞう》次官に拝されるなど、マヘツキミ層としての活動を見せている。

河辺《かわべ》（川辺）氏は、天武六年（六七七）に河辺百枝《ももえ》が「民部卿（民官《かきのつかさ》を統括するマヘツキミ）」に拝され、天武十年には河辺子首《こびと》が新羅客を饗《きょう》するために筑紫に遣わされるなど、上級氏族としての格を保ち続けた。

箭口氏では、朱鳥元年（六八六）の大津皇子の「謀反《むへん》」に連坐《れんざ》したものの赦《ゆる》されて直広肆（従五位下に相応）に叙された八口《やくちの》音橿《おとかし》がいる。

このように、蘇我氏同族は律令制成立期においても、マヘツキミ氏族としての役割を担い続けたのである。

第五章　律令官人石川氏と皇位継承

旧マヘツキミ氏族のほとんどは、律令制の成立を境として確実に没落への道を歩み始めていた。一方、天皇家と重層的な姻戚関係を結び、鎌足《かまたり》・不比等《ふひと》の高位を蔭位《おんい》制に有利に活用した藤原《ふじわら》氏は、王権と結んで台頭していった。このような政治状況の中で、大化《たいか》前代は唯一の大臣（オホマヘツキミ）家であったという旧マヘツキミ氏族の雄であり、なおかつ大化以降も大王《だいおう》家や藤原氏と深い姻戚関係にあった石川《いしかわ》氏は、どのような命運をたどったのであろうか。

一、奈良時代初期の皇位継承と蘇我の血

文武天皇の後宮と蘇我氏

高天原広野姫《たかまのはらひろのひめ》（持統《じとう》）の全面的な後見によって、執政経験もないままわずか十五歳で即位

した天之真宗豊祖父《あまのまむねとよおおじ》（文武《もんむ》）は、君主としてもっとも重要な資質に欠けていた。多くの后妃《こうひ》を置かず、皇后も立てず、皇子をほとんど残すことがなく、しかも慶雲《けいうん》四年（七〇七）に二十五歳で死去してしまったのである。奈良朝の数々の政変劇は、この一点に、すべて起因していることになる。

さて、文武即位の直後、『続日本紀《しょくにほんぎ》』に次のような記事が見える。

藤原朝臣宮子娘《ふじわらのあそんみやこのいらつめ》を夫人《ぶにん》とし、紀《き》朝臣竈門娘《かまどのいらつめ》・石川《いしかわ》朝臣刀子娘《とねのいらつめ》を妃《ひ》（嬪《ひん》か）とす。

文武（「蘇我氏濃度」八分の三）が三人の后妃を立てたのであった。刀子娘の系譜は不詳であるが、連子《むらじこ》系の一員で、おそらくは石足《いわたり》とそう遠くはない近親であったものと思われる。当時、石川氏にはそれほど高い地位の官人は存在しなかったことを考えると、六世紀以来、大王家と姻戚関係を結んできた蘇我氏の伝統が、律令制成立以後にも生き続けたものと考えられる。太上《だいじょう》天皇となった持統（「蘇我氏濃度」二分の一）もまた、自己の孫の文武から始まる新たな皇統の正統性の根源として、もしかすると藤原氏出身の后妃のスペアとして、蘇我氏出身の后妃を選んだのである。

文武・日本根子天津御代豊国成姫《やまとねこあまつみしろとよくになりひめ》（元明《げんめい》、「蘇我氏濃度」二分の一）・日本根子高瑞浄足姫《やまとねこたかみづきよたらしひめ》

（元正《げんしょう》、「蘇我氏濃度」八分の三）という、奈良時代前期の天皇がいずれも蘇我氏の血を濃く引いていたことと併せると、刀子娘の入内《じゅだい》によって石川氏は、天皇家の外戚《がいせき》氏族としての地位を保持し続けたことになる。

公式には、文武の残した皇子は、藤原不比等《ふひと》の女《むすめ》宮子が大宝《たいほう》元年（七〇一）に産んだ首《おびと》皇子《のみこ》（後の天璽国押開豊桜彦《あめしるしくにおしはらきとよさくらひこ》〔聖武《しょうむ》〕、「蘇我氏濃度」十六分の三、「藤原氏濃度」二分の一）のみであった。一方では、藤原氏が全力を挙げて首皇子の立太子と即位を画策し、また一方では、はじめての藤原氏所生天皇の即位を肯《がえ》んじない人々の策謀が始まったのである。

石川嬪所生文武皇子の皇籍剝奪

ここに一つの仮説がある。文武の残した皇子は首皇子のみではなく、石川刀子娘が産んだ広成《ひろなり》（広世《ひろよ》）皇子もいたのだが、広成（広世）皇子は和銅《わどう》六年（七一三）十一月に突然、皇籍を剝奪された。それは藤原氏所生の首皇子の即位を最優先に望んだ藤原不比等によって、葬られてしまったというものである（角田文衞「首皇子の立太子」）。

和銅六年の記事というのは、

石川・紀の二嬪の号《な》を貶《おと》し、嬪と称《なの》ること得ざらしむ。

というものである（『続日本紀』）。

当時、持統―不比等（および県犬養三千代《あがたのいぬかいのみちよ》）による、文武―首皇子への直系皇位継承路線と、蘇我系皇族（たとえば氷高《ひだか》内親王〔後の元正〕や吉備《きび》内親王、長屋王《ながやのみこ》、吉備内親王と長屋王との間に生まれた三人の王、長屋王と石川夫人との間に生まれた桑田王《くわたのみこ》など）への皇位継承を模索する路線との間に、微妙な雰囲気が生じてきていた。

蘇我氏は大王家の母方氏族として、また大化《たいか》前代における唯一の大臣（オホマヘツキミ）家として、その尊貴性を認められていた。そしてその認識は、律令制の時代に至ってもなお、旧守的な氏族層、あるいは皇親の間に残存していた可能性が強い。皇女所生の文武皇子が得られないのならば、藤原氏の産んだ皇子と、蘇我氏の産んだ皇子とのいずれかを皇嗣《こうし》としなければならない場合、必ずしも藤原宮子所生の首皇子を推す者ばかりではなかったであろうことは、想像に難くない。

そのような情勢の中、首皇子を擁する不比等と三千代による陰謀によって刀子娘は貶黜《へんちつ》（斥けること）され、刀子娘所生の広成（広世）皇子は皇籍を剝奪されて石川朝臣となり、後に高円《たかまど》朝臣と改姓させられたという仮説が提示されたのである。

この考えに従うならば、この事件は蘇我氏から藤原氏への、王権のミウチ氏族の主役の交

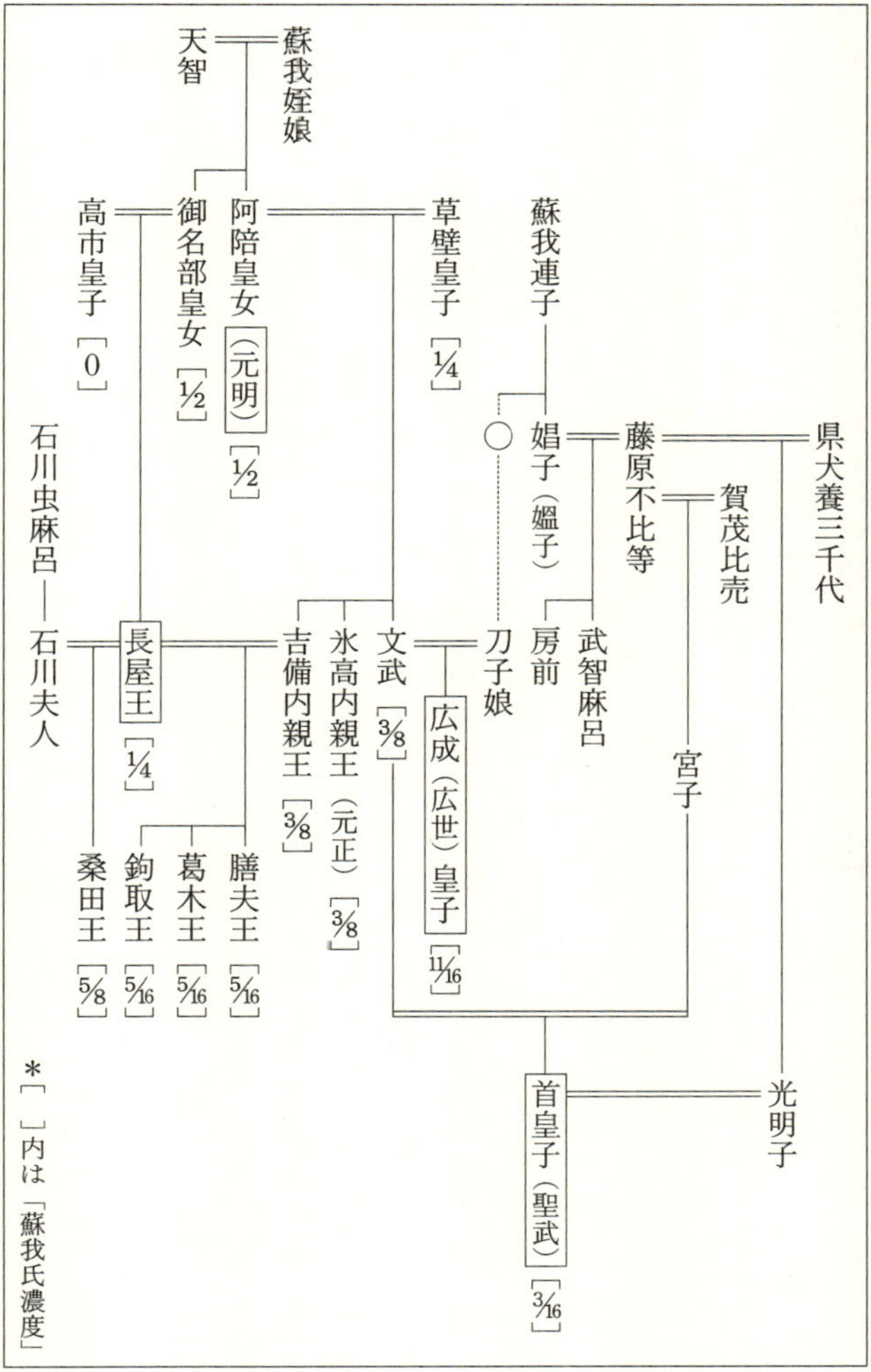
天智
蘇我姪娘
高市皇子［0］
御名部皇女［1/2］
阿陪皇女（元明）［1/2］
草壁皇子［1/4］
蘇我連子
○
娼子（媼子）
藤原不比等
県犬養三千代
賀茂比売
石川虫麻呂
石川夫人
長屋王［1/4］
吉備内親王［3/8］
氷高内親王（元正）［3/8］
文武［3/8］
刀子娘
広成（広世）皇子［11/16］
房前
武智麻呂
宮子
桑田王［5/8］
鉤取王［5/16］
葛木王［5/16］
膳夫王［5/16］
首皇子（聖武）［3/16］
光明子
＊［　］内は「蘇我氏濃度」

代を象徴していることになる。刀子娘と文武との間に生まれたという広成（広世）皇子は、「蘇我氏濃度」が十六分の十一にも達し、まさに「蘇我氏の皇子」と言える。これは「蘇我氏濃度」十六分の三、「藤原氏濃度」二分の一の首皇子を擁して天皇家とのミウチ関係の構築を目指した藤原氏の利害とは正面から衝突してしまうことになり、「陰謀」の蓋然性を高めている。

『藤氏家伝《とうしかでん》 下（武智麻呂伝《むちまろでん》）』によると、天武《てんむ》九年（六八〇）に生まれた武智麻呂《むちまろ》は「幼くして」母の石川娼子《しょうし》（媼子《おんし》）を喪《うしな》ったとあるから（三男の宇合《うまかい》が生まれたのは持統八年〔六九四〕ではあるが）、藤原氏と石川氏との間のミウチ意識も、すでに消滅していたのであろう。広成（広世）皇子の皇籍を剝奪して最大の障碍《しょうがい》を除外した不比等は、翌和銅七年（七一四）六月、あまりに「怪しい」タイミングで、首皇子の立太子に成功している（『続日本紀』聖武即位前紀）。

長屋王の変と蘇我系皇族の終焉

ここで長屋王の立場に関して一つの視点を示しておくと、彼は「蘇我氏濃度」二分の一の御名部皇女《みなべのひめみこ》を母とし、自身も「蘇我氏濃度」は四分の一に達している。のみならず、彼の配偶者には、「蘇我氏濃度」八分の三の吉備内親王、石川虫麻呂《むしまろ》の女《むすめ》の「石川夫人」、藤原不比等の女の長娥子《ながこ》がおり、それぞれ膳夫王《かしわでのみこ》・葛木王《かずらきのみこ》・鉤取王《かぎとりのみこ》、桑田王、安宿王《あすかべのみこ》・黄文王《きぶみのみこ》・山背王《やましろのみこ》を産んでいた。

つまり長屋王家というのは、長屋王自身や吉備内親王の即位の可能性のみならず、将来何らかの事情で皇位継承者が首皇子から他の皇統に移動した場合、蘇我系皇族腹、蘇我氏腹、藤原氏腹という、考え得る三通りの選択肢をすべて備えていたのであり、まさに次期皇位継承資格者の巨大なストックの観を呈していたのである。不比等亡き後の藤原氏の恐怖と猜疑《さいぎ》心《しん》が目に見えるようである。

天平《てんぴょう》元年（七二九）にこの家が藤原氏によって壊滅させられた際に葬られたのが、長屋王・吉備内親王・蘇我系皇族腹の王（膳夫王・葛木王・鉤取王）・蘇我氏腹の王（桑田王）に限られたのは、藤原氏の野望を阻む対手《たいしゅ》がこれらに限られたためであろう。

結果論として「歴史の後智慧《あとぢえ》」で見た場合、藤原氏による後宮《こうきゅう》の制覇は律令制成立と共に決定した唯一の路線であったかのように見えるが、そのためには、石川刀子娘の貶黜《へんちつ》と長屋王家の壊滅という「荒療治」を必要としたのであった。

以後、石川氏はふたたび天皇家と姻戚関係を持つことはなくなって、六世紀以来の伝統は完全に藤原氏に移行した。そして文武・元明・長屋王・吉備内親王・元正の死によって、蘇我氏の血を引く皇族は断絶したのである。

二、律令官人石川氏の地位

奈良時代前半における石川氏官人の地位

それでは、奈良時代における石川氏の官人の地位は、いかなるものであったのだろうか。次に奈良時代における石川氏の系図を掲げるが（系譜の明らかな者は少ないが）、まず重要な点は、石川氏が天平勝宝《てんぴょうしょうほう》元年（七四九）の年足《としたり》に至るまで一人の議政官《ぎせいかん》も出していないという点である。奈良時代前期にも、宮麻呂《みやまろ》は従三位右大弁《うだいべん》、難波麻呂《なにわまろ》は正四位下、石足《いわたり》は従三位左大弁《さだいべん》にまで上っていながら、石足が長屋王《ながやのみこ》の変に際して臨時に参議《さんぎ》の列に加えられた（権参議《ごんさんぎ》）以外は、まったく議政官の一角を占めることはできなかったのである。

参議とは、おおむね正四位以上の高位者で八省《はっしょう》の卿《かみ》や左右大弁などの高官が兼帯《けんたい》して議定《ぎじょう》に参画する制度であったが、高位と高官とを兼ね備えている石川氏の官人が参議に任じられなかったのは、王権側からの特殊な意図を感じないわけにはいかない。

まず宮麻呂については、先述の石川・紀《き》二嬪《ひん》の称号剝奪と、半年後に続いて行なわれた首《おびとのみこ》皇子の立太子、さらに二嬪の称号剝奪の一箇月後に、石川朝臣《あそん》氏の氏上《うじのかみ》であったと見られる宮麻呂が従三位右大弁のままで死去しているという事実とが、一連の関連性を持つと考えられ、それを「不比等《ふひと》の胸中に描かれていた意図」と関係があったという推測がある（野

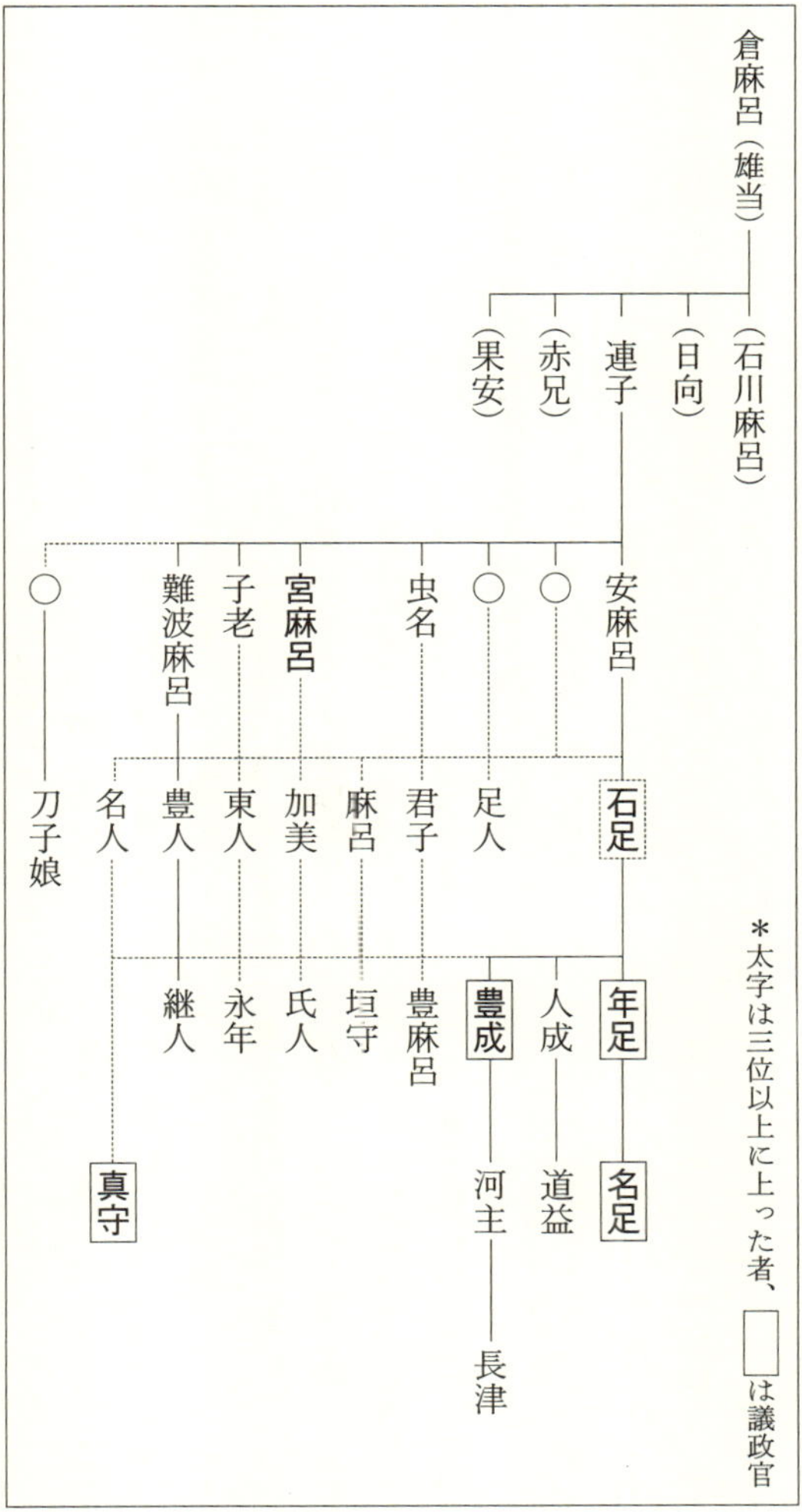

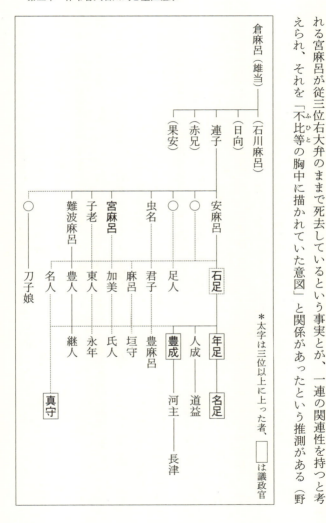

村忠夫「首皇子の立太子と藤原氏―不比等政権確立への道」)。

また、石足も含む長屋王の変の際の権参議三名はことごとく藤原派であったとされ、権参議の任命は、長屋王派が多数を占めていた議政官構成の勢力分布を逆転させ、長屋王除滅のための太政官《だいじょうかん》会議を開催するためのもっとも適切な方策であったという指摘がある(野田嶺志「律令国家の戒厳令」)。実際、この会議の後、長屋王窮問使《きゅうもんし》が派遣されている。

元々、石川石足は長屋王を打倒しようとする藤原氏の動きに対してもっとも積極的であり、かなり著しく動いていたこと、乱後の異例の昇進は長屋王の変における活躍に対する褒賞と考える外はないとされており(直木孝次郎「長屋王の変について」)、藤原氏に取り入って自己の栄達を目指そうとする実務官人の姿を現している。

しかし問題は、このようにしてまで累進した石足でさえ、ついに正参議に上ることはなかったという点である。この時に権参議とされた三人の内、石足を除く二名は二年後に正参議に任じられているにもかかわらず、である。大臣(オホマヘツキミ)家としての伝統と、王権と強い姻戚関係を結んでいたという尊貴性とが、逆に足枷《あしかせ》となって王権や藤原氏に警戒され、国家政策の審議の場からは疎外されたのである。

奈良時代前半における石川氏官人の官位

では、奈良時代における石川氏の官人の官位は、どれくらいのものだったのであろうか。『続日本紀《しょくにほんぎ》』の時代を便宜的に前半（大宝《たいほう》元年〔七〇一〕～天平《てんぴょう》二十年〔七四八〕）と後半（天平勝宝元年〔七四九〕～延暦《えんりゃく》十年〔七九一〕）に分け、それぞれの期間に叙爵《じょしゃく》された官人の極位《ごくい》を比較してみる。

前半では、正三位が一人、従三位が二人、正四位が一人、従四位が五人、正五位が三人、従五位が七人であり、十九人の官人の内、九人が四位以上に上り、従五位下に留《とど》められたのは五人のみである。神亀《じんき》五年（七二八）に制定された内《ない》・外階《げかい》制の実態を考えても、石川氏は多治比《たじひ》・藤原・百済王《くだらのこきし》・橘《たちばな》氏と共に、内・外階制の成立時から、「本来的な内階コースの氏」であった（野村忠夫「内・外位制と内・外階制」）。このコースに含まれるのはこれら五氏に過ぎず、大化《たいか》前代の有力マヘツキミ氏族であった阿倍《あべ》・巨勢《こせ》・大伴《おおとも》氏ですら「内・外両階コースの氏」に過ぎなかった。

多治比・橘氏は皇親《こうしん》氏族、百済王氏は百済《ひゃくさい》王族の末裔《まつえい》、藤原氏は王権と密着した特殊な氏族であることを考えると、旧マヘツキミ氏族においては、石川氏が唯一の「本来的な内階コースの氏」ということになる。「中央官人内部での階層化さらには門地貴族の地歩の確認」（野村忠夫「内・外位制と内・外階制」）においても、石川氏は最上級官人を出すはずの地位が認められていたことになる。繰り返すが、それでも議政官を出せなかった点に、石川氏の特異性がある。

さらに、石川氏の官人が任じられた官職を見てみる。太政官関係は後述するとして、前期では、八省の卿が三人（刑部卿《ぎょうぶきょう》難波麻呂・式部卿《しきぶきょう》石足・文部卿《もんぶきょう》〔式部卿〕年足）、大輔《だいふ》が六人、少《しょう》輔が九人、国の守《かみ》が九人といったところが目立ったものである。

律令制が始動すると、蔭位《おんい》制を有利に利用することができなかった旧マヘツキミ氏族のほとんどは、奈良時代にはいずれも没落への道を歩んだのであるが（倉本一宏「議政官組織の構成原理」）、王権とのミウチ関係も奈良時代前期には途絶えてしまった石川氏にとっては、上級氏族として生き残るためには、新たな道を見出《みいだ》すしかなかった。

そして石川氏が選んだ道は、一つには弁官《べんかん》として律令行政の実務を取り仕切ること、いま一つには王権のミウチ氏族の座を譲り渡した藤原氏に取り入ることであった。

官人	職階	在任期間	延べ在任年数	在任時の位階
宮麻呂	右大弁	和銅元年（七〇八）三月～和銅六年（七一三）十二月	五年九箇月	従四位上→従三位
石　足	左大弁	養老四年（七二〇）十月～天平元年（七二九）八月	八年十箇月	従四位上→従三位
麻　呂	左少弁	天平三年（七三一）六月～天平十年（七三八）閏七月	七年二箇月	従五位下→従五位上

年足	左中弁	天平十八年（七四六）十一月〜天平勝宝三年（七五一）正月	七年五箇月	正五位上→従四位上
	左大弁	天平勝宝三年（七五一）正月〜天平勝宝六年（七五四）四月		従四位上→従三位
豊成	右少弁	天平勝宝六年（七五四）四月〜天平宝字三年（七五九）七月	十一年四箇月	従五位下→従五位上
	左中弁	天平宝字三年（七五九）七月〜天平宝字六年（七六二）正月		従五位上→正五位上
	右大弁	天平宝字六年（七六二）正月〜天平神護元年（七六五）八月		従四位下→正四位下
豊人	右少弁	宝亀元年（七七〇）十月〜宝亀二年（七七一）九月	七年三箇月	従五位上
	右中弁	宝亀二年（七七一）九月〜宝亀九年（七七八）正月		従五位上→正五位上
名足	右大弁	宝亀九年（七七八）二月〜延暦四年（七八五）七月	八年四箇月	従四位下→従三位
	左大弁	延暦四年（七八五）七月〜延暦五年（七八六）六月		従三位
真守	右大弁	延暦九年（七九〇）七月〜延暦十六年（七九七）二月	六年七箇月	従四位下→従四位上
魚麻呂	左少弁	延暦十八年（七九九）六月〜延暦二十年（八〇一）七月	二年一箇月	従五位下

弁官というのは太政官の一部局で、諸司・諸国の事務を集約・処理して、議政官や関係官司への取り次ぎや命令伝達を行なう官である。ここで弁官に任じられた石川氏の官人を挙げる。これを見ると、八世紀のほとんどの時期（百年の内、六十四年九箇月。少弁《しょうべん》は史料に残りにくいため、実際はさらに多年にわたるものと思われる）において、石川氏の九人（以上）の官人が一人ずつ弁官に任じられていることがわかる。

ある者が死去したり、他の官に遷任《せんにん》したりした場合には、石川氏の他の官人が若干の間隔を置いて、それぞれの位階に応じた職階の弁官に任じられている。大弁に任じられた官人を氏族別に集計すると、石川氏の大弁任命者数は、奈良時代前半には巨勢氏に、後半には藤原氏に次いで、それぞれ二番目に多いことになり、これは「古代名族たる蘇我臣氏の律令社会への適応化、つまり律令官僚への転化の姿であった」という（野村忠夫「弁官についての覚え書―八世紀～九世紀半ばの実態を中心に」）。

奈良時代後半における石川氏官人の地位

ところが、奈良時代後半になると、位階は正三位が一人、従三位が一人、正四位が一人、従四位が二人、正五位が三人、従五位が二十七人である。三十五人の官人の内、四位以上に上ったのは五人のみとなり、二十一人は従五位下に留められたままとなっている。位階から見る限り、明らかに奈良時代中頃を境として、石川氏全体としてはその地位は低落していると言えよう。

特に、神護景雲《じんごけいうん》年間（七六七～七六九）以降に叙爵された官人は、ほとんど従五位より高位には上っておらず、平安時代における石川氏の没落の徴候がすでに見え始めている。

官職のほうでも、後期になると、八省の卿が七人、大輔が九人、少輔が十五人、国の守が三十三人、介《すけ》が十三人となる。『続日本紀』の官職補任《ぶにん》記事が後期になると増大するという史料的性格を考えるならば、任官の点からも石川氏の地位は低落していることが読み取れる。

弁官について見てみると、ここにも奈良時代後半における石川氏の没落の徴候が現れている。それは、前期には弁官への任命に関心の薄かった藤原氏が、後期には藤原氏全体の官人数が増加したことによって七人も大弁に任じられるようになったということである。石川氏がようやく見出した転生への道も、石川氏が取り入る相手であった藤原氏の手によって、閉ざされようとしていたのであり、事実、九世紀以降に石川氏の官人が大弁に任じられた例はなくなる。

石川氏の議政官

それでも大弁を連続して出し続け、藤原氏の権力者に取り入り続けた結果であろうか、八

世紀後半には石川氏の官人が議政官に連任《れんにん》されることになった。まず石足《いわたり》長子の年足《としたり》は、『続日本紀』の薨伝《こうでん》に、

率性廉勤《しゅっせいれんきん》にして、治体《ちてい》に習ひ、……公務の閑《いとま》には、唯書是《ただふみ》を翫《もちあそ》ぶ。

と賞された実直な性格であったが、天平勝宝元年八月、藤原仲麻呂《なかまろ》によって新設された紫微《しび》中台《ちゅうだい》の次官である大弼《だいひつ》に任じられるなど、弁官としての有能さに加えて、仲麻呂との密着に栄達の鍵を求めた。そして同年十一月頃、左中弁《さちゅうべん》兼式部卿のまま参議に任じられ、ついに石川氏としてははじめて議政官に上った。律令制成立と共に議定の場から排除された旧マヘツキミ氏族が多い中で、石川氏はその転生を成功させた希有な例と言えよう。

その後も年足は、天平宝字《てんぴょうほうじ》元年（七五七）六月、橘奈良麻呂《ならまろ》の陰謀を察知した仲麻呂による人事異動で兵部卿《ひょうぶきょう》に、同年八月、変の後に中納言《ちゅうなごん》に、それぞれ任じられ、天平宝字四年（七六〇）、仲麻呂の大師《だいし》（太政大臣《だいじょうだいじん》）任官と同時に御史大夫《ぎょしだいぶ》（大納言《だいなごん》）にまで上った。年足は橘諸兄《もろえ》政権ではむしろ不遇であったが、その性格が好まれたものか仲麻呂の腹心的存在の側近となったという（岸俊男『藤原仲麻呂』）。

しかし、年足にとっても仲麻呂にとっても不幸だったのは、年足の参議任官が六十二歳と

すでに高齢に達した後であったことであった。天平宝字六年（七六二）、年足が七十五歳で死去すると、側近を一時に失った仲麻呂は一転して苦境に追い込まれていったのである（岸俊男『藤原仲麻呂』）。

その苦境を乗り越えようとした仲麻呂は、年足が死去した三箇月後に、年足の弟の豊成《とよなり》を右大弁を兼ねさせたまま参議に任じた。自身の男の訓儒麻呂《くすまろ》・朝獦《あさかり》らと共にである。すでに豊成は、天平宝字二年（七五八）、仲麻呂の発案になる問民苦使《もんみんくし》の内、京畿内使《けいきないし》に拝されるなど、仲麻呂との密着を始めていたが、ここに仲麻呂によって年足の穴を埋める存在として期待されたのであろう。

しかし豊成は、仲麻呂とは一線を画したらしく、仲麻呂の乱の後も栄達を続け、宝亀《ほうき》元年（七七〇）頃に中納言に上り、宝亀三年（七七二）に死去した。

なお、仲麻呂との関係でいうと、年足の長子の名足《なたり》は仲麻呂派として伊勢守《いせのかみ》に任じられ、氏人《うじひと》は周防守《すおうのかみ》であったが仲麻呂の乱において勝野津《かつののつ》で伏誅《ふくちゅう》された。また豊麻呂《とよまろ》も鋳銭長官《じゅぜんのかみ》であったが、仲麻呂の乱に連座して官位を剝奪されている。ただ、氏族を挙げて仲麻呂に与《くみ》したわけでもなく、垣守《かきもり》と永年《ながとし》は仲麻呂追討の功によって叙位を受けている。

さて、仲麻呂の乱や道鏡《どうきょう》政権の余波も収まった宝亀十一年（七八〇）、名足が右大弁・伊勢守を兼ねたまま四十八歳で参議に任じられた。名足は延暦《えんりゃく》四年（七八五）には左大弁の

まま中納言に上り、延暦七年（七八八）に死去した。『続日本紀』の薨伝には、

> 名足は、耳目《じもく》の渉《わた》る所、多く心に記す。加以《しかのみならず》、利口《りこう》にして、剖断《ほうだん》すること滞ること无《な》し。然して性《ひととなり》頗《すこぶ》る偏急《へんきゅう》にして、好みて人の過《あやまち》を詰《なじ》る。官人政《まつりごと》を申すに、或《あるい》は旨《むね》に合はずあれば、即《すなわ》ちその人に対《むか》ひて口を極めて罵《の》る。此《これ》に因《よ》りて、諸司の官曹《かんぞう》に候ふ者《ひと》、名足の事を聴くに値《あ》へば、多く跼蹐《きょくせき》して避《さ》く。

とある。有能にして偏狭な実務官人の姿が眼前に浮かんでくるようである。

さらに名足の死の一年八箇月後の延暦九年（七九〇）二月、真守《まもり》が六十二歳で参議に任じられ、同年七月に右大弁を兼ね、延暦十七年（七九八）に致仕《ちし》した。

以上四人の議政官を石川氏は連続して出したわけであるが、いずれも大弁を兼ねたまま、高齢に至ってから任じられている点に注目したい。この事実は、王権が石川氏の官人に対して、（藤原氏のように）特別な信頼感やミウチ意識を感じて政権の中枢に導き入れたというよりも、文書行政の最前線に位置する手練《てだ》れの大弁を議定に参加させて国政を円滑に運用する必要に迫られ、ひとえに実務的に、敢《あ》えて言うならば、その時々の権力者に都合のよいような実務の運用を期待されて、参議に任じられたことを示唆している。

また石川氏の議政官任命が奈良時代後半にのみ見られたということは、すでにこの時期には石川氏と天皇家とのミウチ関係は絶縁しており、王権も藤原氏も、安心して石川氏の官人を高官に上らせることができるようになったことを示している。もはや石川氏は藤原氏の政敵ではなくなっていたのである。

また、高齢で参議に任じられているということは、石川氏の官人が議政官に在職している期間が短く、（藤原氏のように）同族の官人を引き立てたり、自身も高位に上って子孫に有利な蔭階《おんかい》を残す機会を狭めたことを意味する。

加えて、石川氏の議政官補任が、時の権力者に取り入ることによって、ようやくなし得た、きわめて政治的なものであったことも特徴的である。議政官連任という事態も、けっして氏族自体の政治的地歩が万全に上昇したことを意味するわけではなく、その地位も非常に脆《もろ》いものであった。そして実際、真守以降には、石川氏は三位以上の高位者も、議政官も、大弁さえ、二度と出すことはなかったのである。

なお、『万葉集』には、石川郎女《いしかわのいらつめ》（石川内命婦《ないみょうぶ》、大伴安麻呂《やすまろ》の妻）の他、宮麻呂・足人《たるひと》・君子《きみこ》・水通《みみち》・広成《ひろなり》（元広成皇子）・年足が見える。

奈良時代における蘇我氏同族官人の地位

それでは、石川氏以外の蘇我氏同族官人の地位を追っていくことにしよう。摩理勢《まりせ》の滅亡によって早くから姿を消した境部《さかいべ》氏を除いた蘇我氏同族氏族の官人は、以下の通りである。

田口氏は、大化元年（六四五）に蘇我田口川堀《たぐちのかわほり》が古人大兄王子《ふるひとのおおえのみこ》の「謀反《むへん》」に、大化五年（六四九）に田口筑紫《つくし》が蘇我倉山田石川麻呂《くらやまだのいしかわまろ》の「謀反」に、それぞれ関わったことによって、その家門は衰微していったとされる（佐伯有清『新撰姓氏録の研究 考證篇 第一』）。確かに、大化前後の「活躍」と比較すると、それ以降は上級官人としての活動は、史料に見えない。筑紫以降に田口氏の官人が見えるのは、慶雲《けいうん》元年（七〇四）の田口益人《ますひと》であって、その間には半世紀以上の空白が存在する。律令制成立期においては、この氏族の人々は、長い雌伏の時期を送っていたのである。朝臣賜姓《しせい》の記事が見えないのも、そのためであろう。

ただし、律令制成立以後、田口氏は、中級官人を輩出する母胎として復活した。奈良時代に史料に見える官人の極位と主な官歴、最終所見年を列挙すると、広麻呂《ひろまろ》（慶雲二年〔七〇五〕、従五位下）、益人（霊亀《れいき》元年〔七一五〕、正五位上、上野守《こうずけのかみ》・右兵衛率《うひょうえのかみ》）、家主《やかぬし》（天平二年〔七三〇〕、従五位上）、年足（天平四年〔七三二〕、外従五位下、越中守《えっちゅうのかみ》）、養年富《やねほ》（天平八年〔七三六〕、正六位上、播磨介《はりまのすけ》）、御負《みおい》（天平十年〔七三八〕、従六位上、駿河守《するがのかみ》）、三田次《みたすき》（天平十八年〔七四六〕、従五位下）、牛養《うしかい》（天平宝字八年〔七六四〕、従五位下）、安麻呂《やすまろ》（神護景雲二年

〔七六八〕、従五位下、右衛士佐《うえじのすけ》・内豎大丞《ないじゅのだいじょう》・陸奥介《むつのすけ》）、御直《みなお》（宝亀元年〔七七〇〕、従五位下、大《だい》監物《けんもつ》・土佐守《とさのかみ》）、大戸《おおと》（宝亀八年〔七七七〕、従五位上、日向守《ひゅうがのかみ》・兵馬正《ひょうめのかみ》・上野介《こうずけのすけ》）、祖人《おやひと》（宝亀十年〔七七九〕、従五位下、内礼正《うちのいやのかみ》・尾張介《おわりのすけ》）、大立《おおたち》（延暦二年〔七八三〕、従五位下）、清麻呂《きよまろ》（延暦三年〔七八四〕、従五位下、右京亮《うきょうのすけ》）ということになる。

五位程度の官人を連続して出し続けていることが読み取れよう。『万葉集』には、広麻呂・益人・家守《やかもり》・馬長《うまなが》・大戸が見える。平安時代に入ると、やがてこの氏族にも大きな転機が訪れることとなる。

桜井氏は、八色《やくさ》の姓《かばね》で朝臣姓を賜わったものの、その後は官人は見えなくなる。少なくとも五位以上の官人を出すことはなくなったのである。

高向《たかむこ》氏は、律令制成立以後も、麻呂《まろ》が参議、次いで中納言に任じられ、従三位の高位で和《わ》銅《どう》元年〔七〇八〕に死去した。ところが、上級氏族としての高向氏の活動も、この麻呂で終《しゅう》焉《えん》を迎えた。それ以降の世代では、色夫智《しこぶち》（和銅二年〔七〇九〕、従五位下、右兵衛率・山背《やましろの》守《かみ》）、人足《ひとたり》（養老四年〔七二〇〕、従五位下、尾張守《おわりのかみ》）、大足《おおたり》（神亀元年〔七二四〕、従五位上、下《しも》総守《うさのかみ》・民部少輔《みんぶのしょう》）、諸足《もろたり》（天平五年〔七三三〕、外従五位下、鋳銭長官）、家主（宝亀六年〔七七五〕、従五位上、治部少輔《じぶのしょう》・筑後守《ちくごのかみ》）と、五位程度の官人を出す中級氏族としての姿しか見えなくなる。なお、『懐風藻《かいふうそう》』には諸足の詩が収められている。

田中《たなか》氏も、律令制成立以後には、稲敷《いなしき》（養老四年、従五位下）、浄足《きよたり》（天平六年〔七三四〕、外従五位下）、三上《みかみ》（天平十年、外従五位下、肥後守《ひごのかみ》）、少麻呂《すくなまろ》（天平二十年〔七四八〕、従五位下）、広根《ひろね》（宝亀四年〔七七三〕、従五位下）、難波麻呂（宝亀六年、従五位下）、多太麻呂《おおたまろ》（宝亀九年〔七七八〕、正四位下、中衛員外少将《ちゅうえいんがいしょうしょう》・東海道節度副使《とうかいどうせつどふくし》・陸奥守《むつのかみ》・鎮守将軍《ちんじゅしょうぐん》・宮内大輔《くないのだいふ》・民部大輔《みんぶのだいふ》・美濃守《みののかみ》・右大弁・出雲守《いずものかみ》）、飯麻呂《いいまろ》（宝亀十一年〔七八〇〕、従五位下、筑後守）、吉備《きび》（延暦四年〔七八五〕、正五位下）と、中級官人を輩出する母胎となった。『懐風藻』に浄足の詩が収められている。

特筆すべきは、仲麻呂政権・道鏡政権の両方とうまく関わり、伊治《これはり》城造営をはじめとする東北政策の実行者となった田中多太麻呂である。時の権力者との関係と、特別な実績は、生き残りのための方策だったのであろう。

なお、平城《へいじょう》京右京《うきょう》四条四坊の平松廃寺《ひらまつはいじ》（現奈良市平松町字西山《にしやま》）が、田中氏の氏寺《うじでら》であった田中廃寺《たなかはいじ》の移築されたものであることが指摘されている（大脇潔「蘇我氏の氏寺からみたその本拠」）。

小治田《おはりだ》氏は、律令制成立以後においては、宅持《やかもち》（和銅元年、従五位下、信濃守《しなののかみ》）、月足《つきたり》（和銅五年〔七一二〕、従五位下）、豊足《とよたり》（和銅七年〔七一四〕、従五位下）、安麻呂（天平元年〔七二九〕、正五位上）、広千《ひろち》（広耳《ひろみみ》、天平十五年〔七四三〕、従五位下、尾張守・讃岐守《さぬきのかみ》）、諸人《もろひと》（天平

小治田安萬侶の墓

勝宝六年〔七五四〕、従五位上、散位頭《さんいのかみ》・豊後守《ぶんごのかみ》）、水内《みぬち》（天平宝字八年、従五位下、大炊頭《おおいのかみ》）、諸成《もろなり》（宝亀七年〔七七六〕、従五位下、越中介《えっちゅうのすけ》）、古刀自《ことじ》（延暦二年、従五位下）などが見え、五位程度の官人を出し続けている。『万葉集』には、広耳と東麻呂《あずままろ》の歌が見える。

なお、平城京左京二条五坊からは「小治田寺《おはりだでら》」と書かれた墨書《ぼくしょ》土器が出土している。また、一九一二年（明治四十五）、小治田安萬侶《やすまろ》（安麻呂）の火葬墓が、奈良県都祁《つげ》村甲岡《こうおか》（現奈良市都祁甲岡町）の茶畑で発見され、墓誌《ぼし》三枚が出土した。

川辺《かわべ》（河辺）氏は、律令制成立以後においては、母知《もち》（和銅元年、従五位下）、智麻呂《ちまろ》（養老七年〔七二三〕、従五位下）、東人《あずまひと》（宝亀元年、従五位下、石見守）、島守《しまもり》（宝亀九年、従五位下）、浄長《きよなが》（延暦四年、従五位下、主油正《あぶらのかみ》・安芸介《あきのすけ》）など、何人かの中級官人を出しているものの、その後は急速に史料から姿を消している。『万葉集』には東人の歌が載せられている。

なお、川辺東女《あずまめ》が天平十四年〔七四二〕、塩焼王《しおやきのきみ》事件に連座して佐渡国《さど》に配流《はいる》されていることを付け加えておく。

岸田《きしだ》氏は、律令制成立以後においては、広庭《ひろにわ》（天平十年、無位、西史生《にしのししょう》）、継手《つぎて》（天平宝字八年、従五位下、駿河国史生《するがのくにししょう》）しか史料に見えない。継手が恵美押勝《えみのおしかつ》（仲麻呂）追討の功で特に従五位下に叙されたことも、氏族としての浮上にはつながらなかったようである。

久米《くめ》（来目）氏は、律令制成立以後においては、尾張麻呂《おわりまろ》（和銅元年、従五位上、伊予守《いよのかみ》）、三河麻呂《みかわまろ》（養老二年〔七一八〕、従五位下）、麻呂（天平四年、従五位上、副将軍《ふくしょうぐん》・主税頭《しゅぜいのかみ》）、湯《ゆ》守《もり》（天平二十年、従五位下、駿河掾《するがのじょう》）、比良女《ひらめ》（天平勝宝元年、従五位下）、広縄《ひろなわ》（天平勝宝三年〔七五一〕、従七位上、左馬少允《さまのしょうじょう》・越前掾《えちぜんのじょう》）、子虫《こむし》（天平宝字八年、従五位下、伊賀守《いがのかみ》）が見える。『万葉集』には広縄と継麻呂《つぎまろ》の歌が載せられている。

御炊《みかしき》氏の官人は、人麻呂《ひとまろ》が養老五年（七二一）に従五位下兵部少輔《ひょうぶのしょう》として見えるのみであり、早くから有力な氏族ではなかったものと見られる。

箭口《やくち》氏も同様、少なくとも五位以上の官人は見えなくなる。

以上、蘇我氏同族氏族は、田口氏・高向氏・田中氏・小治田氏・川辺氏・岸田氏・久米氏が、律令制成立以後も、五位程度の中級官人を出す母胎として生き残ったことを確認した。また、東大寺《とうだいじ》などの写経所《しゃきょうしょ》の経師《きょうし》として石川氏に一人、高向氏に二人、田中氏に一人、小治田氏に二人、川辺氏に一人、校生《こうしょう》として高向氏に一人、小治田氏に四人、それぞれ見える（「正倉院文書《しょうそういんもんじょ》」）。このような官人社会の最底辺にも、活路を見出さざるを得なくなっていたのである。

ただし、境部氏をはじめ、桜井氏と御炊氏・箭口氏は、奈良時代末には五位以上の官人は見えなくなり（したがって氏族としての地位の再生産も不可能となる）、歴史の表舞台からは姿を消していったのである。

元興寺塔跡

元興寺の平城京移転

ここで飛鳥寺《あすかでら》（法興寺《ほうこうじ》）の平城京移転について触れておこう。和銅三年（七一〇）の平城遷都《せんと》に伴って、川原《かわら》寺《でら》を除き、飛鳥《あすか》・藤原京《ふじわらきょう》の諸寺は平城京に移転した。ところが飛鳥寺は、禅院《ぜんいん》のみが和銅四年（七一一）に移転したものの、有力寺院としてはひとり飛鳥に残留し、ようやく養老二年（七一八）に至って、元興寺《がんごうじ》として移転している。

しかも、その寺地は平城京の東側、一般に「外京《げきょう》」と呼ばれる地（私はこの部分は当初から設計されていたと考えるので、仮に「東京《とうきょう》」と称している）の、藤原氏の氏寺である興福寺《こうふくじ》の南に接する地である。大寺《おおでら》として国家の保護を受けているとはいえ、倭国《わ》に最初に建立された伽藍《がらん》寺院の移転にしては、少し寂しい感は否めない。

『万葉集』に収められている、大伴坂上郎女《おおとものさかのうえのいらつめ》の詠《よ》みあげた、

故郷《ふるさと》の　明日香はあれど　あをによし　平城《なら》の明日香を　見らくし良しも

——旧都の明日香もなつかしいが、今栄えている奈良の元興寺の明日香を見るのはすばらしいものだ。

という歌も、心なしか空《むな》しく響いてくる。

第六章　ソガ氏への復帰

一、宗岳（ソガ）氏への改姓

都が大和《やまと》国から遷《うつ》って九十年以上を経た元慶《がんぎょう》元年（八七七）十二月二十七日、石川《いしかわ》氏はふたたび姓を、しかもみずから望んで改めた。『日本三代実録《にほんさんだいじつろく》』には、

ソガ氏への改姓

右京《うきょう》の人前長門守《さきのながとのかみ》従五位下石川朝臣《あそん》木村《きむら》・散位《さんい》正六位上箭口《やくち》朝臣岑業《みねなり》、石川・箭口を改め、並びに姓宗岳《そが》朝臣を賜ふ。木村言す、「始祖《しそ》大臣武内宿禰《たけしうちのすくね》の男宗我石川《そがのいしかわ》、河内《かわち》国石《いし》川別業《かわのべつぎょう》に生まる。故に石川を以《もっ》て名と為《な》す。宗我大家《そがのおおや》を賜はり居と為す。因《よ》りて姓宗我宿禰を賜はる。浄御原天皇《きよみがはらのすめらみこと》十三年、姓朝臣を賜はる。先祖の名を以て、子孫の姓と為

すは、諱《いみな》を避けず」と。詔《みことのり》して之《これ》を許す。

と見える。石川木村の主張というのは、先祖（と石川氏が主張していた）宗我（蘇我《そが》）石川の名は、河内国石川別業に生まれたので、石川を名としたものである。宗我大家を賜わって居住したので姓宗我宿禰を賜わった。天武十三年（六八四）に朝臣姓を賜わったが、先祖の名である「石川」を子孫の姓としているのは憚《はばか》りがあるから、本来の氏の名であった「ソガ」というウヂ名を称したいというものである。

「宗岳」は、後世は訓で「ムネオカ」と訓《よ》むようになり、「宗岡」「宗丘」などの字も充《あ》てられるようになるが、当時は音で「ソガ」と訓んだはずであり（「慶滋」〔後世の「ヨシシゲ」〕を「カモ」と訓んだのと同様である）、石川氏は、古代の栄光の氏の名をふたたび称することになったのである。

実際には中級氏族にまで地位を低下させていた石川氏が、はるかな過去の氏の名を称することによって、一体何を得ることができたのであろうか。過去の誇りの歴史を冠することによってのみ、氏としての存立基盤を求めようとしたこの氏族の姿に、藤原《ふじわら》氏（しかも嫡流《ちゃくりゅう》のみ）以外の古代氏族の悲喜劇が集約されていると言えよう。「古代氏族の終焉《しゅうえん》」は、かくも皮肉な末路を我々に曝《さら》してくれるのである。

「氏寺」龍泉寺

大阪のJR天王寺《てんのうじ》駅の南にある大阪阿部野橋《あべのばし》駅から出ている近鉄南大阪線は、右側に河内《かわち》大塚山《おおつかやま》古墳が見え出すと、やがて古市《ふるいち》古墳群を取り巻くように大きく迂回《うかい》し、古市駅に到着する。この間、左右にはいくつもの巨大前方後円墳が迫り、まったく飽きさせることはない。

南大阪線はこの後、二上山《にじょうさん》の北側を廻《まわ》って、橿原神宮前駅に到《いた》るのであるが（この間の二上山の山容の変化も秀逸）、敢《あ》えて古市駅で電車を降りて近鉄長野線に乗り換えると、いかにもローカル私鉄といった風情の電車は、喜志《きし》駅、富田林《とんだばやし》駅、富田林西口駅、川西《かわにし》駅と、かつての蘇我倉《そがのくら》氏をはじめとする河内を地盤とした蘇我氏同族の本拠地の西縁をコトコトと進んでいき、河内長野《かわちながの》駅に達する。

河内の中心の一つである富田林駅で降り、滅多に来ないバスに乗って、五キロ近くも南に行くと、やがて両側に山の迫る土地に入り、龍泉《りゅうせん》というバス停に着く。左側の山には楠木《くすのき》正成《まさしげ》で有名な赤阪《あかさか》城や千早《ちはや》城、右側の山には支城の龍泉寺《りゅうせんじ》城（嶽山《たけやま》城）が築かれているのであるが、龍泉寺城のある嶽山のほうを登ると、中腹に龍泉寺という素敵な寺が現れる。

現在では名勝に指定されている池泉回遊式《ちせんかいゆう》浄土《じょうど》庭園（南北朝時代以前）と、桜・躑躅《つつじ》・紅葉《もみじ》などで有名な寺であるが、実はこの寺は、かつて平安時代の宗岳氏が氏寺《うじでら》としていた大

龍泉寺

寺院だったのである。最盛期には東西両塔をはじめとする大小二十五の塔頭《たっちゅう》が立ち並んだという。重要文化財に指定されている仁王門《におうもん》は鎌倉時代中期に建てられたものであり、金剛力士《こんごうりきし》像《ぞう》は建治《けんじ》元年（一二七五）の作である。

ただし、先にも述べたところであるが、後に述べる文書が、「大臣宗我宿禰、小治田宮《おはりだのみや》に御宇《あめのしたしらしめしし》世丙辰冬十一月、天王鎮護《てんのうちんご》国家の為《ため》、建立する所」と主張するように、馬子《うまこ》が豊《とよ》御食炊屋姫《みけかしきやひめ》（推古《すいこ》）の代に龍泉寺を建立したと考えるのは、無理であろう。

宗岡氏の所領

「春日神社文書《かすがじんじゃもんじょ》」（春日大社《かすがたいしゃ》蔵）には、承和《じょうわ》十一年（八四四）十一月二十六日「河内龍泉寺《かわちりゅうせんじ》資財帳写《しざいちょううつし》」、承和十一年十二月八日「龍泉寺《りゅうせんじ》

流記資財帳案《るきしざいちょうあん》」、寛平《かんぴょう》六年（八九四）三月五日「河内国龍泉寺氏人等請文案《かわちのくにりゅうせんじうじびとなどうけぶみあん》」、天喜《てんぎ》五年（一〇五七）四月三日「龍泉寺《りゅうせんじ》氏人《うじびと》連署《れんしょ》解《げ》状案《じょうあん》」という四通の文書《もんじょ》が残されている。実ははじめの三通は、その来歴が怪しい文書なのであるが（『平安遺文』では「本書検討を要す」と注記しているし、影写本《えいしゃぼん》を調査した限りでは、私もかなり怪しいという印象を持った）、石川東条《いしかわのひがんじょ》の寺敷地、氏人《うじびと》私領《しりょう》家地《いえち》、古市・石川両郡の山地などを列挙し、それらが古くから宗岡一族の所領であったことを主張している。

　これらの内容の当否や、石川郡の宗岡一族がこのような主張を行なうようになった経緯、また当該期の宗岡氏の在地における活動については、また別に考察しなければならないが、四通の中では比較的信の置ける天喜五年の「龍泉寺氏人連署解状案」を見てみよう。

　それによると、これらの地は「氏人等の先祖宗我大臣の所領」であったが、承和十一年に氏長者宗岡公重《きんしげ》が強盗によって殺害され、住宅も焼かれて調度や文書も焼失してしまった。残った氏人が寛平六年に河内国衙《こくが》に訴えたのであるが、これらの地が寺領であることは明白なので、天喜五年にもそれを証明して欲しい、というものである。

「宗岡」公重が殺されたというのが、元慶元年に宗岳氏に改姓される以前の承和十一年であることを以て、この文書が承和十一年以前の同氏の存在形態を示しているという考えもあるが（田島裕久「『今昔物語集』宗岡高助説話の歴史的背景」）、私にはどうも理解できない。この殺害事件も含めて、すべてが天喜五年時点における状況を語っているに過ぎないと考えたほうが自然ではないかと思えるのである。

この文書は、遅くとも十一世紀中葉の天喜五年には宗岡氏が河内の石川地方を地盤としていた（少なくともそのように主張して、国衙からは認められた）という事実を示しているに過ぎないのであろう。天喜五年のこの地における宗岡氏の経済活動については、後に述べよう。

二、平安時代のソガ氏

平安時代に入り、石川氏は完全に上級氏族としての格を保ち得なくなった。藤原氏以外の氏族に見られる「古代貴族の終焉《しゅうえん》」は、大化前代における唯一の大臣（オホマヘツキミ）家であった蘇我氏（とその後裔《こうえい》の石川氏・宗岳《そが》氏）にも、確実に押し寄せてきていた。いや、唯一の大臣家であったからこそ、その没落は際立ってしまっているのであろう。

とはいえ、蘇我氏（石川氏・宗岳氏）とその同族が完全に滅亡、あるいは消滅してしまったわけでもない。以下に『続日本紀《しょくにほんぎ》』よりも後の六国史《りっこくし》の時代（延暦《えんりゃく》十一年〔七九二〕―仁和《にんな》三年〔八八七〕）の蘇我氏（石川氏・宗岳氏）と蘇我氏同族の状況を見てみよう。

平安時代前期の石川氏

九世紀の史料に見える石川氏の官人の位階を見ると、まず極位《ごくい》と最終所見年は、正四位上が二人（真守《まもり》〈延暦十七［七九八］〉、河主《かわぬし》〈天長《てんちょう》七年［八三〇］〉）、従四位上が二人（難波麻呂《なにわまろ》〈弘仁《こうにん》二年［八一一］〉、継人《つぐひと》〈嗣人、天長三年［八二六］〉）、従四位下が一人（清直《きよなお》〈浄直、弘仁三年［八一二］〉）、正五位下が三人（吉備人《きびひと》〈延暦二十四年［八〇五］〉、浄道《きよみち》〈清道、弘仁十四年［八二三］〉、長津《ながつ》〈斉衡《さいこう》元年［八五四］〉）、従五位上が六人（道益《みちます》〈延暦二十四年〉、弟道《おとみち》〈天長五年［八二八］〉、広主《ひろぬし》〈天長二年［八二五］〉、国助《くにすけ》〈天長六年［八二九］〉、英多麻呂《あがたまろ》〈承和《じょうわ》三年［八三六］〉、橋継《はしつぐ》〈承和四年［八三七］〉）、従五位下が十六人（乙名《おとな》〈延暦十八年［七九九］〉、浄浜《きよはま》〈延暦十八年〉、清主《きよぬし》〈延暦二十年［八〇一］〉、宗成《むねなり》〈延暦二十三年［八〇四］〉、魚麻呂《うおまろ》〈大同《だいどう》元年［八〇六］〉、道成《みちなり》〈弘仁元年［八一〇］〉、弟助《おとすけ》〈弘仁二年〉、宗益《むねます》〈承和八年［八四一］〉、河魚《かわうお》〈天長八年［八三一］〉、常継《つねつぐ》〈天長十年［八三三］〉、越智人《おちひと》〈承和十三年［八四六］〉、宗我継《そがつぐ》〈承和十二年［八四五］〉、貞成《さだなり》〈承和十四年［八四七］〉、豊河《とよかわ》〈嘉祥《かしょう》三年［八五〇］〉、宗継《むねつぐ》〈貞観《じょうがん》元年［八五九］〉、弟庭《おとにわ》〈貞観二年［八六〇］〉）、正六位上が二人（水長《みずなが》〈弘仁三年〉、宗主《むねぬし》〈天安《てんあん》二年［八五八］〉）ということになる。

三位以上の官人はもはや出ることはなく、多くは五位で終わっていることが容易に読み取れよう。六位以下の官人の叙位記事は原則として六国史に載せられることはないので、実際にはさらに多くの六位以下の下級官人が存在したことが予想される。

三位以上に至ると孫の世代にまで蔭階《おんかい》を及ぼすことができるが、四位や五位だと子の世代にしか蔭階を及ぼすことができず、上級貴族の再生産が困難な状況にあった。しかも、実際には父が四位や五位に上った時点では子はすでに成人していることが多く、子は出身年齢の時点ではなかなか蔭位《おんい》の恩恵を受けることができなかった。それに対し、祖父が三位を帯びていたり、殊《こと》に藤原氏のように連続して一位に叙されていたりする氏族は、孫が若年時に高い蔭階で出身することができ、上級貴族を再生産することができたのである（倉本一宏「議政官組織の構成原理」）。藤原不比等《ふひとう》が唐の制度を改変して作った日本的蔭位制の陥穽《かんせい》に、蘇我氏をはじめとする旧マヘツキミ氏族は、まんまと嵌《はま》ってしまったことになる。

一方、石川氏の官人が任じられた官職は、延暦九年（七九〇）から参議《さんぎ》に任じられ、右大《うだい》弁《べん》も兼ねていた真守を除くと（延暦十七年に七十歳で致仕《ちし》）、議政官《ぎせいかん》や大弁《だいべん》を出すことはなくなった。

弁官としては、わずかに左少弁《さしょうべん》清直（大同元年）と右少弁《うしょうべん》（後に左少弁）魚麻呂（延暦十八年（七九九））が出たのみであった。この分野でも膨大な数にのぼった藤原氏の官人に蚕《さん》食《しょく》され続けたのであった（議政官や八省《はっしょう》の卿《かみ》などの上級官職の数は変わらないのであるから、世代と共に官人の数が何倍にも増え続ける藤原氏も大変だったのである）。

八省の卿は、真守が延暦十六年（七九七）に刑部卿《ぎょうぶきょう》を兼ねた以外には任じられなくなり、次官である輔《すけ》としても、宮内大輔《くないのだいふ》吉備人（大同元年）、民部大輔《みんぶのだいふ》河主（弘仁六年〔八一五〕）、治部少輔《じぶのしょう》宗益（承和八年〔八四一〕）、兵部少輔《ひょうぶのしょう》越智人（承和九年）が見えるのみである。なお、八省の丞《じょう》として、刑部大丞《ぎょうぶのだいじょう》宗主（天安二年）という例もある。

省よりも下位の官司である職《しき》の長官や次官としては、左京亮《さきょうのすけ》道成（延暦十八年）、造宮《ぞうぐうの》亮《すけ》河主（延暦二十三年）、左京大夫《さきょうだいぶ》魚麻呂（大同元年）、左京大夫河主（天長四年〔八二七〕）、大膳亮《だいぜんのすけ》越智人（承和三年）が、さらに下位の官司である寮《りょう》の長官としては、陰陽頭《おんみょうのかみ》浄浜（延暦十八年）、木工頭《もくのかみ》河主（延暦二十三年）、玄蕃頭《げんばのかみ》継人（大同三年）、内匠頭《たくみのかみ》河主（弘仁二年）、木工頭弟道（弘仁三年）、木工頭長津（斉衡元年）が、それぞれ見られる。あれほど多数の官人がいることを考えれば、これは少ないと見るべきであろう。

地方官としては、大宰少弐《だざいのしょうに》清直（延暦十八年）の他、国の守としては備後守《びんごのかみ》嗣人（延暦十六年）、備後守宗成（延暦二十三年）、周防守《すおうのかみ》道成（弘仁元年）、武蔵守《むさしのかみ》河主（天長七年）、豊《ぶ》前守《ぜんのかみ》橋継（承和四年）、遠江守《とおとうみのかみ》越智人（承和十三年）、豊後守《ぶんごのかみ》宗継（斉衡二年〔八五五〕）が見えるのみである。次官である介が、信濃介《しなののすけ》清主（延暦十四年〔七九五〕）、但馬介《たじまのすけ》道益（延暦十六年）、出雲介《いずものすけ》清主（延暦十九年〔八〇〇〕）、播磨介《はりまのすけ》河主（延暦二十三年）、上総介《かずさのすけ》道成（大同元年)、伯耆介清道（弘仁三年）、大和介長津（弘仁十四年）、越中介越智人（承和元年〔八三四〕）、加賀介《かがのすけ》長津（承和十年〔八四三〕）、河内介《かわちのすけ》弟庭（貞観二年）と、かえって守よりも任官例が多いということは、石川氏の地位低下を如実に示している。

奈良時代の議政官の子や孫であっても、この程度の官にしか就けないということは（中納言豊成《とよなり》の子が民部大輔河主、その子が木工頭長津）、石川氏が一世代毎に大きくその地位を低下させたことを示すものである。

石川氏の諸相

ここで石川氏官人の様々な有り様を語ってみよう。まず面白いのは、『続日本後紀《しょくにほんこうき》』承和十二年正月の叙位記事で、正六位上から従五位下に叙爵《じょしゃく》されている石川宗我継である。この人物に名前を付けた人は、いったい何を思って「蘇我を継ぐ」などという名を付けたのであろうか。なお、この宗我継は、この記事以降、史料から姿を消している。

さて、六国史には、人物が死去した際に、薨卒伝《こうそつでん》を載せることがある。石川氏について、興味深いものをいくつか挙げてみよう。

『日本後紀《にほんこうき》』延暦二十四年七月壬辰条には、遣唐副使《けんとうふくし》として唐に渡り、現地で死去した石川道益について、従四位下を贈ったうえで、彼の人となりを次のように記している。

略《ほ》ぼ書記に渉《わた》り、頗《すこぶ》る才幹《さいかん》有りて、風儀《ふうぎ》に美《うるわ》し。大唐《だいとう》の明州《めいしゅう》に卒す。朝廷、之を惜しむ。卒する時、年四十三。

実直で風雅な官人像が浮かび上がる。奈良時代の新生石川氏以来の伝統と言えようか。

『日本後紀』逸文《いつぶん》（『類聚国史《るいじゅうこくし》』『日本紀略《にほんきりゃく》』）天長三年正月庚午条の石川継人の卒伝も、

性《ひととなり》質素《しっそ》にして飾る所無し。内外に歴任《れきにん》し、毀誉《きよ》、聞えず。国の元老《げんろう》にして、崇班《すうはん》を授けらる。卒する時、年八十六。

というものである。誉《ほ》められも貶《けな》されもしない実直な実務官人像が想像できる。こちらは「元老」としてそれなりの尊敬を受け、長寿を保ったようである。

『日本後紀』逸文（『類聚国史』『日本紀略』）天長七年十二月丁卯条の石川河主の卒伝は、

初め縁《えん》に託して出家し、還俗《げんぞく》して更に仕《つか》ふ。頗る内外《ないげ》を学び、兼ねて工巧《こうこう》を知る。桓武《かんむ》天皇の時、造作を宗と為《な》す。允《まこと》に当時に従ひ、身を容《お》きて利を取り、欲有りて施すこと無し。

卒する時、年七十七。

とある。この人は時の天皇の方針に従って利を取り、欲深く七十七歳まで生きたようである。『日本文徳天皇実録《にほんもんとくてんのうじつろく》』斉衡元年十二月甲寅条の石川長津の卒伝も印象深い。

木工頭正五位下石川朝臣長津、寮中に頓死《とんし》す。……天長八年七月、木工助《もくのすけ》と為《な》る。……仁寿二年二月、木工頭と為る。卒する時、年七十。長津、性、工巧を能くし、恪勤《かくごん》を宗と為す。故に頻りに工官を歴《へ》たり。遂に此《ここ》に終はる。先父、貯積する所の文書《もんじょ》数千巻、一舎に秘蔵《ひぞう》し、曽《かつ》て他に借さず。死ぬる後、何処《どこ》に灰滅《かいめつ》せるかを知らず。

工巧に秀で、真面目《まじめ》に精勤した長津は、木工寮の官を歴任したが、ついに寮中で頓死したというのである。もしかしたら過労死の類であろうか。父祖以来、秘蔵してきた膨大な文書がすべて散逸してしまったというのも、石川氏自体の没落を象徴的に表すものであろう。

一方、様々な事件や犯罪に関与した者も、何人か出てきている。『日本後紀』逸文（『類聚国史』）延暦二十年六月丁巳条は、出雲《いずも》国島根《しまね》郡の人外正六位上大神掃石《おおみわのはきいし》朝臣継人・出雲郡の人若和部《わかやまとべ》臣真常《まつね》・楯縫《たてぬい》郡の人品治部首《ほむちべのおびと》真金《まがね》等を長門《ながと》国に流す。介従五位下石川朝臣清主と悪行《あくぎょう》を共にするを以《もっ》てなり。

とあり、出雲介石川清主が悪行を犯したことを述べている。「悪行」の具体的な内容は定かではない。

『日本後紀』大同四年（八〇九）三月丁未条は、

前上総介《さきのかずさのすけ》石川朝臣道成・大掾《だいじょう》千葉国造大私部直善人《ちばのくにのみやつこおおきさいべのあたいよしひと》に、並びに本位《ほんい》を授く。道成に従五位下、善人に外従五位下。任に在る日、贓汚《ぞうお》・狼籍《ろうぜき》ありて、並びに位記《いき》を追《と》らる。其の老旧《ろうきゅう》の労有るを矜《あわれ》むが故に忖復《そんぷく》す。

とある。上総介であった石川道成は、「贓汚・狼籍」を行なったので、位階を剝奪されたものの、「老旧の労」によって元に復されている。これも具体的な内容はわからない。

『日本文徳天皇実録』天安二年四月癸巳条は、

刑部大丞正六位上石川朝臣宗主・大録《だいさかん》正七位上難波連清宗《なにわのむらじきよむね》等、詐《いつわ》りて官宣《かんせん》と称し、省《しょう》符《ふ》を作り、罪人佐伯官人《さえきのつかさひと》等を放免《ほうめん》す。是《こ》の日、両人を刑官《けいかん》に下し、其の罪を鞫定《きくじょう》せるなり。

とある。刑部大丞であった石川宗主は、偽って官宣と称して省符を作り、罪人を放免したというのである。背後にどのような事情があったのであろうか。

最後に『日本三代実録《にほんさんだいじつろく》』貞観元年十二月二十七日戊申条は、

前豊後守《さきのぶんごのかみ》従五位下石川朝臣宗継、百姓《おおみたから》の財物を寃奪《えんだつ》す。介外従五位下山口宿禰《やまぐちのすくね》稲床《いなとこ》等、之を証す。刑部省《ぎょうぶしょう》に下す。妄《みだ》りに赦書《しゃしょ》を引き、擅《ほしいまま》に原免《げんめん》に従ふ。

と語る。豊後守であった石川宗継が、百姓《ひゃくせい》の財物を不当に奪った罪で刑部省に下されたのみならず、みだりに赦書を引いて赦免されようとしたとある。

以上の石川氏に関する史料は、何を物語っているのであろうか。政治的地位は低下しながらも、実直な実務官人を輩出し、それでもなお、様々な罪を犯す者が出てくる、という事態は、相互に関連しているのであろうか。

いずれにせよ、九世紀後半の『日本三代実録』の時代になると、石川氏の官人自体が史料に現れることが極端に少なくなっていく。これは石川氏の人物がいなくなったわけではなく、正史《せいし》に記録されるような地位（五位以上）の官人が少なくなったためである。

改姓後の宗岳氏

さらに気になるのは、改姓後の宗岳氏が、ほとんど六国史に見えないという点である。宗岳氏に改姓したのが元慶《がんぎょう》元年（八七七）、それから六国史の記事が終わる仁和三年（八八七）までの十年間、『日本三代実録』に登場する宗岳氏は、元慶三年（八七九）五月十五日甲辰条の「前長門守《さきのながとのかみ》従五位下宗岳朝臣木村《きむら》」と、元慶六年（八八二）八月二十三日壬戌条の「散位《さんい》従五位下宗岳朝臣木村」のみなのである。すでに氏上《うじのかみ》の木村であっても、何の官職にも就いていないのである。

なお、前者は同姓の氏人《うじびと》の絶戸《ぜっこ》（全戸口《ここう》が死んで、相続者がなく絶えた家）として左京《さきょう》十二烟《えん》・右京《うきょう》四烟を申請したという記事（絶戸を申請すれば、三年は半地子《はんじし》で口分田《くぶんでん》を耕作できた）、後者は稲目《いなめ》が建立した建興寺《けんこうじ》（豊浦寺《とゆらでら》）の由来を述べたうえで、宗岳氏が検領《けんりょう》することを望み請うたという記事である。なお、それに対する裁定は、建興寺は朝廷の御願寺《ごがんじ》であるから宗岳氏の氏寺としてはならず、氏人が検領するという望みを停《とど》めよというものであった。

平安時代の蘇我氏同族

他の蘇我氏同族氏族も、いくつかの例外を除いて、平安時代に入るとその地位を低下させている。以下に追っていこう。

まず特筆すべきは、田口《たぐち》氏の女性が内舎人《うどねり》（つまり無官）橘 清友《たちばなのきよとも》（奈良麻呂《ならまろ》の男）の妻となり、延暦五年（七八六）に、後に嵯峨《さが》天皇の皇后となって仁明《にんみょう》天皇を産むことになる嘉《か》智子《ちこ》を産んだことである。この僥倖《ぎょうこう》を得たことによって、田口氏は仁明の外祖母《がいそぼ》氏ということになり、平安時代に入ってからも、それなりの格を保ち続けたのである。仁明天皇は天長十年に即位した際に、外祖父清友と外祖母田口氏に正一位を追贈《ついぞう》している。

また、女官《にょうかん》を多く輩出しているのも、こういった事情によるものであろう。平安時代の田口氏の官人は、息継《おきつぐ》（弘仁三年、正五位下、雅楽助《うたのすけ》・鋳銭次官《じゅぜんのじかん》・養役夫司《ようやくぶし》・阿波守《あわのかみ》・左少弁・右中弁《うちゅうべん》・民部大輔）、雄継《おつぐ》（弘仁六年、従四位下）、当持《まさもち》（弘仁七年〔八一六〕、従五位下）、毛人《えみし》（弘仁十年、従五位下）、門長《かどなが》（承和七年〔八四〇〕、従五位下）、真仲《まなか》（承和八年、従五位下）、仲《なか》根《ね》（承和十二年、従五位下）、佐波主《さはぬし》（承和十四年、正四位下、右京大夫《うきょうだいぶ》・武蔵守・神祇伯《じんぎはく》）、岑《みね》永《なが》（嘉祥二年〔八四九〕、従五位下）、統範《むねのり》（元慶二年〔八七八〕、従五位上、大監物《だいけんもつ》・勘解由次《かげゆのじ》官《かん》・左京亮《さきょうのすけ》・信濃権介《しなののごんのすけ》・遠江守・甲斐守《かいのかみ》）、房富《ふさとみ》（貞観元年、正五位下、左衛門権佐《さえもんのごんのすけ》・美濃《みのの》守《かみ》）、業雄《なりお》（貞観七年〔八六五〕、従五位下、巡察弾正《じゅんさつだんじょう》・日向守《ひゅうがのかみ》）、女官は、善子《よしこ》（承和五年〔八三八）、従四位下）、継子《つぐこ》（承和十二年、従五位上）、全子《またこ》（承和十三年、従五位下、尚酒《しょうしゅ》）、美濃《みの》子《こ》（嘉祥二年、従五位下）、館子《たちこ》（貞観五年（八六三）、正五位下）といったところである。

なお、仁明外祖母の田口氏の墓は、『延喜式《えんぎしき》 諸陵寮《しょりょうりょう》』には「小山墓《こやまのはか》」として、「贈一位田口氏、同天皇の外祖母。河内《かわち》国交野《かたの》郡に在り。兆域《ちょういき》東西三町、南北五町、守戸《しゅこ》二烟」と見え、それなりの規模と格を与えられていたようである。現在、大阪府枚方《ひらかた》市田口三丁目の「田ノ口」バス停の横に、それと称するささやかな墓が存在する。

「田口氏の墓」

桜井《さくらい》氏の官人は、平安時代にはほとんど史料に見えなくなる。摂関《せっかん》期にはわずかに史料に現れるので、それについては次章で述べよう。

高向《たかむこ》氏も、平安時代に入ると、氏族としての地位はますます低くなり、永継《ながつぐ》（弘仁十四年、従五位下）と公輔《きみすけ》（元慶四年（八八〇）、従四位下、中宮大進《ちゅうぐうだいじん》・式部少輔《しきぶのしょう》）が見えるに過ぎない。

この公輔というのは、元は円仁《えんにん》の弟子で阿闍梨《あじゃり》にまで進んだ湛慶《たんけい》という僧であったが、乳母《めのと》と情を通じたことが発覚してしまい、摂政《せっしょう》藤原良房《よしふさ》にその学識を惜しまれて還俗《げんぞく》させられ、この地位にまで上ったという人物である。『日本三代実録』によると、公輔が還俗した際には比叡山《ひえいざん》中の僧が公輔の法器《ほうき》を愛したので、甚だ歎《なげ》き惜しんだという。『今昔物語集《こんじゃくものがたりしゅう》』巻第三十一「湛慶阿闍梨還俗して、高向公輔と為《な》る語《こと》第三」には、さらに不思議な霊異譚《れいいたん》が収められている。湛慶は夢の中で不動尊《ふどうそん》から、ある少女と情交して夫婦となると告げられた。そこでその少女を探し出して頸《くび》を掻《か》き斬ったが、結局その少女が成長すると、あの少女とは知らずに情交してしまった。しかし、やはり前世《ぜんせ》からの因縁《いんねん》が有ったのだということで、永く夫婦となったというものである。

田中《たなか》氏は、平安時代に入っても、大魚《おおうお》（延暦十六年、外従五位下、造酒正《みきのかみ》）、八月麻呂《はづきまろ》（大同元年、従五位下、右衛士佐《うえじのすけ》・上総権介《かずさのごんのすけ》・越後守《えちごのかみ》）、浄人《きよひと》（弘仁二年、従五位上、伊勢介《いせのすけ》・下総《しもうさの》介《すけ》・造酒正・宮内少輔《くないのしょう》・左京亮・大蔵少輔《おおくらのしょう》）、千尋《ちひろ》（天長二年、従五位下）、真氏《まうじ》（天長六年、従五位下）、許侶継《ころつぐ》（承和元年、従五位下、左衛門少尉《さえもんのしょうじょう》・左衛門権佐）、真成《まなり》（承和六年〔八三九〕、従五位下、玄蕃頭）の他、原子《はらこ》（貞観九年〔八六七〕、従五位下）、保子《やすこ》（貞観十八年〔八七六〕、正五位下、典縫《てんぽう》）といった女官が見える。

他に『類聚国史』に見える名貞《なさだ》は、大安寺《だいあんじ》僧であった孝聖《こうしょう》が「性尫弱《おうじゃく》で修行に堪へず」ということで延暦十九年に還俗したものである。しかし、これらより後には田中氏の官人は、まったく史料から姿を消してしまう。

小治田《おはりだ》氏は、平安時代に入ると、常房《つねふさ》が弘仁十三年に従五位下に叙されたことが見えるのみで、突然この氏族の官人は見えなくなる。摂関期の様相については、後に述べよう。

川辺《かわべ》（河辺）氏も、宅《やけ》（延暦十八年、従五位下）以外は、史料から姿を消している。

岸田《きしだ》氏も、全継《またつぐ》（天安元年、従八位下）しか史料に見えない。

久米《くめ》（来目）氏も、□□（欠名、弘仁八年〔八一七〕、正六位下、山城権少掾《やましろのごんのしょうじょう》）しか史料に見えない。

御炊《みかしき》氏と箭口《やくち》氏は、早くから有力な氏族ではなかったものと見られ、まったく史料に見えない。

以上、十の氏族の没落の過程をたどってきた。さしもの隆盛を誇った蘇我氏同族氏族であっても、律令制成立以降は、特別な条件がない限りは中級氏族への道をたどり、平安時代に入ると、歴史の表舞台から姿を消していったことが明らかである。

その中で、謀反《むへん》を計画したとして誅《ちゅう》された橘奈良麻呂の男として生まれた清友の女《むすめ》である嘉智子が嵯峨天皇の皇后となることによって、橘氏からふたたび大臣が出ることとなったこと、清友の妻となって嘉智子を産んだ女性の出身氏族である田口氏が、仁明天皇の外祖母氏族として高い地位を後世まで保ち得たことが、日本古代国家における支配者層の本質の一つを象徴しているのであろう。

第七章　摂関期における生き残り

平安時代中期のいわゆる「摂関期《せっかん》」になると、国家による正史《せいし》が編纂《へんさん》されなくなる代わりに、古記録《こきろく》と呼ばれる、男性貴族や皇族による日記が現れるようになる（正確には、正史が絶えたために古記録が記録されるようになるのである）。古記録には、六位以下の官人から庶民にまで及ぶ、六国史《りっこくし》よりもはるかに大量の情報が記録されるのであるが、そこには蘇我氏の後裔《こうえい》である宗岳《そが》氏や旧蘇我氏同族の者は、どのように現れているのであろうか。

一、宗岳氏の政治活動と経済活動

摂関期における宗岳氏官人

六国史の世界からは完全に姿を消したかのように見える宗岳氏であるが、実は古記録の世界では、その地位を低下させてはいるものの、何人もの下級官人が生き残っている。

実はこれは、ほとんどの旧マヘツキミ氏族に共通してみられる傾向で、摂関期の古記録には、古来の名族である安倍《あべ》（阿倍）・紀《き》・石上《いそのかみ》（物部《もののべ》）・平群《へぐり》・巨勢《こせ》・伴《とも》（大伴《おおとも》）・佐伯《さえき》・大神《おおみわ》・春日《かすが》・橘《たちばな》・多治比《たじひ》などの者が、いずれもその地位は低いものの官人として登場する。

かつて私は、古代氏族としてのソガ氏は、摂関期にほぼ完全に終焉《しゅうえん》を迎えたと推定したことがあったが（倉本一宏「古代氏族ソガ氏の終焉」）、それは調査する史料の対象がきわめて狭い考察による、まったくの誤解だったのである（考察の視野と発想もまったく狭かった）。

では、摂関期における宗岳氏の官人を初出の年代順に眺めていこう。

兼憲《かねのり》（兼興《かねおき》とも）は、十世紀後半に大蔵史生《おおくらのししょう》に任じられている（「東大寺文書《とうだいじもんじょ》」）。史生というのは諸官司に置かれた下級書記的な職員で、公文書《くもんじょ》を浄書し、文案に四等官《しとうかん》らの署名を取ることを職掌《しょくしょう》にした。以後、後に述べる『今昔物語集《こんじゃくものがたりしゅう》』の高助《たかすけ》やその孫の時延《ときのぶ》に象徴されるように、宗岳氏と大蔵史生とは深い関係を持つ。

春枝《はるえ》は、昌泰《しょうたい》元年（八九八）に伯耆権大目《ほうきのごんのだいさかん》に任じられた（『魚魯愚抄《ぎょろぐしょう》』）。

経則《つねのり》は、延喜《えんぎ》五年（九〇五）に大外記《だいげき》に任じられ、延喜七年（九〇七）に若狭守《わかさのかみ》に遷《うつ》った（『外記補任《げきぶにん》』）。

有理《ありまさ》は、天元《てんげん》年中（九七八―九八二）に常陸介《ひたちのすけ》の任にあった（「県召除目申文案《あがためしじもくもうしぶみあん》」）。

為成《ためなり》は、正暦《しょうりゃく》五年（九九四）に文章生《もんじょうしょう》から刑部少録《ぎょうぶのしょうさかん》、長徳《ちょうとく》三年（九九七）に権少外《ごんのしょうげ》記《き》に任じられ、長徳四年（九九八）に少外記《しょうげき》、長保《ちょうほう》元年（九九九）に大外記へと昇進した。寛弘《かんこう》元年（一〇〇四）には豊前守《ぶぜんのかみ》に任じられている（『外記補任』）。また、寛仁《かんにん》元年（一〇一七）には藤原道長《みちなが》の摂政大饗《せっしょうだいきょう》に録事《ろくじ》を務めるなど（『御堂関白記《みどうかんぱくき》』）、摂関家とも接近したようである。

高兼《たかかね》は、長徳二年（九九六）に加賀目《かがのさかん》に任じられ（『除目大成抄《じもくたいせいしょう》』『大間成文抄《おおまなりぶみしょう》』）、寛弘三年（一〇〇六）には美濃掾《みののじょう》・左近将曹《さこんのしょうそう》に進んでいる（『御堂関白記』）。長和《ちょうわ》二年（一〇一三）の土御門第行幸《つちみかどていぎょうこう》における競馬《くらべうま》では三番に出走して勝ちを収めている。治安《じあん》二年（一〇二二）には左近将監《さこんのしょうげん》に上っている（『小右記《しょうゆうき》』）。

□時（欠名）は長徳二年に駿河掾《するがのじょう》に任じられている（『除目大成抄』『大間成文抄』）。

滋忠《しげただ》は長徳二年に大舎人番長《おおとねりばんちょう》から和泉権目《いずみのごんのさかん》に任じられている（「長徳二年大間書《おおまがき》」）。

数材《かずき》（数木・員木・員材とも）は、長徳三年に相撲人《すまいびと》として相撲召合《すまいのめしあわせ》の九番に出場して負け、長保二年（一〇〇〇）の相撲召合では六番に出場して今度は勝っている（『権記《ごんき》』）。寛弘二年（一〇〇五）の相撲節会《すまいのせちえ》では抜出《ぬきいで》（優秀者の選抜戦）に出場して腋《わき》の真上勝岡《まかみのかつおか》に敗れた。長和二年の相撲召合では十四番に左方として出場し、天判《てんぱん》（天皇の判定）によって持《じ》（引き分け）とされたが、「実は右方の勝ち」と記されている。数材はその後の抜出に左方として出場し、特に望んで勝岡との再戦を果たした。しかし、「数材、太《はなは》だ弱し」ということで、勝岡も数材に勝ちを譲った（『小右記』）。こういった勝負では、左方が「帝王方《ていおうがた》」ということで（『江家次第《ごうけしだい》』）、無理にでも勝ちにされたのである。

なお、当時の相撲人は単なる格闘家ではない。相撲自体が、投げるはもちろん、撲《なぐ》る、蹴る、締める何でもありの総合格闘技だったのであるが、それに加えて、相撲人が国衙《こくが》機構の末端に連なる官人たり得たし、「国の兵共《つわものども》」と称されて国衙軍制に組み込まれる存在となることもあったのである（森公章『古代豪族と武士の誕生』）。

□□（欠名）は、長保元年に大和少掾《やまとのしょうじょう》に任じられている（『北山抄裏文書《ほくざんしょううらもんじょ》』）。

行利《ゆきとし》は、寛弘元年に少判事《しょうはんじ》・権少外記に任じられ、同年に少外記に上っている（『外記補任』）。外記として『御堂関白記』にもしばしば登場するが、主な職掌は文書《もんじょ》の作成や儀式行事を奉行して記録したり先例を勘申《かんじん》したりすることであった。なお、行利に翌寛弘二年に惟《これ》宗《むね》氏に改姓している。

時頼《ときより》は、寛弘元年に主殿少属《とのものしょうさかん》として見えるが、蔵人所衆《くろうどどころのしゅ》には補《ほ》されなかった（『除目大成抄』（『大間成文抄』））。

国任《くにとう》（国佐《くにすけ》とも）は、寛弘四年（一〇〇七）に隠岐守《おきのかみ》に任じられ（『北山抄《ほくざんしょう》』）、長元《ちょうげん》四年（一〇三一）に少内記《しょうないき》として見える（『小右記』）。長元五年（一〇三二）には権少外記に遷ったようである（『左経記《さけいき》』）。

時重《ときしげ》は、寛弘八年（一〇一一）に主典代《さかんだい》内蔵属《くらのさかん》として、一条《いちじょう》天皇の葬送に奉仕している（『権記』）。この時に選ばれたのはいずれも一条の側近層であり、時重もその一人であったことになる。

友光《ともみつ》も、寛弘八年に伊予目《いよのさかん》として一条天皇葬送に奉仕している（『権記』）。

数高《かずたか》は、万寿《まんじゅ》元年（一〇二四）に駿河権介《するがのごんのすけ》に任じられている（『魚魯愚抄』）。

茂兼《もちかね》は、十一世紀前半に大蔵史生に任じられている（「左近将監秦正近解《さこんのしょうげんはたのまさちかのげ》」）。

一方で光吉《みつよし》は、万寿元年に興福寺《こうふくじ》僧の宅に入った盗人《ぬすびと》十人の一人として名が挙げられている（「延喜式裏文書《えんぎしきうらもんじょ》」）。

平安時代後期になっても、少し眺めただけで、以下のような官人が登場する。

公能《きんよし》は、寛徳《かんとく》元年（一〇四四）に主計権少允《かずえのごんのしょうじょう》を父時重から譲られた（『魚魯愚抄』）。

利武《としたけ》は、康平《こうへい》四年（一〇六一）に讃岐目《さぬきのさかん》に任じられた（『魚魯愚抄』）。

節基《ときもと》は、康平五年（一〇六二）に美作掾《みまさかのじょう》から伯耆掾《ほうきのじょう》に転任《てんにん》した（『魚魯愚抄』）。

信良《のぶよし》は、治暦《じりゃく》二年（一〇六六）に府生《ふしょう》（『水左記《すいさき》』）、嘉保《かほう》元年（一〇九四）に志《さかん》（『中右記《ちゅうゆうき》』）と見える。近衛府《このえふ》の下級官人を歴任したようである。

成武《なりたけ》は、延久《えんきゅう》四年（一〇七二）に阿波少目《あわのしょうさかん》に任じられた（『魚魯愚抄』）。

□□（欠名）は、右衛門少志《えもんのしょうさかん》として、承保《しょうほう》三年（一〇七六）と（「東大寺文書」）承暦《しょうりゃく》四年（一〇八〇）に（「八坂神社文書《やさかじんじゃもんじょ》」）、それぞれ見える。
信貞《のぶさだ》は応徳《おうとく》三年（一〇八六）に図書少允《ずしょのしょうじょう》に任じられている（『除目大成抄』（『大間成文抄』」）。

為貞《ためさだ》は、寛治《かんじ》元年（一〇八七）に右兵衛少志《うひょうえのしょうさかん》として見える（『本朝世紀《ほんちょうせいき》』）。

信忠《のぶただ》は、寛治元年に内舎人《うどねり》として見える（『本朝世紀』）。

秀元《ひでもと》は、承徳《じょうとく》元年（一〇九七）に伊予少目《いよのしょうさかん》として見える（『中右記』）。

信国《のぶくに》は、康和《こうわ》元年（一〇九九）に大蔵少録《おおくらのしょうさかん》として見える（『本朝世紀』）。

為長《ためなが》は、康和五年（一一〇三）に大膳大属《だいぜんのだいさかん》として見える（『本朝世紀』）。保安《ほあん》元年（一一二〇）には左兵衛少志に任じられている（『除目大成抄』（『大間成文抄』」）。

助忠《すけただ》は、天治《てんじ》二年（一一二五）に伊勢権少掾《いせのごんのしょうじょう》として見える（『口言部類《くごんぶるい》』）。

以上、おおむね十二世紀前半までを眺めてきた。いずれも衛府《えふ》や八省の下級官人、掾や目といった地方の任用国司《にんようこくし》として活動している様子が読み取れる。平安時代以降の六国史に石川氏や宗岳氏の官人があまり見えなくなるのは、氏族として消滅したからではなく、六国史に記載されるような中級官人（五位程度の「諸大夫《しょたいふ》」）から、「侍品《さむらいほん》」と呼ばれる六位程度の下級官人に転落したからに過ぎないのであった。

なお、これらの任官の多くは年官《ねんかん》によるものである。年官というのは三宮《さんぐう》（東宮《とうぐう》や中宮《ちゅうぐう》）・親王《しんのう》・院・天皇・公卿《くぎょう》などの有力者に与えられた封禄《ほうろく》の一種で、給主《きゅうしゅ》が自己に申任権《しんにんけん》を与えられた下級官への応募者をそれぞれの官に申任して、その間に任料《にんりょう》を得るという制度である。ということは、これまで述べた下級官に任じられた宗岳氏の人々は、年官を与えられていた有力者と何らかのツテを持っていたということになる。また、任用国司に任じられた者の中には、史料には残りにくいものの、そのまま任地に土着して武士化した者もいたであろう。

その意味では、蘇我氏はまだまだ滅びてはいなかったのである。たとえ下級官人や武士に転落しても、しぶとく生き抜いていく姿、これこそが古代氏族の真の末路なのであった。特に大蔵省《おおくらしょう》における下級官人としての活動は、倭《わ》王権の財政を管掌《かんしょう》した祖先以来の伝統であろうか。

なお、『古今和歌集』に二首を載せている宗岳大頼《おおより》という人物（十世紀前半の歌人である凡河内躬恒《おおしこうちのみつね》と同時代の人で、算博士《さんはかせ》であったという）がいたことを付言しておく。また、延喜十九年（九一九）に東大寺別当《とうだいじべっとう》に補された親宥《しんゆう》は大和国の人で、本姓宗岡氏とある（『東大寺別当次第』）。

平安京周辺における宗岳氏の経済活動

もう一つ、平安時代の宗岳氏の活動で忘れてはならないのは、その経済活動である。宗岳氏は平安京に居住しながら周辺の土地を占営《せんえい》して耕営《こうえい》していたようである（田島裕久「『今昔物語集』宗岡高助説話の歴史的背景」）。

寛弘二年七月二十九日「散位《さんい》藤原《ふじわらの》為賢《ためかた》公験《くげん》紛失状《ふんしつじょう》」によれば、大蔵史生宗岡兼憲（十世紀後半の人物）は、山城国《やましろ》紀伊《きい》郡に属する、平安京の南に隣接する「十条下石原《しもいしはら》西佐（外の誤り）里」と「十一条下佐比《しもさひ》里」合わせて三町余の所領を領有していたという。現在の京都市南区、桂川《かつらがわ》の東岸に石原という地名が残るが、本来は葬送・放牧の地であった桂川の（当時の）河川敷を開発して、所領としたのであろう。

また、長元八年（一〇三五）十月二十六日「左近将監秦正近解」には、故大蔵史生宗岳茂兼の財物が九千余石に及んだことが記されている。かつて一《いち》条院《じょういん》が、前信濃守《さきのしなののかみ》佐伯公行《きんゆき》が故藤原為光女《ためみつのむすめ》から八千石の直米《じきまい》で買い取って東三条院詮子《ひがしさんじょういんせんし》に献上したものであったこと（『権記』）を考えると、この九千余石という蓄財がいかに途方もないものであったかを実感できよう。

『今昔物語集』巻第三十一「大蔵の史生宗岡高助、娘を傅《かしづ》く語《こと》第五」に登場する「大蔵ノ最下《さいげ》ノ史生」宗岡高助は、十世紀中頃の人物とされる（田島裕久「『今昔物語集』宗岡高助説話の歴史的背景」)。高助は馬や着物は粗末な「下衆《げす》」ではあったが、「西ノ京(右京《うきょう》)」の「堀河《ほりかわ》ヨリハ西、近衛《このえ》ノ御門《みかど》ヨリハ北」(大内裏《だいだいり》の西近辺、天神川《てんじんがわ》沿い)に「八戸主《へぬし》(四分の一町)ノ家」を構え、「七間《けん》ノ屋」や「綾檜垣《あやひがき》」を廻《めぐ》らせた「寝殿《しんでん》」を造り、「女房《にょうぼう》二十人」や「童《わらわ》(女童《めのわらわ》)四人」「下仕《しもづかえ》・半物《はしたもの》」に二人の姫の世話をさせていた。姫たちの装束は「綾《あや》織《おり》」の見事なもので、食事も「銀《しろかね》ノ器」でとらせていた。それは「宮原《みやばら》ノ有様ニ不劣《おとら》ズ(宮家のありさまに劣らず)」、「実《まこと》ノ吉《よ》キ人(本当の良家の人)」に異ならなかった。

寛忠僧都《かんちゅうそうず》(宇多《うだ》天皇の孫。貞元《じょうげん》二年〔九七七〕没)が堂供養《どうくよう》を行なった際などは、豪華に飾り立てた舟二艘《そう》を仕立てて姫に見物させ、公卿や殿上人《てんじょうびと》は、「彼レハ何ノ宮ノ女房ノ物見ルニカ(あれはどこの宮様の女房が見物に来ているのか)」という評判を立てた。

この高助なども、官人としての地位は低いものの、「富の力によって貴族的身分制を否定するプラグマティックな倫理を所有している商工業者的長者」(黒田紘一郎「『今昔物語集』にあらわれた京都」)ということになるのであろう。

兼憲や茂兼、そしてこの高助も併せ、当時の大蔵省の下級官人の有り様にも興味を牽《ひ》かれるが、史料の表面だけを眺めると下級官人に地位を低下させて没落したかのように見える宗岳氏のこれらの経済活動も、氏族としての実情の一端なのであった。高助の二人の姫の行く末については、後に述べることになろう。

河内国における宗岳氏の経済活動

一方、在地《ざいち》においては、すでに長和三年（一〇一四）、和泉《いずみ》国和泉郡坂本《さかもと》・上泉《かみいずみ》両郷の山野・荒地二十五町を宗岡光成《みつなり》が開発し、その永代私有を国衙に申請して許可されているが（「宗岡光成解状案《げじょうあん》」〔河野家文書《かわのけもんじょ》〕）、先にも挙げた天喜《てんぎ》五年（一〇五七）四月三日「龍泉寺氏《りゅうせんじうじ》人連署解状案《ひとれんしょげじょうあん》」（春日神社文書《かすがじんじゃもんじょ》）はさらに重要である。これは先にも述べたように、

一 寺敷地《てらしきち》山内参佰町 在河内国石川東条《いしかわのひがんじょ》 公験《くげん》面載坪々谷々
四至〔東限檜嶺《ひのきみね》 南限手懸太輪《てかけふとわ》 西限里田嶺《さとだみね》 北限坂折小野田《さかおりおのだ》〕
一 紺口庄《こんくのしょう》水田等氏人《うじびと》私領《しりょう》家地
在陸田《りくだ》里弐（二）坪陸（六）段 参（三）坪漆（七）段 肆（四）坪伍（五）段 玖（九）坪伍段 拾（十）坪捌（八）段 拾壱坪弐段 拾五坪壱（一）町 拾陸坪伍段 拾漆坪漆段 弐拾壱坪壱町 弐拾弐坪壱町 弐拾玖坪漆段 木屋戸《きやど》里伍坪漆段 拾弐坪肆段 拾壱坪伍段 下尻社里《しもしりしゃ》拾玖坪佰捌拾歩 参拾坪弐段 参拾壱坪五段大 下来堂太尾《ふとお》南北拾町
一 山地壱処
在古市《ふるいち》郡 石川両郡 科長《しなが》郷

四至〔東限春毛谷《はるげだに》　南限比女御墓《ひめのおんはか》幷御廟山《ごびょうやま》西小河下太河于　西限太口河《たぐちがわ》　北限赤馬谷《あかうまたに》幷西尾太河于〕
在谷々水田　度々女谷《どどめだに》　仁賀谷《にかだに》　宮毛谷《みやげだに》
麻尾谷《あさおだに》　葛根谷《くずねだに》　九埋谷《くうずめだに》幷西四至内田畠共

という、河内国石川東条の寺敷地、紺口庄の氏人私領家地、古市・石川両郡の山地を列挙し、それらが古くから宗岡一族の所領であったことを主張しているものである。

これらの内、河内国石川東条に所在する「寺敷地」は現在の大阪府富田林市龍泉、石川の東岸である。寺の敷地は山内に三百町とある。

氏人私領家地である「紺口庄水田」は宗岡氏の主要な居住地とされるが（田島裕久「『今昔物語集』宗岡高助説話の歴史的背景」）、それは河内国石川郡紺口郷（現大阪府南河内郡千早赤阪《ちはやあかさか》村水分《すいぶん》から河南町寛弘寺《かんこうじ》）、平石《ひらいし》古墳群が所在する谷が小平野に出てくるあたりである。ここには合計二十町六段六十歩に及ぶ家地が記録されている。

古市・石川両郡に所在する「山地」は、紺口庄を中心とする、「伝統的に蘇我氏の同族が立ち入り、利用してきた入会地《いりあいち》的なもの」であるという（丸山幸彦「九世紀における大土地所有の展開」）。特に科長郷と明記されているのは、その北辺にあたり、現在の大阪府南河内郡太子町太子・春日・葉室・山田に相当する。俗に「王陵の谷」と称される、天皇陵古墳も含む古墳群が所在する地である。

以上の河内国石川郡を中心とする地に、在地型の宗岳氏が盤踞《ばんきょ》し、この地の開発・経営を進めていたのであろう。「龍泉寺氏人連署解状案」に署名した三人の者には、官位を記している者はいない。

それはまさに、河内国石川郡における「中世的世界の形成」であり、平安京周辺を舞台とした大蔵省下級官人の蓄財とは別個の経済活動なのであった。在地の宗岳氏と平安京の宗岳氏との連携が気になるところではあるが、史料は何も語ってくれない。

付言すると、河内国石川郡は河内源氏《かわちげんじ》の本拠地でもあった。「王陵の谷」から平野部に出た現大阪府羽曳野《はびきの》市通法寺《つうほうじ》には、源頼信《みなもとのよりのぶ》・頼義《よりよし》・義家《よしいえ》の「源氏三代の墓」が所在する。頼信は永承《えいしょう》二年(一〇四七)に、河内守《かわちのかみ》に任じられて河内国古市郡壺井《つぼい》(現大阪府羽曳野市壺井)に館を建てて河内源氏の基盤を築いたが、それ以前の寛仁四年(一〇二〇)から河内に所領を有していたという考えが妥当であろう(元木泰雄『河内源氏』)。義家は「龍泉寺氏人連署解状案」に見える石川東条を私領として成立させ(後に七条院《しちじょういん》領石川荘)、義家六男の義時《よしとき》はこれを伝領して石川氏を称した(石川源氏)。義時の子である義広《よしひろ》は紺口庄に所領を有している(川合康「河内国金剛寺の寺辺領形成とその政治的諸関係」)。

国土地理院発行1/50,000地形図「大阪東南部」「五條」を基に、縮小・加筆して作成

石川

紺口庄故地（寛弘寺古墳群から）

宗岳氏が河内国石川郡において盛んな経済活動を行なっていた時期と、河内源氏が同じ地域で勃興《ぼっこう》した時期とは、完全に重なるのであり、豊かな経済活動を行なっていた宗岳氏と河内源氏との、平安末期における関係も気になるところである。史料には現れないが、宗岳氏が河内源氏嫡流《ちゃくりゅう》や石川源氏の郎等《ろうどう》となっていた可能性も十分に考えられる。

当時の軍事貴族にとって、京・畿内《きない》周辺の本領に居住する武士は在京活動を支える中心的武力であったという（元木泰雄『河内源氏』）。とはいえ宗岳氏や蘇我氏同族の武士としての活動が史料に現れないのは、彼らが河内の地を離れた（したがって畿内周辺の郎従《ろうじゅう》がほとんどいない）義家ら嫡流から外れて石川の地に土着し続け、後に治承《じしょう》合戦で衰亡した石川源氏に属していたからではないかとも思えてくるのである。

なお、土佐《とさ》国安芸《あき》郡大領《たいりょう》で、長保二年に補陀落渡海《ほだらくとかい》を行なった蘇我兼広《かねひろ》や大領を継いだ蘇我兼実《かねざね》（「安芸文書《あきもんじょ》」）は、これら蘇我氏―石川氏―宗岳氏に連なる者ではなく、むしろ蘇《そ》我部《がべ》の末裔《まつえい》であろうか。

長徳二年に右衛門志《えもんのさかん》兼検非違使《けびいし》で死去した宗我弘範《そがのひろのり》（『小右記』）、「長徳二年大間書」に見える越前権大掾《えちぜんのごんのだいじょう》宗我部如時《そがべのゆきとき》、長保二年に相撲人として見える宗我部如節《ゆきとき》（『権記』）、長和四年（一〇一五）に右官掌《うかじょう》に補された宗我部秋時《あきとき》（『類聚符宣抄《るいじゅうふせんしょう》』）、長元元年（一〇二八）に土佐権介《とさのごんのすけ》として見える曽我部如光《そがべのゆきみつ》（『小右記』）、永承五年（一〇五〇）に土佐介《とさのすけ》として見える曽我部正任《まさとう》（『除目大成抄』『大間成文抄』）なども、同様であろう。

やがて土佐においては、長宗我部《ちょうそかべ》氏と香宗我部《こうそがべ》氏が覇を争うようになる（長宗我部氏は秦《はた》氏の後裔《こうえい》を称しているが）。ちなみに、長宗我部氏に滅ぼされた土佐の国人《こくじん》領主安芸《あき》氏は、土佐に配流された蘇我赤兄《あかえ》の子孫を称している。

二、蘇我氏同族の行く末

それでは、摂関《せっかん》期における旧蘇我氏同族の官人を眺めていくことにしよう。

境部《さかいべ》氏と御炊《みかしき》氏・箭口《やくち》氏は、引き続き史料に現れる人物はいない。

田口《たぐち》氏は、摂関期においても、延長《えんちょう》三年（九二五）に内竪《ないじゅ》として見える高相《たかすけ》（『貞信公《ていしんこう》記《き》』）、天徳《てんとく》四年（九六〇）に史《し》として見える有信《ありのぶ》（『九暦《きゅうれき》』）、長徳《ちょうとく》元年（九九五）に遠江介《とおとうみのすけ》に任じられた幸来《ゆきき》（『除目大成抄《じもくたいせいしょう》』『大間成文抄《おおまなりぶみしょう》』）など、下級官人としてではあるが史料に現れる。仁明《にんみょう》天皇の外祖母《がいそぼ》氏という功績によって、古代氏族の末裔《まつえい》としては、後世に至るまで生き残った希有な事例と言えよう。

なお、平安中期の詩文家である有名な紀斉名《きのただな》は、本姓《ほんせい》は田口氏であった。尾張掾《おわりのじょう》の時に対策及第《たいさくきゅうだい》し、長徳年中（九九五〜九九九）に大内記《だいないき》となって詔勅《しょうちょく》を作り、宋《そう》国返牒《へんちょう》などを作成した。漢詩集『扶桑集《ふそうしゅう》』を撰した他、大江匡衡《おおえのまさひら》との詩病論争《しびょうろんそう》は有名である。長保《ちょうほう》元年（九九九）に四十三歳で没した時、藤原行成《ゆきなり》は、「当時の名儒《めいじゅ》、尤《もっと》も詩に巧みなり。今、物故《ぶっこ》に当たり、時の人、之を惜しむ」と評している（『権記《ごんき》』）。ただし、田口氏のままでは詩文家としても出世が覚束《おぼつか》ないということで、名門紀氏に改姓したのではあるが。

文人としては他に、平安中期の伝説的歌人である重如《しげゆき》もいる。『金葉《きんよう》和歌集』に二首、『後《ご》拾遺《しゅうい》和歌集』に一首、『新続古今《しんしょくこきん》和歌集』に一首、それぞれ入集《にゅうしゅう》している。また、『菅家《かんけ》御伝記《ごでんき》』によると、菅原道真《すがわらのみちざね》の師であったのは文章生《もんじょうしょう》田口達音《たつね》であったという。

平安時代後期にも、康平《こうへい》元年（一〇五八）に遠江大掾《とおとうみのだいじょう》から甲斐掾《かいのじょう》に替任《たいにん》された久則《ひさのり》（『朝《ちょう》野群載《やぐんさい》』）、康和《こうわ》三年（一一〇一）に左京職官人代《さきょうしきかんじんだい》として加署《かしょ》した□□（欠名、「東寺百合文書《とうじひゃくごうもんじょ》」）、長治《ちょうじ》二年（一一〇五）の唐船来航注進《とうせんらいこうちゅうしん》に鎰取《かぎとり》として加署した言任《ときとう》（『朝野群載』）、応徳《おうとく》二年（一〇八五）に大宰府貢物使《だざいふこうもつし》に拝された為友《ためとも》（『除目大成抄』〔『大間成文抄』〕）などが見える。

桜井《さくらい》氏の官人は、延長七年（九二九）に左京大属《さきょうのだいさかん》として見える観蔵《かんぞう》（「東寺百合文書」）、承平《じょうへい》元年（九三一）に検非違使《けびいし》に補《ほ》された右弼《みぎすけ》（『貞信公記』）、天慶《てんぎょう》九年（九四六）に采女《うねめ》として見える男子《おとこ》（『貞信公記』）が現れる程度である。

平安時代後期にも、天喜《てんぎ》四年（一〇五六）に東大寺使《とうだいじし》となった安光《やすみつ》（「東京大学所蔵文書」）、応徳二年（一〇八五）に周防掾《すおうのじょう》に任じられた為道《ためみち》（『魚魯愚抄《ぎょろぐしょう》』）、永久《えいきゅう》四年（一一一六）に備後大目《びんごのだいさかん》に任じられた松枝《まつえ》（『除目大成抄』〔『大間成文抄』〕）も見えるが、これらは蘇我氏同族の桜井朝臣《あそん》ではなく、天暦《てんりゃく》四年（九五〇）に侍医《じい》として見える季富《すえとみ》（『九暦』）や天元五年（九八二）に右衛門少志として見える守明《もりあき》（『政事要略《せいじようりゃく》』）、長治《ちょうじ》二年（一一〇五）に淡路少掾《あわじのしょうじょう》に任じられた包元《かねもと》（『除目大成抄』『大間成文抄』）と同様、桜井宿禰《すくね》のほうであろうと思われる。桜井朝臣は、早くから氏族としての地位は衰微したようである。

高向《たかむこ》氏では、『古今《こきん》和歌集』の歌人である利春《としはる》が有名である。寛平《かんぴょう》二年（八九〇）の刑部《ぎょうぶの》丞《じょう》以降、武蔵権少掾《むさしのごんのしょうじょう》、武蔵介《むさしのすけ》、武蔵守《むさしのかみ》と昇任《しょうにん》し、延長六年（九二八）に甲斐守《かいのかみ》に任じられた（『古今和歌集目録』）。ただ、延喜《えんぎ》十九年（九一九）に前武蔵権介《さきのむさしのごんのすけ》源仕《つかう》によって武蔵国《こく》府《ふ》を襲われている（『扶桑略記《ふそうりゃくき》』裏書《うらがき》）。後世、『小野氏系図《おのしけいず》』に組み入れられ、武蔵国小野《おの》牧《まき》の領主《りょうしゅ》となる小野氏の祖に擬されている。

それ以降では、天暦八年（九五四）に豊後権掾《ぶんごのごんのじょう》の如吉《ゆきよし》（『魚魯愚抄』）、天元二年（九七九）に信濃介《しなののすけ》の行方《ゆきまさ》が見える（『除目大成抄』『大間成文抄』）他、摂津守《せっつのかみ》の郎等《ろうどう》となっていた播《はり》磨掾《まのじょう》の国明《くにあき》が長徳二年（九九六）に宅を検封《けんぷう》されている（「北山抄裏文書《ほくざんしょううらもんじょ》」）。長保二年（一〇〇〇、『権記』）と長和《ちょうわ》二年（一〇一三、『小右記《しょうゆうき》』）に相撲人として見える則明《のりあき》もいる。長保三年（一〇〇一）には弘信《ひろのぶ》が領主判官代《はんがんだい》として（「極楽寺鰐口銘《ごくらくじわにぐちめい》」）、長保四年（一〇〇二）には福忠《ふくただ》が勘済使《かんさいし》として（「東寺百合文書」）、それぞれ見える。随身《ずいじん》で近衛府《このえふ》の番長《ばんちょう》（後に府掌《ふしょう》）の公方《きんかた》は、長和二年の行幸《ぎょうこう》の日に但馬《たじま》国に下向していて不参し、過状《かじょう》（始末書）を進上している（『小右記』）。寛仁《かんにん》元年（一〇一七）の競馬《くらべうま》には出場したが（『御堂関白記《みどうかんぱくき》』）、長元《ちょうげん》元年（一〇二八）には公方の左遷《させん》について定められている（『小右記』）。治安《じあん》三年（一〇二三）

には福長《ふくなが》が淡路権掾《あわじのごんのじょう》に任じられることを申請している（『魚魯愚抄』）。

平安時代後期には、康平三年（一〇六〇）から康平五年（一〇六二）に越後権介《えちごのごんのすけ》として見える理在《まさあり》（「久原文庫文書《くはらぶんこもんじょ》」）、治暦《じりゃく》四年（一〇六八）に和泉掾《いずみのじょう》に任じられた□□（欠名、『任《にん》国例《こくれい》』）、延久《えんきゅう》二年（一〇七〇）に伊勢少目《いせのしょうさかん》に任じられた□□（欠名、『任国例』）、延久三年（一〇七一）に遠江大目《とおとうみのだいさかん》に任じられた□□（欠名、『任国例』）、延久五年（一〇七三）に大和権大目《やまとのごんのだいさかん》に任じられた□□（欠名、『任国例』）が知られる程度の下級氏族に没落した。

田中《たなか》氏は、摂関期の古記録には、まったく見えなくなる。

小治田《おはりだ》氏は、天禄《てんろく》元年（九七〇）に卒去した雅楽笙師《うたのしょうし》有秋《ありあき》の他、寛弘《かんこう》二年（一〇〇五）に内豎として□□（欠名）、出雲目《いずものさかん》として助忠《すけただ》が見える（「東文書《ひがしもんじょ》」）。広延《ひろのぶ》は治安二年（一〇二二）に山城少掾《やましろのしょうじょう》に任じられたが（『除目申文之抄《じもくもうしぶみのしょう》』）、翌治安三年に改任《かいにん》されている。その後は応徳二年（一〇八五）に在地刀禰《ざいちとね》として□□（欠名）が見えるくらいで（「陽明文庫《ようめいぶんこ》本知《ほんとも》信記《のぶき》裏文書《うらもんじょ》」）、氏族としては、ほぼ終焉《しゅうえん》を迎えたようである。

川辺《かわべ》（河辺）氏は、寛弘五年（一〇〇八）の敦成《あつひら》親王御湯殿《おゆどの》に奉仕した武相《たけすけ》がいるが（『御《ご》産部類記《さんぶるいき》』）、蘇我氏同族の川辺氏かどうかはわからない。その後は史料から姿を消している。

岸田《きしだ》氏は、まったく史料に見えなくなる。

久米《くめ》（来目）氏は、長保二年に信濃掾《しなののじょう》に任じられた滋延《しげのぶ》は宿禰姓の久米氏であり、延久五年から永保《えいほう》元年（一〇八一）に雑掌《ざっしょう》として加署している成安《なりやす》や、承保《しょうほう》三年（一〇七六）に高《たか》市郡刀禰《いちとね》・播磨掾として見える□□（欠名、「東大寺文書《とうだいじもんじょ》」）、元永《げんえい》二年（一一一九）に駿河大《するがのだい》目《さかん》に任じられた□□（欠名）も、蘇我氏同族の久米氏ではない可能性が高い。

以上、蘇我氏同族氏族は、田口氏・桜井氏・高向氏・小治田氏が下級官人を出す母胎としてわずかに存続した以外は、総じて没落の一途をたどったようである。ただし、史料の表面に現れない六位以下の下級官人は、変わらずに出し続けた可能性もあるし、宗岳《そが》氏のように平安京や在地において盛んな経済活動を行なっていた可能性、在地で武士化した可能性も否定できない。

たとえ没落・衰微して上・中級氏族ではなくなったにせよ、それが滅亡を表すものではないという点は、念頭に置いておかなければならないのである。

元興寺の盛衰

一方、元興寺《がんごうじ》は新たな転機を迎えていた。以下、元興寺のその後をたどっていこう（主に岩城隆利『元興寺の歴史』による）。

律令国家の変質に伴い、大寺《おおでら》は本来の機能を失って、古代に建立された氏寺《うじでら》の多くは、その氏族の没落につれて崩壊するに委《まか》される状態となった。『東南院文書《とうなんいんもんじょ》』に収められている

元興寺（興福寺五重塔の左裏）

長元八年（一〇三五）の「堂舎損色検録帳《どうしゃそんじきけんろくちょう》」には、この時期の元興寺の破損・剝落《はくらく》の状態が細かく記録されている。それは語るも無残な、まことに痛ましい衰運の姿であった。財政の困窮も甚しく、元興寺別当《べっとう》は興福寺《こうふくじ》や東大寺《とうだいじ》の僧から選ばれざるを得なくなっていた。

奈良時代後期に元興寺三論宗《さんろんしゅう》の学僧であった智光《ちこう》が夢で感得した浄土を描いたものと伝わる智光曼荼羅《ちこうまんだら》（阿弥陀浄土変相図《あみだじょうどへんそうず》）を出現させ、それを安置する、かつての智光の住房を極楽坊《ごくらくぼう》と称して前面に押し出し、南都《なんと》における阿弥陀浄土信仰の中心として平安時代末期の承安《しょうあん》元年（一一七二）頃から百日念仏講《ひゃくにちねんぶつこう》を営むなどの宗教活動を行なうのも、窮状打開の手段の一環だったのであろう。

おわりに——蘇我氏を受け継いだ者

悪役としての蘇我氏

これまで、古代氏族蘇我《そが》氏の興亡をたどってきた。乙巳《いっし》の変における「蘇我氏の滅亡」などという言い方が、まったく史実を誤っていることは明らかで、それ以降の古代史を必死に生き抜いてきた蘇我氏（および石川《いしかわ》氏・宗岳《そが》氏、またその同族）に対して、失礼というものであろう。

また、先ほど述べたように、乙巳の変は中大兄王子《なかのおおえのみこ》と古人大兄王子《ふるひとのおおえのみこ》との大王位継承争い、中臣鎌足《なかとみのかまたり》と蘇我入鹿《いるか》との国際政策構想争い、蘇我氏内部における本宗家《ほんそう》争い、大夫（マヘツキミ）氏族層内部における蘇我系氏族と非蘇我系氏族の争いなど、様々な矛盾が一気に噴出して起こったクーデターであった。しかし、『日本書紀』編者としては、「大化改新」こそ、律令制国家建設の直接的な起点として語らねばならなかった。その際の中大兄王子の敵対者として、その実像以上に反天皇の立場で描かれたのが、蝦夷《えみし》と入鹿だったのである。

実際には、両者は倭《わ》国を激動の東アジア情勢に対応させるために、権力集中をはかると共に飛鳥《あすか》を防衛することを目的として、自己の邸第を造営するなど様々な政策を推進したのであるが、『日本書紀』ではそれが王権に敵対したり、王権の権威を貶《おとし》めるためのものとされた。また、漢籍を使って作文した様々な不敬行為が『日本書紀』の皇極《こうぎょく》紀に描かれているが、いずれも『日本書紀』編者、究極的には高天原広野姫《たかまのはらひろのひめ》（持統《じとう》）と藤原不比等《ふじわらのふひと》の主張に基づくものであろう。

『藤氏家伝《とうしかでん》 上』によれば大夫層氏族や「諸皇子」を糾合して行なわれた山背大兄王《やましろのおおえのみこ》ら上宮王家《じょうぐうおうけ》の殲滅《せんめつ》も、『日本書紀』では入鹿の単独犯行であるかのように描き、「偉大な聖徳太子の後継者を独力で滅ぼした邪悪な入鹿」という人物像を作り上げている。

そしてその『日本書紀』の主張は後世まで人々の脳裡《のうり》に深く刻み込まれ、今日に至っている。歌舞伎《かぶき》の「妹背山婦女庭訓《いもせやまおんなていきん》」で、天下を我が物にし、帝位を僭称《せんしょう》する蘇我入鹿の悪行と、それを成敗する中臣鎌足の造形は、その最たるものであろう。

藤原氏、そして「蘇我氏的なる者」

確かに、蘇我氏は、乙巳の変によって唯一の大臣（オホマヘツキミ）家という地位は失った。壬申《じんしん》の乱では大きな打撃を蒙《こうむ》り、その後も律令国家の成立、平安時代の開幕と、蘇我氏

（石川氏・宗岳氏、および同族）はその地位を低下させていった。それでも蘇我氏は中世まで生き抜いたのであるから、立派としか言いようがないが、もはや平安時代以降の蘇我氏が上級氏族とは言いがたい状況になっていったこともまた、事実である。

しかしながら、蘇我氏の地位低下と軌を一にして、新たな「蘇我氏的なる者」が生まれてきた。そう、藤原氏である。

藤原氏は、鎌足・不比等以来、天皇家とミウチ的結合によって結ばれ、相互に補完、後見し合って、律令国家の支配者層のさらに中枢部分を形成していった。そして、王権の側から准皇親化《じゅんこうしんか》が認められ、律令官制に拘束されない立場で王権と結び付いて内外の輔政《ほせい》にあたった権臣《ごんしん》を次々と生み出していった。

その根拠とされたのは、鎌足・不比等の権臣としての輔翼《ほよく》の功績によってその女《むすめ》が天皇家に累代后妃《るいだいこうひ》を入れ、天皇家の外戚《がいせき》となる、その姻戚関係によって藤原氏と天皇家とのミウチ関係がより強固になる、そしてそれがまた、藤原氏官人に高い地位を約束する根拠とされる、といった重層的な関係強化である。

八世紀までの日本古代社会においては、ある個人は父方・母方を通して同時に複数の氏の成員であり得るという「両属性」を有していたとされる（義江明子「日本古代の氏と「家」」）。

また、日本律令の諸規定は外祖父母《がいそふぼ》の地位を高めて直系の祖父母に近付けるように唐制《とうせい》を修正するなど、双系的《そうけい》な規定を多く設定している（吉田孝「双系的社会と首長制」）。これらのことは、「ある個人」を天皇に置換した場合にも同列に考え得るのであり、天皇家は外戚である藤原氏をまさにミウチと認識していたのである。

天平勝宝元年《てんぴょうしょうほう》（七四九）、東大寺《とうだいじ》に行幸《ぎょうこう》した天璽国押開豊桜彦《あめしるしくにおしはらきとよさくらひこ》（聖武《しょうむ》）は、黄金産出を喜び、改元《かいげん》を宣した詔《みことのり》の中で、「大臣」（特に藤原氏の大臣）が天皇家に奉仕することによって「天日嗣《あまつひつぎ》」が平安であるという訓示が、天命開別《あめみことひらかすわけ》（天智《てんじ》）から（持統以降の）世々の天皇へ、そして日本根子天津御代豊国成姫《やまとねこあまつみしろとよくになりひめ》（元明《げんめい》）から聖武へと語り継がれ、それを根拠として、大臣の子孫たちに叙位などの処遇を行なった、と言っている（『続日本紀《しょくにほんぎ》』）。

これは、明らかに天智と鎌足との関係、元明・日本根子高瑞浄足姫《やまとねこたかみづきよたらしひめ》（元正《げんしょう》）と不比等との関係を踏まえて、天智の女である持統の子孫が皇統を、鎌足の男である不比等の子孫が天皇家の後見を、それぞれ継承すべきであるという、王権の認識を示している。

蘇我氏から藤原氏へ

もうお気付きであろう。律令国家における藤原氏の権力の根源は、大化《たいか》前代における蘇我氏とまったく同じ構造なのである。

律令国家における王権から藤原氏への信任を謳《うた》いあげる数々の宣命《せんみょう》を読むと、かつて推《すい》古《こ》二十年（六一二）に馬子《うまこ》と豊御食炊屋姫《とよみけかしきやひめ》（推古）の間で唱和された寿歌《ほきうた》との共通性を思い浮かべてしまう。

ついでに言えば、渡来人《とらいじん》を配下に置くことによって手に入れた最新統治技術の独占もまた、藤原氏の時代には、律令という法体系となったという違いはあるものの、蘇我氏と藤原氏に共通するものである。

その意味では、不比等がその嫡妻《ちゃくさい》として、蘇我連子《むらじこ》の女である娼子《しょうし》（媼子《おんし》）を迎えたことは、大きな意味を持つものであった。

実質上は鎌足を始祖《しそ》とする新興氏族の唯一の官人で、壬申の乱では同族の中臣氏が処罰され、自身も田辺大隅《たなべのおおすみ》の家に難を避けていたほどの雌伏の時を過ごしていた不比等が、蘇我氏の女性、しかも大臣の女と結婚することによって、大臣家である蘇我氏の尊貴性を自己の子孫の中に取り入れることができた。これによって藤原氏は、氏として成立したばかりであるにもかかわらず、蘇我氏の高い地位を受け継ぐ氏であることを支配者層に示すことができたのである。

なお、壬申の乱と絡めて、天渟中原瀛真人《あまのぬなはらおきのまひと》（天武《てんむ》）の代における不比等の地位を過小に評価する論考も多いが、官人としての実績がまったくない不比等が、連子の女を娶《めと》ることができたということは、壬申の乱の最中はさておき、天武の代においてはすでに若年時から不比等が次代のホープと見做《みな》されていたことを示している。

不比等は蘇我氏の尊貴性を自己の中に取り入れたのみならず、蘇我氏が六世紀以来行なってきた天皇家との姻戚関係の構築によるミウチ氏族化という政略も同時に取り入れることができ、それは七世紀末以降、藤原氏の基本的政略として受け継がれることとなった。天皇家の側としても、単なる権臣の女というだけでは、藤原氏出身の后妃を受け入れることはできなかったはずであるが、彼らが鎌足以来、王族や采女《うねめ》や天武の夫人、それに蘇我氏と姻戚関係を重ねている家の女となれば、藤原氏が新興氏族であるという不満も軽減され、支配者層全体に対しても説得力を持ち得たはずである。

また、八世紀の天皇家が藤原氏と幾重もの姻戚関係を持ったことは先に述べたが、不比等の男である武智麻呂《むちまろ》と房前《ふささき》、宇合《うまかい》が蘇我氏の血を濃く持っていたということは、八世紀の藤原氏と天皇家とは、蘇我氏を通してもミウチ関係にあったことになる（たとえば武智麻呂・房前・宇合と持統・元明とは再従姉弟《またいとこ》にあたる）。これによって、八世紀前半の律令国家の中枢部分は、あたかも天智・天武兄弟と、蘇我氏と、藤原不比等の三者の血によって構成されていたかの観を呈することになったのである。

そしてこのような日本古代国家の体質は、藤原氏の後も、「藤原氏的なる者」すなわち「蘇我氏的なる者」が生み出される背景となった。たとえば、天平宝字《てんぴょうほうじ》元年（七五七）の奈《な》良麻呂《らまろ》の変でほぼ壊滅状態となった橘《たちばな》氏が、嵯峨《さが》天皇の皇后となった内舎人《うどねり》清友《きよとも》の女《むすめ》である嘉智子《かちこ》を通しての王権とのミウチ的結合によって、弘仁《こうにん》十三年（八二二）以来、ふたたび議政官《ぎせいかん》を出すようになり、ついに承和《じょうわ》十一年（八四四）に大臣を出すに至ったという事例が、もっとも典型的な例であろう。

同様に、兄弟・一族同士の政治抗争も、蘇我氏から藤原氏、そして他の氏族へと受け継がれていったことは、言うまでもない。

このように、「蘇我氏的なる者」は、いつでも、どこからでも復活するのである。

中世の宗岡氏と蘇我氏同族

ついでに、まったく専門外ではあるが、中世以降の宗岡《むねおか》氏と蘇我氏同族についての見通しも述べておこう。

宗岡氏では、包延《かねのぶ》（建久《けんきゅう》八年〔一一九七〕、上召使《じょうじょうし》、『猪隈関白記《いのくまかんぱくき》』）、包貞《かねさだ》（文応《ぶんおう》元年〔一二六〇〕、宮内録《くないのさかん》、『経俊卿記《つねとしきょうき》』）、行継《ゆきつぐ》（文正《ぶんしょう》元年〔一四六六〕、大嘗会官方惣行事《だいじょうえかんがたそうぎょうじ》、『親長卿《ちかながきょう》記《き》』）、行賢《ゆきかた》（文正元年、史生《ししょう》、『親長卿記』）、行宣《ゆきのぶ》（文明《ぶんめい》七年〔一四七五〕、越前目《えちぜんのさかん》・上召使、『親長卿記』）、行言《ゆきとき》（明応《めいおう》六年〔一四九七〕、摂津目《せっつのさかん》・上召使、『親長卿記』）、久寛《ひさひろ》（明応六年、右《う》近将監《こんのしょうげん》、『親長卿記』）などが見える。

浅間神社と富士塚

江戸時代になっても、地下家《じげ》（昇殿《しょうでん》が許されない廷臣《ていしん》の家格《かかく》）の宗岡宿禰《すくね》は宗岳氏の後裔《こうえい》を称し（もちろん、血縁とはまったく関係のない話である）、外記方《げきかた》の史生・文殿《ふどの》・召使《めしつかい》を務めた青木《あおき》家、史生を務めた宗岡家、官方《かんがた》の史生を務めた山口《やまぐち》家、召使副使《ふくし》を務めた青木家、召使副使を務めた三宅《みやけ》家は、本姓《ほんせい》が宗岡氏である。

また、宗岡氏の末裔《まつえい》を称する武士は、土佐《とさ》・阿波《あわ》の他、津軽《つがる》から対馬《つしま》に至る広域に分布する。石見《いわみ》銀山出身で大久《おおく》保長安《ぼながやす》の部下として佐渡《さど》金山を支配した宗岡佐渡《さど》（弥右衛《やえ》門《もん》）という人物もいる。埼玉県志木市上宗岡の千光寺《せんこうじ》・浅《せん》間《げん》神社や、広島県福山市御幸町下岩成の宗岡《むねおか》城は、それら各地の武士たちの遺跡であると伝える。蘇我部《そがべ》や曽我部《そがべ》の末裔がさらに広範に分布したことは、言うまでもない。

田口《たぐち》氏は、元慶《がんぎょう》年間（八七七～八八五）の阿波介国風《あわのすけくにかぜ》の後裔を称する者が阿波国名方西《なかたにし》郡桜間《さくらま》郷に土着して桜間《さくらま》文治行直《ぶんじゆきなお》を称した。源平の闘乱で屋島《やしま》に仮内裏を置いた平《へい》家《け》方に味方した桜間介良遠《さくらまのすけよしとお》は、その十代の後胤外記大夫《こういんげきたいふ》良連《よしつら》の養子である。また良遠の兄成良《なりよし》も早くから平家に仕えて、四国に勢力を張った。治承《じしょう》四年（一一八〇）の平重衡《たいらのしげひら》による南都《なんと》諸寺院の焼き討ちでも先陣を務めている（壇《だん》ノ浦《うら》合戦では平家を裏切って源氏方につき、生虜《せいりょ》となったが）。その後、一族は阿波一円に広まり、阿波・田内《たうち》・桜庭《さくらば》氏が分流した。

桜井《さくらい》氏では、松忠《まつただ》（文明七年、近江権掾《おうみのごんのじょう》、『親長卿記』）、波香《なみか》（文明七年、権目《ごんのさかん》、『親長卿記』）が見える。後世、伊勢神宮祭主家《いせじんぐうさいしゅけ》・松尾社社家《まつのおしゃしゃけ》・下鴨社社家《しもがもしゃしゃけ》などを務め、大和《やまと》から摂津《せっつ》・和泉《いずみ》をはじめ各地に分布した桜井氏は、むしろ東漢《やまとのあや》氏の坂上《さかのうえ》氏の後裔とされる（河内《かわち》国石川郡喜志村を地盤とし、和歌連歌《わかれんが》に通じた桜井氏や三河《みかわ》国碧海《あおみ》郡桜井郷を地盤とした桜井氏は、蘇我系桜井朝臣の後裔を称してはいるが）。『平家物語《へいけものがたり》』や『吾妻鏡《あづまかがみ》』に見える桜井氏も、信《しな》濃《の》国から興った安倍《あべ》氏流とされる。

岸田《きしだ》氏では、戦国時代に大和国山辺郡に拠った岸田伯耆《ほうき》は「蘇我石川麿《いしかわまろ》の子孫」を称しているが（『和州十五郡衆徒国民郷士記《わしゅうじゅうごぐんしゅうとこくみんごうしき》』）、もちろん、真偽は不明である。箭口《やくち》氏・田中《たなか》氏・小治田《おはりだ》氏・川辺《かわべ》（河辺）氏・久米《くめ》（来目）氏・御炊《みかしき》氏は、すでに平安時代に史料から姿を消しているが、高向《たかむこ》氏も管見では後世の史料に見えなくなっている。

ただし、これらの氏族がまったく死に絶えてしまったわけではあるまい。宗岡氏や田口氏の例から窺えるように、どこかの土地で武士として生き残っていた可能性は、また別個に考えなければならないものと思われる。

元興寺と飛鳥寺

もう一つ、元興寺《がんごうじ》極楽坊《ごくらくぼう》は盛んに百日念仏講《ひゃくにちねんぶつこう》が営まれたことから、南都の別所《べっしょ》的役割を担ったようである。その後は遁世僧《とんせいそう》や律僧《りつそう》の重要な道場《どうじょう》として再出発した。

元興寺極楽坊

寛元《かんげん》二年（一二四四）には極楽坊を中心に大改築が行なわれ、極楽坊本堂（極楽堂《ごくらくどう》）と禅室《ぜんしつ》（春日影向堂《かすがようごうどう》）の二棟に分離された。この時以降、極楽坊は東向き（旧元興寺は南向きであった）の独立的な寺院となった。

特に禅室は奈良時代の官寺の遺構を示し、本堂は行基《ぎょうき》葺《ぶき》と称する特有の瓦葺を示す類例のない貴重な遺構として、今に残るものである。

一方、本元興寺《もとがんごうじ》と呼ばれた飛鳥寺《あすかでら》のほうは、十五大寺としての寺格は保ったものの、仁和《にんな》三年（八八七）と建久七年（一一九六）の火災によって堂塔は残らず焼失した。本尊《ほんぞん》も仏頭と指の一部を留《とど》めるだけという悲惨な状態となり（『古今目録抄《ここんもくろくしょう》』『上宮太子伝拾遺記《じょうぐうたいしでんしゅういき》』）、露坐《ろざ》（雨ざらし）となってしまった。

室町時代以降はまったく荒廃したが、寛永《かんえい》九年（一六三二）と文政《ぶんせい》九年（一八二六）に再建され、安居院《あんごいん》として今日に至っている。文政の再興の際に、大仏の補修も行なわれたものとされる。

それ以前、明和《めいわ》九年（一七七二）三月十一日に訪れた本《もと》居宣長《おりのりなが》の『菅笠日記《すげがさにっき》』には、以下のように記されている。

飛鳥の里にいたる飛鳥でらは里のかたはしに、わづかにのこりて、門なンどもなくてたゞかりそめなる堂に、大仏と申シて、大きなる仏のおはするは、丈六《じょうろく》の釈迦《しゃか》にて、すなはちいにしへの本尊なりといふ。げにいとふるめかしく、たふとく見ゆ。かたへに聖徳太子のみかたもおはすれど、これはいと近きよの物と見ゆ。又いにしへのだうの瓦とてあるを見れば、三四寸ばかりのあつさにて、げにいとふるし。此寺のあたりの田のあぜに、入鹿が塚とて、五輪なる石、なからはうづもれてたてり。されとさばかりふるき物とはみえず。

入鹿首塚と甘樫丘

宗岡高助一家の末路

これで最後にしよう。例の『今昔物語集《こんじゃくものがたりしゅう》』の宗岡高助《たかすけ》一家の行く末である。高助の運動の成果か、「上日《じょうじつ》の者、宮の侍《さむらい》、しかるべき諸司の尉《じょう》の子など」の下級官人が姫に求婚したが、高助は、行列を作って先払いをさせるような身分の男でなければ婿取《むこと》りなどはしないと言って、手紙も取り次がなかった。

そうしている内に、高助夫妻はうち続いて死んでしまい、姫たちの兄は財産を一人占めして姫たちの面倒は見ず、侍も女房《にょうぼう》も皆去ってしまった。姫たちは、嘆き入って食物も食べず、病気となってしまったが、看病する人もなく、続けて死んでしまったという。

王権に后妃を入れることによって繁栄していたはるか遠い先祖の夢を追いながら、高助は自分の姫たちを一体誰と結婚させようとしていたのであろうか。なお、『今昔物語集』編者が最後に記した感想は、次の通りである。

昔ハ、此《かか》ル賤《いやし》キ者ノ中ニモ、此《か》ク心バセ有ル者ナム有ケル。

——昔はかかる卑しい者の中にも、このような気骨のある者がおったのだ。

略年表

年紀は六国史の年次による

大王／天皇	年次	西暦	蘇我氏関連事項	参考事項
継体	二五	五三一		継体、死去（辛亥の変）
欽明	元	五四〇	この頃、稲目、大臣就任か	
	一三	五五二	稲目、仏像を礼拝	百済から仏教公伝
	一六	五五五	白猪屯倉・児島屯倉を設置	
	三一	五七〇	稲目、死去 この頃、馬子、大臣就任か	
	三二	五七一		欽明、死去
敏達	一三	五八四	馬子、仏像二体を入手、仏殿を造営し、法会を営む	
	一四	五八五	馬子・物部守屋、敏達殯宮で対立	敏達、死去
用明	二	五八七	馬子、穴穂部王子・守屋を討滅 馬子、飛鳥寺造営を発願	用明、死去
崇峻	元	五八八	馬子、飛鳥寺造営を開始	
	二	五八九		隋、中国を統一
	五	五九二	馬子、崇峻を殺害	崇峻、死去

推古	四	五九六	飛鳥寺の塔、完成	
	六	五九八		隋、高句麗遠征開始
	八	六〇〇	第一次遣隋使発遣	
	一一	六〇三	冠位十二階を制定	
	一二	六〇四	十七条憲法を制定	
	一五	六〇七	第二次遣隋使発遣	
	二〇	六一二	馬子と推古、寿歌を唱和 蘇我堅塩媛を改葬	
	二八	六二〇	国史編纂を開始	
	二九	六二一		厩戸王子、死去
	三二	六二四	馬子、葛城県を要求	
	三四	六二六	馬子、死去 この頃、蝦夷、大臣就任か	
	三六	六二八	蝦夷、推古後継者を選定	推古、死去 唐、中国を統一
舒明	二	六三〇	第一次遣唐使発遣	飛鳥岡本宮に遷御
	八	六三六	蝦夷、大派王の進言を拒否	田中宮に遷御
	一一	六三九		百済大宮・百済大寺造営

大王／天皇	年次	西暦	蘇我氏関連事項	参考事項
（舒明）	一二	六四〇		百済宮に遷御
	一三	六四一		舒明、死去
皇極	元	六四二	蝦夷、葛城の祖廟で八佾の舞 蝦夷・入鹿、今来に双墓を造営	
	二	六四三	蝦夷、私に紫冠を入鹿に授与 入鹿、上宮王家を討滅	飛鳥板蓋宮に遷御
	三	六四四	蝦夷・入鹿、甘樫丘に邸第を造営	
	四	六四五	中大兄王子・中臣鎌足、入鹿を誅殺、 蝦夷自尽、本宗家滅亡	皇極、譲位
孝徳	大化元	六四五	石川麻呂、右大臣就任 蘇我田口川堀、謀反	古人大兄王子を討滅
	五	六四九	石川麻呂、自経	
斉明	四	六五八	赤兄、有間王子を教唆 この頃、連子、大臣就任か	
天智	二	六六三		白村江の戦
	一〇	六七一	赤兄左大臣、果安御史大夫就任 安麻呂、大海人王子に忠告	
天武	元	六七二	果安自殺、赤兄配流	壬申の乱

	七	六七八	この頃、藤原不比等、娼子と結婚	
	一〇	六八一	この頃、石川氏に改姓	
持統	五	六九一	祖等の墓記上進を命じられる	
文武	元	六九七	刀子娘、文武の嬪となる	
	大宝元	七〇一		大宝律令制定
元明	和銅六	七一三	刀子娘貶黜、広成皇子皇籍剥奪	
	養老二	七一八	元興寺、平城京移転	
聖武	天平元	七二九	長屋王家蘇我系皇族断絶	長屋王の変
孝謙	天平勝宝元	七四九	年足、参議就任	
	天平宝字元	七五七	年足、中納言昇任	橘奈良麻呂の変
淳仁	天平宝字四	七六〇	年足、御史大夫（大納言）昇任	
	天平宝字六	七六二	豊成、参議就任	
	天平宝字八	七六四		恵美押勝の乱
光仁	宝亀元	七七〇	この頃、豊成、中納言昇任	
	宝亀一一	七八〇	名足、参議就任	
桓武	延暦四	七八五	名足、中納言昇任	
	延暦五	七八六	田口氏、橘嘉智子を産む	

大王／天皇	年次	西暦	蘇我氏関連事項	参考事項
(桓武)	延暦九	七九〇	真守、参議就任	
	延暦二四	八〇五	道益、遣唐副使として唐で死去	
仁明	天長一〇	八三三		仁明天皇即位
文徳	斉衡元	八五四	長津、木工寮中で頓死	
陽成	元慶元	八七七	宗岳氏に改姓	
宇多	仁和三	八八七	飛鳥寺、焼亡	
	十世紀中頃		この頃、大蔵史生高助、活動	
一条	長保元	九九九	為成、大外記昇任	
三条	長和二	一〇一三	数材、相撲抜出に再び出場	
後冷泉	天喜五	一〇五七	「龍泉寺氏人連署解状案」作成	
高倉	承安元	一一七一	元興寺極楽坊、百日念仏講を開始	
後鳥羽	建久七	一一九六	飛鳥寺、焼亡	
後嵯峨	寛元二	一二四四	元興寺極楽坊を改築	
明正	寛永九	一六三二	飛鳥寺安居院、再建	
仁孝	文政九	一八二六	飛鳥寺安居院、再建	

参考文献

著者五十音順

相原嘉之「蘇我三代の遺跡を掘る―邸宅・古墳・寺院」『蘇我三代と二つの飛鳥―近つ飛鳥と遠つ飛鳥』新泉社　二〇〇九年

荒木敏夫「『日本古代の皇太子』吉川弘文館　一九八五年

荒木敏夫「女帝と王位継承」『日本古代王権の研究』吉川弘文館　二〇〇六年（初出一九九〇年）

石母田正『石母田正著作集　第三巻　日本の古代国家』岩波書店　一九八九年（初版一九七一年）

岩城隆利『元興寺の歴史』吉川弘文館　一九九九年

太田　亮『姓氏家系大辞典』角川書店　一九六三年（初版一九三四―三六年）

大橋一章『飛鳥の文明開化』吉川弘文館　一九九七年

大橋信弥「継体・欽明朝の「内乱」」吉村武彦編『古代を考える　継体・欽明朝と仏教伝来』吉川弘文館　一九九九年

大平　聡「世襲王権の成立」鈴木靖民編『日本の時代史2　倭国と東アジア』吉川弘文館　二〇〇二年

大脇　潔「蘇我氏の氏寺からみたその本拠」『堅田直先生古希記念論文集』堅田直先生古希記念論文集刊行会　一九九七年

小澤　毅「吉備池廃寺の発掘調査」『仏教芸術』二三五　一九九七年

小澤　毅「飛鳥の都と古墳の終末」『岩波講座日本歴史　第二巻』岩波書店　二〇一四年

小野一之「聖徳太子墓の展開と叡福寺の成立」『日本史研究』三四二　一九九一年
加藤謙吉『蘇我氏と大和王権』吉川弘文館　一九八三年
加藤謙吉「大夫制と大夫選任氏族」『大和政権と古代氏族』吉川弘文館　一九九一年（初出一九八六年）
加藤謙吉「古代史からみた葛城氏の実態」大阪府立近つ飛鳥博物館『ヤマト王権と葛城氏―考古学からみた古代氏族の盛衰』二〇一四年
門脇禎二『新版　飛鳥―その古代史と風土』日本放送出版協会　一九七七年
門脇禎二『蘇我蝦夷・入鹿』吉川弘文館　一九七七年
金子裕之「宮廷と苑池」『古代庭園の思想―神仙世界への憧憬』角川書店　二〇〇二年
上川通夫「ヤマト国家時代の仏教」『日本中世仏教形成史論』校倉書房　二〇〇七年（初出一九九四年）
川合　康「河内国金剛寺の寺辺領形成とその政治的諸関係―鎌倉幕府成立期の畿内在地寺院をめぐる寺僧・武士・女院女房」『鎌倉幕府成立史の研究』校倉書房　二〇〇四年（初出一九九〇年）
河上麻由子「遣隋使と仏教」『古代アジア世界の対外交渉と仏教』山川出版社　二〇一一年（初出二〇〇八年）
岸　俊男「たまきはる内の朝臣―建内宿禰伝承成立試論」『日本古代政治史研究』塙書房　一九六六年（初出一九六四年）
岸　俊男『藤原仲麻呂』吉川弘文館　一九六九年
北　康宏「冠位十二階・小墾田宮・大兄制―大化前代の政治構造」『岩波講座日本歴史　第二巻』前掲
木下正史「飛鳥の都市景観―宮宅の分布と立地」岩崎卓也先生退官記念論文集編集委員会編『日本と世界の考古学―現代考古学の展開』雄山閣出版　一九九四年

熊谷公男「蘇我氏の登場」吉村武彦編『古代を考える 継体・欽明朝と仏教伝来』前掲
倉本一宏「議政官組織の構成原理」『日本古代国家成立期の政権構造』吉川弘文館 一九九七年（初出一九八七年）
倉本一宏「氏族合議制の成立―「オホマヘツキミ―マヘツキミ」制」同前（初出一九九一年）
倉本一宏「古代氏族ソガ氏の終焉」同前（初出一九九一年）
倉本一宏「律令制成立期の「皇親政治」」同前（初出一九九三年）
倉本一宏「律令国家の権力中枢」同前
倉本一宏『壬申の乱』吉川弘文館 二〇〇七年
倉本一宏『持統女帝と皇位継承』吉川弘文館 二〇〇九年
黒田紘一郎「『今昔物語集』にあらわれた京都」『中世都市京都の研究』校倉書房 一九九六年（初出一九七六年）
佐伯有清『新撰姓氏録の研究 考證篇 第一』吉川弘文館 一九八一年
佐伯有清『新撰姓氏録の研究 考證篇 第二』吉川弘文館 一九八二年
白石太一郎『古墳とヤマト政権―古代国家はいかに形成されたか』文春新書 一九九九年
白石太一郎「古墳からみた葛城地域の政治勢力の動向」大阪府立近つ飛鳥博物館『ヤマト王権と葛城氏―考古学からみた古代氏族の盛衰』前掲
白石太一郎「明日香村都塚古墳の造営年代」『大阪府近つ飛鳥博物館 館報』一八 二〇一五年
鈴木靖民「木満致と蘇我氏―蘇我氏百済人説によせて」『日本のなかの朝鮮文化』五一 一九八一年
鈴木靖民「王興寺から飛鳥寺へ―飛鳥文化の形成」鈴木靖民編『古代東アジアの仏教と王権―王興寺から飛

鳥寺へ』勉誠出版　二〇一〇年
竹田政敬「五条野古墳群の形成とその被葬者についての臆測」『考古学論攷』二四　二〇〇一年
武光　誠『蘇我氏の古代史―謎の一族はなぜ滅びたのか』平凡社新書　二〇〇八年
田島裕久「『今昔物語集』宗岡高助説話の歴史的背景」黛弘道編『古代王権と祭儀』吉川弘文館　一九九〇年
田中俊明『大加耶連盟の興亡と「任那」―加耶琴だけが残った』吉川弘文館　一九九二年
塚口義信「葛城県と蘇我氏」『続日本紀研究』二三一・二三二　一九八四年
角田文衞「首皇子の立太子」『角田文衞著作集　第三巻　律令国家の展開』法蔵館　一九八五年（初出一九六五年）
遠山美都男『蘇我氏四代―臣、罪を知らず』ミネルヴァ書房　二〇〇六年
直木孝次郎「長屋王の変について」『奈良時代史の諸問題』塙書房　一九六八年（初出一九五六年）
直木孝次郎「巨勢氏祖先伝承の成立過程」『日本古代の氏族と天皇』塙書房　一九六四年（初出一九六三年）
中村太一『日本の古代道路を探す―律令国家のアウトバーン』平凡社新書　二〇〇〇年
奈良県立橿原考古学研究所附属博物館『蓮華百相―瓦からみた初期寺院の成立と展開』奈良県立橿原考古学研究所附属博物館　一九九九年
西川寿勝「近つ飛鳥の古墳と寺院」『蘇我三代と二つの飛鳥―近つ飛鳥と遠つ飛鳥』前掲
西本昌弘「倭王権と任那の調」『ヒストリア』一二九　一九九〇年
野田嶺志「律令国家の戒厳令」『日本古代軍事構造の研究』塙書房　二〇一〇年（初出一九九一年）
野村忠夫「内・外位制と内・外階制」『律令官人制の研究　増訂版』吉川弘文館　一九七〇年（初出一九六七

年）
野村忠夫「首皇子の立太子と藤原氏―不比等政権確立への道」『律令政治の諸様相』塙書房　一九六八年
野村忠夫「弁官についての覚え書―八世紀～九世紀半ばの実態を中心に」『律令政治と官人制』吉川弘文館　一九八九年（初出一九六九年）
林部　均『飛鳥の宮と藤原京―よみがえる古代王宮』吉川弘文館　二〇〇八年
速水　侑『日本仏教史　古代』吉川弘文館　一九八六年
原島礼二『古代の王者と国造』教育社　一九七九年
坂靖・青柳泰介『葛城の王都―南郷遺跡群』新泉社　二〇一一年
日野　昭『日本古代氏族伝承の研究』永田文昌堂　一九七一年
平林章仁『蘇我氏の実像と葛城氏』白水社　一九九六年
本郷真紹「仏教伝来」吉村武彦編『古代を考える　継体・欽明朝と仏教伝来』前掲
前之園亮一「蘇我氏の同族」黛弘道編『古代を考える　蘇我氏と古代国家』吉川弘文館　一九九一年
前田晴人「蘇我蝦夷・入鹿の「双墓」について」『日本歴史』六三一　二〇〇〇年
増田一裕「見瀬丸山古墳の被葬者―檜隈・身狭地域所在の大王墓級古墳を中心として」『古代学研究』一二四・一二五　一九九一年
松浦正昭「年輪に秘められた法隆寺創建」『日本の美術』四五五　二〇〇四年
丸山幸彦「九世紀における大土地所有の展開―特に山林原野をめぐって」『史林』五〇―四　一九六七年
黛　弘道「犬養氏および犬養部の研究」『律令国家成立史の研究』吉川弘文館　一九八二年（初出一九六五年）

黛 弘道『物部・蘇我氏と古代王権』吉川弘文館 一九九五年
水谷千秋『謎の豪族 蘇我氏』文春新書 二〇〇六年
水谷千秋「河内飛鳥と大王と蘇我氏」『ヒストリア』二一二 二〇〇八年
元木泰雄『河内源氏—頼朝を生んだ武士本流』中公新書 二〇一一年
森 公章『古代豪族と武士の誕生』吉川弘文館 二〇一三年
森 浩一『古墳の発掘』中公新書 一九六五年
安井良三「物部氏と仏教」三品彰英編『日本書紀研究 第三冊』塙書房 一九六八年
山尾幸久『日本国家の形成』岩波新書 一九七七年
義江明子「日本古代の氏と「家」」『日本古代の氏の構造』吉川弘文館 一九八六年
吉川真司『飛鳥の都』岩波新書 二〇一一年
吉田 孝「双系的社会と首長制」『律令国家と古代の社会』岩波書店 一九八三年
吉田 孝『大系日本の歴史3 古代国家の歩み』小学館 一九九二年
吉田 孝『日本の誕生』岩波新書 一九九七年
李 成市「高句麗と日隋外交—いわゆる国書問題に関する一試論」『古代東アジアの民族と国家』岩波書店 一九九八年（初出一九九〇年）
和田 萃「横大路とその周辺」『古代文化』二六—六 一九七四年

倉本一宏（くらもと・かずひろ）

1958年（昭和33），三重県津市に生まれる．東京大学大学院人文科学研究科国史学専門課程博士課程単位取得退学．現在，国際日本文化研究センター教授．博士（文学，東京大学）．専門は日本古代政治史，古記録学．

著書『藤原氏――権力中枢の一族』（中公新書，2017）
『公家源氏――王権を支えた名族』（中公新書，2019）
『人物叢書　一条天皇』（吉川弘文館，2003）
『戦争の日本史 2　壬申の乱』（吉川弘文館，2007）
『藤原道長「御堂関白記」全現代語訳』（講談社学術文庫，2009）
『藤原行成「権記」全現代語訳』（講談社学術文庫，2011-12）
『藤原道長の日常生活』（講談社現代新書，2013）
『藤原道長の権力と欲望』（文春新書，2013）
『平安朝 皇位継承の闇』（角川選書，2014）
『「旅」の誕生』（河出ブックス，2015）
『藤原伊周・隆家』（ミネルヴァ日本評伝選，2017）
『戦争の日本古代史』（講談社現代新書，2017）
『内戦の日本古代史』（講談社現代新書，2018）
『『御堂関白記』の研究』（思文閣出版，2018）
『皇子たちの悲劇』（角川選書，2020）ほか

蘇我氏《そがし》―古代豪族《こだいごうぞく》の興亡《こうぼう》
中公新書 *2353*

2015年12月20日初版
2020年 8 月30日 9 版

著　者　倉本一宏
発行者　松田陽三

本文印刷　三晃印刷
カバー印刷　大熊整美堂
製　　本　小泉製本

発行所　中央公論新社
〒100-8152
東京都千代田区大手町 1-7-1
電話　販売 03-5299-1730
　　　編集 03-5299-1830
URL http://www.chuko.co.jp/

Published by CHUOKORON-SHINSHA, INC.
Printed in Japan　ISBN978-4-12-102353-7 C1221

中公新書

日本史

d1